U0480684

中国社会科学院财经战略研究院报告
National Academy of Economic Strategy Report Series

中国服务业发展报告2018

Annual Report on China's Service Industry(2018)

——服务业改革开放40年的历程、经验与启示

李勇坚　夏杰长　姚战琪 / 主编

刘　奕　张颖熙 / 副主编

经济管理出版社

ECONOMY & MANAGEMENT PUBLISHING HOUSE

图书在版编目（CIP）数据

中国服务业发展报告 2018——服务业改革开放 40 年的历程、经验与启示/李勇坚，夏杰长，姚战琪主编. —北京：经济管理出版社，2018.9
ISBN 978-7-5096-6025-6

Ⅰ. ①中… Ⅱ. ①李… ②夏… ③姚… Ⅲ. ①服务业—经济发展—研究报告—中国—2018
Ⅳ. ①F726.9

中国版本图书馆 CIP 数据核字（2018）第 215025 号

组稿编辑：申桂萍
责任编辑：高　娅
责任印制：黄章平
责任校对：王纪慧

出版发行：经济管理出版社
（北京市海淀区北蜂窝 8 号中雅大厦 A 座 11 层　100038）
网　址：www. E-mp. com. cn
电　话：（010）51915602
印　刷：三河市延风印装有限公司
经　销：新华书店
开　本：720mm×1000mm/16
印　张：17.5
字　数：289 千字
版　次：2018 年 10 月第 1 版　2018 年 10 月第 1 次印刷
书　号：ISBN 978-7-5096-6025-6
定　价：78.00 元

前　言

1978年12月，中共十一届三中全会在北京隆重召开，以此为标志，中国拉开了改革开放的序幕。服务业是现代产业体系的重要组成部分，中国服务业正是在这40年波澜壮阔的改革开放大潮中逐渐地发展壮大起来的。经历了40年的改革开放，服务业在国民经济中的地位日益凸显，已经占据“半壁江山”，且有不断提升的趋势。建设现代化经济体系，是中共十九大报告提出的重要目标。加快服务业发展，深化服务业改革，扩大服务业开放，扭转服务业低附加值和弱竞争力格局，不断攀升全球价值链，是决胜全面建成小康社会和建设现代化经济体系的重要任务，意义重大。

对服务业改革开放40年的成就和经验进行科学系统总结，从理论和实践层面深入探索我国服务业发展规律和趋势，聚焦服务业改革开放的难点和焦点，为进一步深化服务业改革、扩大服务业开放、提高服务业开放水平提供有参考价值的研究成果，是我们服务经济学研究者义不容辞的责任。为了更好地开展该项研究工作，我们在中共十九大胜利召开后不久，就组织了“中国服务业改革开放40年：渐进历程、经验总结和趋势展望”项目组。主要成员包括：李勇坚、夏杰长、姚战琪、刘奕、张颖熙（中国社会科学院财经战略研究院）；倪红福（中国社会科学院经济研究所）；胡东兰（合肥工业大学经济学院）；肖宇（中国社会科学院研究生院）。李勇坚、夏杰长、姚战琪牵头该书稿的写作，负责拟定写作大纲、撰写部分章节和统撰全书。本书由十三章组成，始终围绕服务业改革和服务业开放两大主题，从不同视角阐述了中国服务业改革开放40年的历程、经验、成就、难点和进一步的建议。

发展是第一要务，服务业的充分发展和平衡发展是服务业改革和开放要努力实现的重要目标。服务业是典型的制度密集型产业，完善制度环境尤为重要和紧迫。从这个意义上讲，改革是服务业发展最重要的内生动力，每一次服务业领域的重大改革举措的出台和实施，都极大地推进了服务业的发展。换句话说，服务业的大发展主要得益于改革红利的释放。扩大开放是经济全球化大潮下的必然选择，通过对外开放，引入新的服务要素和行为规则，是打破市场垄断、激活市场活力的重要力量。更为重要的是，每当改革遇到重大阻力或停滞不前时，如果选择了对外开放，这种开放的力量就会倒逼改革，冲破垄断和既得利益的掣肘。改革释放出巨大的生产力，极大提高了服务业发展水平，把服务业发展推向新的阶段和高度。

发展、改革和开放相辅相成，彼此促进。40 年来的实践表明，正是服务业领域不断深化改革和不断扩大对内对外开放，才成就了当今服务业的日益繁荣和快速成长。我国已成为全球第二大经济体，而且在全球经济中的份额不断提升(2017 年已经超过全球经济总量的 15%)，这是改革开放 40 年的巨大成就。而其中服务业的贡献和成就更引人注目：服务业从小到大、从弱到强、从边缘到主角；服务业吸纳劳动就业从绝对配角到绝对主力军；服务贸易几乎从零起步到如今稳居世界第二，服务业全面开放新格局正在形成；服务业结构从单一的、单调的生活性服务业，到门类齐全的生活性服务业、生产性服务业和社会服务业并举发展，几乎应有尽有，业态丰富，质量显著提升。服务业领域取得如此骄人的成就，固然有我国市场巨大这个得天独厚的优势，但更得益于服务业改革开放举措推陈出新。如果抱残守缺、思想僵化、紧闭大门，我国的服务业发展很可能还在低水平徘徊。

我国服务业 40 年的发展和改革基本遵循市场化取向的主线索推进。但是，我们必须理性地认识到：无论是产业发展的客观要求，还是出于服务业的异质性和部分公共品属性的特点，服务业发展和改革都要更好地发挥政府的宏观调控作用。所以，如何科学地把“无形的手”和“有形的手”有机结合起来，是服务业发展和改革道路探索的永恒主题。服务业开放起步较晚，但势头迅猛。加入世界贸易组织后，我国对外开放的重点就转向了服务业领域。当前，服务业开放已经成为中国构建开放型经济的重中之重，也是中国经济全球化进程备受关注的领域。如何以更高水平、更大力度在更广领域推进服务业对外开放，在开放中深化改革，在开放中维护国家经济安全和提升产业竞争力，是服务业对外开放不可回避的理论和实践问题，有待于与学界同人不断探索。

服务业门类众多、产业发展日新月异，新领域、新业态和新模式层出不穷，中国特色社会主义新时代又对服务业发展改革和开放提出许多重大命题和重大战略部署，需要对服务业改革开放 40 年来的经验进行理论梳理和实证剖析，更需要紧扣中国国情和时代脉搏，找准服务业改革和开放的规律与趋势。这需要我们理论和智库工作者及时做出回应。这几年，我们比较系统地梳理了服务业改革开放的理论和政策，潜心从事这方面的研究和写作。摆在读者面前的这部著作，是我们在这个领域的初步成果。自 2004 年以来，中国社科院财经战略研究院（2011 年底由“财贸所”更名）就坚持每年出版一部服务业发展蓝皮书或服务业发展报告，每一年度根据最新的学术前沿或服务业实践的重要议题，选择一个主题进行系统的研究和阐释，如今已坚持了 14 年，不敢说很有成绩，但至少坚持在一个领域持续耕耘，竭力为服务经济学科发展和服务业实践提供了一个系统的总结和政策参考。但我们深知，服务经济学的研究，特别是服务业改革开放的研究在国内起步较晚，理论基础也比较薄弱，以我们一己之力，从事这样时间跨度和涉及众多服务业领域的改革开放研究，一定存在不少疏漏和亟待完善的地方，欢迎各方专家学者和广大读者提出宝贵意见，以便我们在后续的研究中不断改进和提升。

李勇坚　夏杰长　姚战琪

2018 年 3 月 30 日于北京

目　录

第一章　中国服务业改革 40 年的历程、经验与趋势

摘　要：中国服务业改革始于 1978 年，改革并没有建立在对服务业有着充分的理论认知的基础上，而是对现实压力的一种响应。按照各阶段改革的动力，服务业改革可分为五个阶段，即 1978~1984 年基于就业与需求压力的改革、1984~1992 年基于增长压力的改革、1992~2001 年基于财政压力的改革、2001~2012 年基于国际竞争压力的改革、2012 年之后为改善民生而进行的改革。改革的出发点是解决实践问题的实用理性主义思维。改革的主体是一种上下联动、响应融合的综合主体，各类主体之间的互动是一个非常明显的特征。改革并非发展战略的重新选择，也并非单纯的市场化改革，而是现实压力下的一种综合。这些对未来的服务业改革具有深刻的启示意义。

1978~2017 年是中国服务业高速成长的 40 年，也是服务业全面深入改革的 40 年。服务业增加值占 GDP 的比重从 23.4%增加到 51.6%。自 2011 年开始，我国服务业就成为了吸纳就业人数最多的产业部门，是三大产业部门中唯一一个两个比重持续上升的部门。已有研究表明，服务业改革的动力、路径以及模式，与研究颇多的工业改革、农业改革等有诸多的不同（李勇坚，2015），并形成了较为独特的服务业改革“中国模式”（李勇坚、夏杰长，2017）。本项研究旨在通过对中国服务业改革 40 年的历程进行简要分析，重点剖析服务业改革的理念、动力、主体和具体道路。从服务业改革的理念看，服务业改革理念的本质在于放弃理想主义先知先觉的理性构建，回归到解决实践问题的实用理性主义思维。从改革的动力看，服务业改革是为适应现实压力而进行的，是一种基于非产业目标和现实压力而推动的改革。从改革的主体看，服务业改革的主体是一种上下联动、响应融合的综合主体，各类主体之间的互动是一个非常明显的特征。服务业改革的道路并非发展战略的重新选择，也并非单纯的市场化改革，而是一种从边缘到

中心、从难到易、因时而变的实用主义道路。深入剖析服务业改革的这些独特之处，对于进一步推进未来中国服务业改革、深化改革的顶层设计具有重要意义。本章旨在通过对中国服务业改革历程的简单回顾，总结其经验，并为下一步改革提供启示。

一、文献综述

从现有的文献资料看，对中国服务业改革进行深入研究的文献并不多。这是一个非常令人吃惊的状况，因为这与关于中国改革研究的丰富文献形成了鲜明的对比，也与服务业在中国地位的日益提升[①]形成了巨大的反差。李勇坚、夏杰长（2009）认为，这种状况出现的原因在于：第一，服务业内部各个行业之间差异非常大，很难使用一般经济学的方法来对服务业进行整体研究，[②]从制度变革的角度来看，也缺乏统一的制度变革模式。第二，在很长的一段时间里，甚至时至今天，仍有大量经济学家、经济工作者、政府官员等认为，服务业是非生产性的，是工业经济增长的附庸，只有工业增长才是经济增长的发动机。这一点在我国的外资产业政策中表现得特别明显。第三，与农业及工业领域快速而急剧的体制变革相比，服务业的体制变革是琐碎而具体的，其变化也是一个渐进的过程。这种渐进的过程只有在一个长时间段里才能进行研究，但中国制度变革的时间序列并不长。这三个原因都能够解释服务业改革的研究文献较少的原因。我们认为，还有一个非常重要的原因是，服务经济学的理论框架本身还没有完全建立起来。例如，国内外关于服务经济学的教科书屈指可数。[③]由于服务经济学理论框架不完善，使对其改革进行理论研究也相应具有一定的难度。

① 自改革开放以来，服务业是三大产业部门中唯一一个增加值与就业人数占比都保持上升趋势的产业部门。

② 例如，航空服务业需要先进的技术、高密度的物质资本与人力资本投入，且其需求具有很高的收入弹性；电信服务业具有十分可观的网络建设成本，但其边际服务成本几乎等于零；个人服务业（如理发）基本不需要资本投入，其技术进步也十分有限，其需求收入是刚性的。这三个产业具有不同的特征，管制政策等也存在着极大的区别。

③ 目前，已有的服务经济学教科书包括何德旭、夏杰长主编的《服务经济学》（社会科学文献出版社2010年版）、詹森写的《服务经济学》（中国人民大学出版社2015年版）等。

对服务业改革的绩效或者改革发展阶段进行研究的文献并不是很多。徐芦、赵德昆、杨书兵（1993）认为，服务业改革滞后于农业与工业，而且也缺乏明确的整体改革方案。李勇坚、夏杰长（2010）系统研究了中国服务业发展的动力与历程。他们认为，中国服务业发展的动力是动态变化的，在20世纪80年代主要是就业压力，在20世纪90年代主要是财政压力，到2000年之后变为国际化压力，这个研究对我们而言非常具有启发性。在一些后续的研究中，他们对此观点还进行了细化（李勇坚，2015）。当然，对于服务业改革历程或者阶段划分，学者从不同的视角出发，有不同的结论。郭怀英（2010）认为，中国服务业改革大致可以分为三个阶段，即准备与起步阶段，大体上为1978~1991年；全面推进阶段，大体上为1992~2005年；深化与突破阶段，大体上为2005年至今。黄少杰（2007）认为，中国服务业改革可以划分为三个阶段：萌芽和试点阶段（1978~1984年）、全面推广阶段（1984~1992年）、攻坚阶段（1992年至今）。潘海岚（2009）认同“服务业改革在整体上大大滞后于农业改革（农村联产承包责任制）和工业改革（城市国有工业企业改革）”的观点。但在具体阶段划分方面，中国服务业的发展随着国家产业政策的演进，可以划分为：服务业初步认识期（1978~1984年）、服务业认识的深入期（1985~1991年）、服务业发展认识的转变期（1992~2000年）、服务业发展认识的加速期（2001~2005年）、服务业发展认识的完善期（2006年至今）。丁辉侠、董超（2010）从服务业开放的视角，将其划分为严格限制准入阶段（1979~1987年）、跟随性发展阶段（1988~1995年）、[①]逐步降低门槛阶段（1996~2001年）、严格遵守“入世”承诺阶段（2002~2006年）、全面开放阶段（2007年至今）。从这些研究看，对于服务业改革阶段的研究，主要是基于某一个特定的方面，而缺乏从改革整体模式与服务业改革的个性特征相结合而进行的深入研究，对改革的动力和具体模式与特征也缺乏相应的研究成果。本文旨在通过对改革历程的研究，总结出中国服务业改革的基本特征，对现有的研究成果是一个深化。

---

① 他们提出，1992~1995年是中国外商直接投资自由化快速发展的阶段，但该阶段主要是放松第二产业的投资壁垒。对服务业而言，一方面，由于重工业、轻服务业的思想存在，服务业对国民经济发展的重要性还没有受到重视；另一方面，由于认为金融、电信、交通运输等服务业属于自然垄断部门，不适宜对外资企业和内资企业开放。我们认为，在20世纪90年代的外商投资实践中，有很多服务部门实际上已经开放。

二、改革历程

从改革历史的维度看，中国服务业改革与工业改革、农业改革或者更笼统而言的“经济体制改革”有着明显的区别。改革的历程也明显不同。基于改革的动力、改革的主体与改革的路径，可以将1978~2017年的服务业改革分为五个阶段。

（一）1978~1984年：就业与需求压力推动下的服务业改革

这一阶段改革的动力主要是缓解当时因知青返城而产生的就业压力以及服务业供给不足而产生的需求压力，而改革的路径主要是允许个体经济、私营经济在服务业领域边际增长，以解决当时因知青返城而产生的巨大就业压力，并通过服务业的发展，解决因长期歧视服务领域而造成的服务产品供给不足（李勇坚，2015）。

具体的改革措施包括，“批准一些有正式户口的闲散劳动力从事修理、服务和手工业的个体劳动，但不准雇工”；① 开放市场，允许个体从事商品流通工作；② 提高对服务业工作的重视程度；③ 积极宣传第三产业（即服务业）的相关概念等。④

需要指出的是，这一阶段服务业改革的重要特点是：改革的原意不是为了促进服务业的发展（当时连服务业或第三产业的概念都没有完全进入决策层的视野），而是为了解决当时普遍存在的就业压力。在改革措施方面，没有直接从现有的服务经济体制开始进行改革，而是从实际出发，破除意识形态的障碍，从市场准入、所有制松绑等方面入手，以增量推动存量变革，通过市场的开放，利用边际力量慢慢地改变着服务业发展的格局，积极利用渐进市场化的力量，给改革

① 参见1979年2月国家工商行政管理局全国局长会议后致国务院的报告。

② 1978年末，国家工商行政管理局在四川大竹县召开全国集市贸易座谈会，为集市贸易恢复名誉。

③ 例如，1979年，国务院财政经济委员会组织了一次全国性经济结构调查研究工作，调查得出的主要结论首次提出，服务业发展对国民经济发展形成了障碍。

④ 1981年上半年，《世界经济导报》先后刊登了《有关第三产业的话》《第一、二、三产业如何划分》《第三产业的由来》《关于第三产业》等文章，系统介绍了第三产业概念的由来，发展原因、分类、作用、趋势，以及理论研究新问题，对中国的启示，中国第三产业的现状与发展前景等问题。

设立一个缓冲地带，进而对服务业的体制产生着潜移默化的影响。

采用这种先易后难，先边缘后中心，使改革的阻力最小的增量推动模式，其主要原因恰恰在于当时服务业在国民经济中的地位并不重要。事实上，1978~1983 年，服务业占 GDP 的比重并未显著上升，甚至在 1979~1982 年还呈现了下降趋势。而到 1984 年，服务业增加值占比才真正超过 1978 年。

（二）1984~1992 年：增长压力推动下的服务业改革

经过了 1978 年以来的边际化改革，以及 1980 年以来关于服务业概念、意义、作用等各个方面的理论探索与改革实践，到 1984 年时，社会各界以及政府部门对服务业在国民经济的重要地位以及其对国民经济发展的意义已有深刻的认识。而且，从发展现实看，服务业在国民经济中的地位日益重要，在 1985 年超过了第一产业，成为国民经济中的第二大产业部门。在增长动力方面，从 1985 年开始，作为改革重要动力的第一产业增长速度开始回落（1985 年增长速度仅为 1.8%，之后持续维持一位数增长）。中央开始对主动深化服务领域的改革有了深刻认识。1984 年 6 月，邓小平在会见日本外宾时指出，下一步的改革重点将发生变化，“改革要从农村转到城市。城市改革不仅包括工业、商业，还有科技、教育等，各行各业都在内”。[①]

其时，已有中央领导同志认识到，发达国家的服务业占比均已超过 60%，中国的发展问题，一方面固然有工业化中提升工业制造业能力的问题，另一方面也需要将服务业发展起来。[②] 因此，要加快服务业发展，发挥服务业在国民经济中的动力与支撑作用，需要在改革方面有大动作、花大力气。在这个背景下，1984 年开始的第二波服务业改革，开始直面中国服务业的快速增长问题。1984 年，

① 邓小平：《建设有中国特色的社会主义》，载《邓小平文选》第 3 卷，人民出版社 1993 年版，第 65 页。

② 当时有领导指出，“随着生产力水平的提高和专业化、社会化的发展，‘第三产业’将迅速发展。在一些发达国家中，‘第三产业’占就业人口的 60%~70%，在国民生产总值中占了 50%~65%。我们国家的经济不发达，‘第三产业’发展缓慢，据统计仅占就业人口的 15%左右，占国民生产总值的 20%左右”。“所有的城市和集镇，不要老是把注意力放在办地方工业上，以为办工业才能安排就业，而应当把主要力量放在搞基础设施，放在第三产业上”。“我国的各种服务行业，包括文化娱乐、旅游业等，前途无量，发展之快，将会出乎预料。过去第三产业、公用事业发展不起来，有一系列的问题。主要在于我们没有把它当成企业，而是当成福利事业甚至慈善事业来办，谁办谁赔钱，根本缺乏活力。这种办法必须改变”。参见《国务院领导同志谈要进一步把“第三产业”放开》，《中国经贸导刊》1984 年第 18 期。经过查阅相关历史文献，本章所指的国务院领导同志，应为时任国务院总理的赵紫阳。

中央领导同志指出，今后要大力发展第三产业。并明确提出，“发展第三产业，可以解决就业问题，发展生产，繁荣经济”。还提出了一个重要观点，“社会越是进步，搞第三产业的人越多”。[①] 这是改革开放以来国家领导人对第三产业发展规划的较早的公开表达。1985 年 4 月，时任国务院总理赵紫阳在武汉市视察时提出了生产服务业的问题。这是国家领导人首次公开提出生产服务业能够为经济增长提供条件和动力的理念。[②]

1986 年 4 月，六届四次人大通过的《中华人民共和国国民经济和社会发展第七个五年计划》提出，第三产业发展是经济结构调整的一个重要方面，要“大力发展为生产和生活服务的第三产业，特别是要大力开展咨询服务，积极发展金融、保险、信息等事业”，并在五年计划里首次提出了第三产业发展目标。这是在中国第五年计划中首次出现“第三产业”概念，并对第三产业增长提出明确的目标：要求第一产业年均增长 4.2%，第二产业年均增长 7.7%，而第三产业的增长目标设定为 11.4%，第三产业目标增长率远高于第一、第二产业，这说明当时中央已关注到服务经济增长的潜力，把服务业作为经济发展的主要动力。1985 年，赵紫阳在六届人大三次会议的政府工作报告中明确指出：“大力发展包括商业、外贸、交通、邮电、旅游、金融、保险、咨询、技术服务和其他社会服务的第三产业……应当把国民生产总值的增长情况作为考核大城市经济发展的主要指标。”这是在政府工作报告中首次详细论述“第三产业”发展，并将其作为大城市考核的主要指标。1985 年 4 月 5 日，《关于建立第三产业统计的报告》由国务院转发，较为明确地界定和划分了第三产业的范畴和领域。这是将第三产业首次纳入正式的统计指标中。

从这些文件的内容看，从 1984 年开始，服务业作为国民经济的一个重要产业部门，在决策层得到了认可，因此，对服务业改革的一个重要内容就是释放服务业增长的潜力。改革的路径主要是提高服务业地位，积极推进服务业的市场准入、价格等诸多方面的改革；重建服务业增长的动力，并通过服务业增长，为国民经济的增长做出贡献。金融、电信、民航、交通等行业，都存在着政企不分等

---

① 参见《领导同志谈今后要大力发展第三产业》，《中国经贸导刊》1984 年第 15 期。

② 他指出：“每个城市都要把发展第三产业，提高第三产业在国民经济中的比重，作为一个重要任务。第三产业不仅包括为生活服务的行业，也包括为生产服务的行业。一个国家的经济效益和效率，与第三产业发展的程度有极大的关系。如果真正把第三产业搞好，在现有的条件，我们的经济效益就会有很大的增长，人民的生活质量也会提高。”参见邹东涛主编：《中国改革开放 20 年（1978~2008）》，社会科学文献出版社 2008 年版，http：//www.china.com.cn/economic/txt/2008-11/18/content_16786821.htm。

问题，持续推进服务业各个行业的管理体制等诸多方面的改革，促进服务业各个行业快速发展，对服务业内部各个行业进行市场化改革，积极完善市场管理体制，成为了服务业改革的一个重要内容。20世纪80年代中期之后，随着改革的深入，特别是对服务业的产业性质认识的深化，开始对许多服务业领域的政企不分的情形进行改革。这些改革对于形成市场主体、改善当时服务业的供给状况起到了关键性的作用。但是，在形成市场主体的过程中，缺乏市场管制措施的跟进，以及对民营经济开放不够，形成了行政垄断等诸多方面的问题。这些问题，直到今天仍然是服务业改革的一个重点。

20世纪80年代，通过将附属于政府部门的一些服务职能进行剥离，如将银行、电信、交通等诸多部门剥离出来，形成政企分开的架构，对服务业市场竞争的形成具有一定的作用。从今天的眼光看，这些服务部门从政府部门的剥离是不完整的，还遗留了诸多历史问题。从当时的眼光看，这种剥离建立在市场化的基础上，对建立与完善市场经济具有非常重要的指导意义。

（三）1992~2001年：财政压力推动下的服务业改革

1978年开始的中国经济改革，最初是针对高度集中的计划经济而进行的体制调整。其基本思路是通过“减税让利”和“放权让利”，以达到调动企业和地方政府积极性及促进经济发展的目的。这种改革模式造成了财政收入占GDP的比重和中央财政收入占全国财政收入的比重迅速下滑。财政收入占GDP比重在1978年时为31.06%，1990年下降到15.73%，到1995年时进一步下降到10.27%；中央财政收入占全国财政收入比重先升后降，1978年为15.52%，1990年上升为33.79%，1993年又下降至22.02%。这样，政府部门的财政压力持续增加。而我国服务业在经营机制上，产业化、社会化、商品化程度低，福利化现象和机关、企事业单位封闭式自我服务的问题严重，财政负担沉重。服务业所遇到的重要问题是部分服务行业如何从国家包办的福利型事业向产业转型，以减少服务业对国家财政的依赖。在财政压力骤增、百姓服务需求增加等动因下，20世纪90年代，服务业开始了以价格和市场化为主线的改革，沿两条主线进行：第一条是供给方面的市场化，如住房市场化、教育产业化。这些行业原来由财政包办，导致供给增长缓慢，财政包袱沉重，改革思路是借助市场的力量，快速增加供给，以满足百姓的需求，并扔掉财政包袱。第二条是放开价格管制，以涨价来减少政府对服务行业的补贴。如铁路运输价格、医疗价格、住宅租售价格等，都呈现大幅度上涨的趋势。从 20 世纪 90 年代服务业改革看，其目标并不明确。在很多文件中，将“提升效率”等作为改革的终极目标。而在实际执行中，服务业改革被当作减缓财政压力的重要手段。正是改革目标的异化，导致很多改革并没有取得预期的效果。这要求政府在改革过程中有定力，能够抵制利益的诱惑。然而，在财政压力的现实下，很难抵制这种诱惑。这也是这一阶段中国服务业改革基本失败的根本原因所在。

（四）2001~2012 年：国际竞争压力推动下的服务业改革

服务业是相对国际化程度较低的产业部门，因为服务产品的无形性、消费与生产的部分同步性等方面的问题，导致服务业总体国际化程度不如商品部门高。但是，随着交通技术、信息技术等技术进步以及各种基础设施的完善，服务产品的可贸易性正在提高。2001 年中国加入 WTO 之后，中国服务业面临着新的发展环境。服务全球化进程加快，各国都将服务业作为产业升级和结构调整的重要支撑，服务业对经济的促进作用大大增强，全球服务业竞争空前激烈。

从中国服务业国际竞争力来看，我国服务贸易从 1995 年开始出现逆差，并且规模逐年增加。整体上处于工业化中期，批发零售等传统服务业发展得比较成熟，但也存在服务质量不高、数量饱和、服务市场不规范的情况；金融、保险、物流等现代服务业比重上升，但总体上发展滞后。政府职能缺位和越位、监管不到位等问题仍然突出。

在加入 WTO 议定书中，中国对服务贸易总协定 12 个大类中的 9 个大类、近 100 个小类做出了渐进开放的承诺，占比达到 62.5%，[①] 设置了五年过渡期（2002~2006 年）。按照“入世”的承诺，过渡期结束后，从 2006 年 11 月 12 日起，除个别领域外，中国取消服务业对外资的限制，至此，中国服务业进入全面开放的新阶段。

因此，自 2001 年开始，国际化压力骤增是中国服务业改革的重要驱动力。改革的路径是深化服务业改革与扩大开放相结合，通过各种措施提高服务业的竞争力，并有序开放服务市场，以开放促进改革。注重产业与服务贸易和服务业对外直接投资的协调发展也成为一个重要的方向。

加入世界贸易组织后，中国服务业在应对国际化压力时，大力发展服务贸

① 李钢、聂平香等：《新时期中国服务业开放战略及路径》，经济科学出版社 2016 年版。

易，将服务外包作为扩大服务贸易的重点。服务外包作为供应链、价值链、产业链延伸和管理的重要支撑，不仅是提升服务业竞争力的重要手段，也日益成为改善服务贸易结构、引领服务贸易发展的重要抓手。

《国民经济与社会发展第十一个五年规划纲要》对服务业外包做出了新的安排，“加快转变对外贸易增长方式，建设若干服务业外包基地，有序承接国际服务业转移”。同年，承接服务外包的“千百十工程”。① 国家在服务外包人才培训、大力开展“服务外包基地城市”建设、支持服务外包企业做强做大、创建中国服务外包信息公共服务平台等方面给予政策和资金支持。2007 年，国务院发布了《关于加快发展服务业的若干意见》（国发〔2007〕7 号），重点提到了“服务外包”。② 之后，国务院发布了一系列促进服务外包的文件，包括《关于促进服务外包产业发展问题的复函》（国办函〔2009〕9 号）、《关于鼓励服务外包产业加快发展的复函》（国办函〔2010〕69 号）、《进一步鼓励软件产业和集成电路产业发展的若干政策》（国发〔2011〕4 号）等，各部委和各地方政府也相应出台了促进服务外包发展的政策措施。这一时期，服务外包产业成为国家“引进来”和“走出去”战略的新领域，服务外包产业的发展加速了中国服务业发展水平和竞争力的提升。

在这一时期，国家对服务业发展也越来越重视，发布了关于服务业发展的许多政策文件。2001 年，国务院办公厅转发国家计委关于《“十五”期间加快发展服务业若干政策措施的意见》（国办发〔2001〕98 号）。这是国家层面发布的关于服务业发展的第二个文件。该文件强调了新时期服务业发展的重要意义，③ 并明确了发展路径，④ 提出了“市场化、产业化和社会化”的方向，在具体实施方面，从服务业发展的各个方面提出了系统化的 37 条政策措施，初步形成了较为

① 即每年投入不少于 1 亿元资金，在今后的三到五年内建设 10 个中国承接服务外包的基地，推动 100 家跨国公司将其部分外包业务转移到中国，同时培养 1000 家承接国际服务外包的大型企业，全方位地接纳离岸服务外包业务。

② 该意见指出，“把大力发展服务贸易作为转变外贸增长方式、提升对外开放水平的重要内容。把承接国际服务外包作为扩大服务贸易的重点，发挥我国人力资源丰富的优势，积极承接信息管理、数据处理、财会核算、技术研发、工业设计等国际服务外包业务。具备条件的沿海地区和城市要根据自身优势，研究制定鼓励承接服务外包的扶持政策，加快培育一批具备国际资质的服务外包企业，形成一批外包产业基地”。

③ 文件明确，“加快发展服务业，是国民经济持续快速健康发展的重要保障，是提高国际竞争力和国民经济整体素质的有力措施，是缓解就业压力的主要途径，也是提高人民生活水平的迫切需要”。

④ 文件指出，“以市场化、产业化和社会化为方向，增加供给、优化结构、拓宽领域、扩大就业。要进一步解放思想，更新观念，真正把服务业作为产业对待。要有步骤地扩大开放，在主要依靠市场机制的基础上，通过政策引导，加大工作力度和资金投入，促进全国服务业发展再上一个新台阶”。

完整的措施体系。“十五”期间，国家又围绕着金融业发展和体制改革、物流业、文化产业等服务领域出台了多项政策文件，旨在促进各服务业发展。

2007 年 3 月发布的《关于加快发展服务业的若干意见》（国发〔2007〕7 号）是国务院首次发布的关于服务业的指导文件，明确了服务业发展的重要作用与意义，系统性、整体性地提出了服务业发展的各项政策措施。2008 年，国务院办公厅为落实《关于加快发展服务业的若干意见》提出的政策措施，发布《关于加快发展服务业若干政策措施的实施意见》（国发〔2008〕11 号），就意见所提出问题进行了细化。

（五）2012~2017 年：面向民生的服务业改革

2012 年中共十八大召开之后，经济发展进入新常态，服务业成为第一大产业，各种新业态、新商业模式层出不穷，但相关的管制措施并没有动态跟进，服务领域的供给能力不足成为制约我国居民幸福、产业转型升级的重要瓶颈，经济领域的改革重点已转移到服务业领域。一方面，服务业领域集中了经济发展中的尖锐矛盾，如垄断的问题、政府与市场关系的问题等；另一方面，服务业领域的改革多年来一直处于走弯路状态。

新一届中央政府对民生高度关注。而服务业被视为影响民生幸福的重要产业。2016 年 12 月，国务院办公厅发布了《关于进一步扩大旅游文化体育健康养老教育培训等领域消费的意见》，将旅游、文化、体育、健康、养老、教育培训等领域视为幸福产业。

在这一背景下，民生改善的压力与支撑中国全面建设小康社会的动力成为新一轮服务业改革的基点。服务业改革的重点与方向，从关注国际竞争力向关注民生、关注增长转型，其改革措施也包括两个方面：一方面是对制约服务业发展的体制机制进行变革，为服务业发展创造一个良好的环境；另一方面是对服务业内部的重点行业进行扶持，支持其快速发展。据不完全统计，自 2013 年起，以国务院或者国务院办公厅名义发布的与服务业发展相关的政策文件多达 50 个以上，这比 1978~2012 年的总数还多。很多行业，如健康服务业、体育产业、养老产业等服务领域的促进政策，都是国务院首次提出的。从实施效果看，虽然政策密集出台，对服务业快速发展起到了很好的促进作用，但也存在着政策体系不健全、配套性较差、各项措施具体落实较难等问题。

三、经验总结

中国服务改革有着其独特的特点与逻辑。我们可以从改革的理念、动力、主体、道路等诸多方面总结服务业改革的经验。

（一）改革的理念：解决实践问题的实用理性主义思维

从前文所分析的服务业改革历程可以看出，服务业改革都是在现实压力下做出的决策。因此，服务业改革的理念在于放弃理想主义先知先觉的理性构建（例如，如何体现社会主义在生产力发展方面的优越性），回归到解决实践问题的实用理性主义思维。例如，服务业改革里具有重大意义的个体经济的兴起，与需要解决上山下乡返城青年的就业问题相关。而在20世纪90年代开始对服务业价格以及某些公共服务部门的市场化尝试，其出发点是基于20世纪90年代中国日益窘迫的财政状况。在这种财政压力下，各个政府部门都以"抛包袱"的态度对某些服务行业进行改革。实用理性的改革理念使改革初期阻力较小，改革进展较快，而到后期，艰难的改革问题日益凸显，将会导致改革停滞。这正是中国服务业改革的真实写照。而且，实用理性还会带来其他方面的问题，例如，改革目标的设定无法长远等。张大军认为，这些问题构成了中国未来深化改革的障碍。他写道："中国转型所面对的历史挑战其实是中国长久的负面历史遗产——信奉实用主义的官僚体制——在当代的回光返照。这一耗费巨大的历史遗产不仅直接加重了中国人的负担，成为各种不公平和非正义的总策源地，而且也极大地妨碍了中国经济的发展和民生的改善。"我们认为，当时选择实用理性作为服务业改革的理念，而非以理想目标模式出发全面推进服务业改革，这种模式的确给中国之后的改革深化带来了一些负面的影响，但也不能对当时的改革者进行苛求。因为推动改革的力量是慢慢形成的，在改革之初，不可能形成全面改革的动力，理想主义的理性建构模式对中国改革初期的适用并不成立。[①] 徐家林（2013）认为，中国改革初期，虽有着一些较为系统的政策设计，但本质上，“改革的基本策略是先易后难、先经济后政治、先增量后存量”。

（二）改革的动力：压力—响应机制

改革动力学是一个复杂的课题。各个国家、各个时期、各个行业面临的问题都有差异，其改革的动力也不一致。从总体上看，改革的动力有三个来源：第一是理想主义，即为了实现一种理想状态，而积极对现状进行改革。第二是目标模式的召唤，即建立一个目标模式，然后选择改革路径，向目标模式进化。目标模式的召唤与理想主义不同，目标模式不一定基于理想，更可能是从现实出发。从全球服务业改革的趋势看，基本都是以“放松管制”“民营化”“市场化”等作为改革目标模式。然而，这种目标模式化的改革，在具体实施过程中并非一帆风顺。第三是现实压力，这包括社会经济增长压力、民生压力等诸多方面。基于这一认知，服务业改革的动力来源于压力—响应机制（肖冬连，2004），是一种基于非产业目标、适应现实压力而推动的改革。

例如，在改革之初，工业改革的理想是通过效率提升体现社会主义制度的优越性，核心在于竞争力提升，这个过程是基于所有制不变情况下的效率提升型改革，裁减冗员是一个必然的选择。而服务业改革的目标不是效率，也不是制度优越性，而是用于解决现实问题的一种工具。因此，在改革方面，意识形态的东西较少，实用理性的东西较多。具体的方式，是通过允许个体经营服务业，吸纳就业。20世纪90年代，财政压力骤增。这有着多方面的原因，政府提供了太多的服务且这些服务价格过低显然是原因之一（曹礼和，1991），而这一点原被视为制度优越性的体现。20世纪90年代的服务业改革，冲破了这种观念的束缚，开始了服务业领域的价格改革与市场化改革。中共十八大之后，随着居民收入水平的持续提升，对教育、医疗、文化、体育等幸福产业的需求持续提升，中

① 张大军写道：“现在的制度规则体系早就存在，成功地实践了这套规则体系的国家也早已存在，中国的问题不是有没有模仿的机会，而是有没有模仿的意愿。中国执政党的意愿缺乏可以从邓小平先生说的一句话中清楚地读出，他说中国改革是摸着石头过河。就是他不愿设定一个制度模仿目标，走一步看一步，中国改革或转型的路线图是没有的。可以说，中国改革的指导思想就是这种实用的理性主义。邓小平还讲过另外的话，就是有很多问题现在解决不了要延缓一下，留给下一代，理由是下一代可能比他们更聪明。这导致执政党在很多事情上能拖就拖，其实这是一种极端的理性机会主义，用俗话讲就是小聪明，也是推脱责任的借口。”我们认为，他的观点失之偏颇。

央适时推出了促进此类产业的系列改革措施，也是对现实压力的一种响应。

（三）改革的主体：上下联动、相互呼应

从服务业改革主体看，普遍存在着两种看法：一种看法认为是由政府作为改革主体，自上而下推动；另一种看法认为是由市场力量自下而上推动的。很多研究强调了市场力量自下而上推动的作用。科斯与王宁（2013）提出了“边缘革命”的命题。他们认为，中国的改革是政府主导之外的由民间边缘力量（包括承包制、乡镇企业、个体户和经济特区）主导运作的自下而上的改革。田国强、陈旭东（2014）认为，民营经济的边际发展是中国改革得以成功的主要力量。边缘突破式改革先从计划经济体制外或相对薄弱的边缘领域进行改革试点（如改革先从农村开始，农村见了成效，才进行城市改革），尽量做增量改革，给市场经济一个试验的空间。

从服务业改革的历程看，服务业改革的主体是一种上下联动、响应融合的综合主体。在这个过程中，如果政府是第一推动者，那么市场会形成一种新的力量，对政府形成反馈，使政府更进一步推动改革。以1978年开始的“个体经济”改革为例，这种改革首先是中央出台了相应的就业政策，促进了大量以服务业为特色的个体经济主体出现，而在这一过程中，政府对个体经济的政策不断修正，使个体经济在服务业领域能够快速发展。刘玉照、田青（2009）引用孙立平、郭于华、应星等的观点，提出中国制度变迁过程中存在“变通”的概念，[①]认为中国的改革是由中央政府或者上级政府的推动与下级执行机构的“变通”相结合而完成的。青木昌彦、凯文·穆尔多克、奥野（藤原）正宽（2004）提出了“市场增进论观点”（Market-enhancing View），这种观点认为中国的改革主要依赖于政府与市场之间的协调，政府对促进市场作用的发挥起到了很大的作用。

这种观点对于理解中国服务业改革过程中上下联动、响应融合形成一个综合改革主体具有很好的启发作用。民间部门的优势在于对信息反应比政府灵敏，并能够建立更好的激励机制。但是，对于市场失灵领域，民间部门缺乏足够的应对

---

① 所谓“变通”，就是在制度实施中，执行者在未得到制度决定者的正式准许、未改变制度的正式程序的情况下，自行做出改变原制度中的某些部分的决策，从而推行一套经过改变的制度安排。“变通”后的制度与原制度保持着形式上的一致；这种形式上的一致，有时包含明确的操作性内容，有时则仅采用和原制度相同的话语系统，并受与这套话语相联系的意识形态等因素的约束（制度与结构变迁研究课题组，1997）。

措施与解决模式。而且，更为重要的是，市场并不能完全自发形成，在市场发育程度较低的地区，市场的前期培育需要政府的支持。因此，服务业改革过程中，上下联动、响应融合的综合改革主体具有重要意义。

应该注意到，在服务业改革过程中，政府扮演了第一推动力的角色，下层的响应是基于政府的第一推动。时至今日，在政府缺乏足够的改革刺激的情况下，服务业改革模式进入僵化状态。这是中国服务业未来改革所面临的问题。

（四）改革的道路：从边缘到中心的实用主义道路

对于服务业改革的道路，主要有以下几种观点：发展战略转变论（林毅夫等，1999；林毅夫，2012）、市场扩张论（李勇坚、夏杰长，2009）、边际扩张论（马元、刘长胜，2005）、利益调整论（曹子坚，2000）等。

从服务业改革历程看，中国服务业改革的道路并非发展战略的重新选择，也非单纯的市场化改革，而是一种基于从边缘到中心、从难到易、因时而变的实用主义道路。改革过程中，先适应社会一般性问题，启动改革措施，在解决了一个时期的特定问题之后，又启动新一轮改革，解决新的问题。这种以解决问题为导向的改革道路，不同于中国的工业改革（基于发展战略的重新选择）、农业改革（基于对原有体制的修改）。

四、趋势展望

展望未来，推进中国服务业改革，可以聚焦以下几个方面：

（一）在改革过程中，对新商业模式、商业业态、新的商业力量要抱宽容的态度

在改革开放之初，服务业领域出现了很多新情况，如个体经营、集贸市场等，对这些新兴的商业力量，在其发展的早期，党和政府采取了宽容的态度，而不是盲目地禁止。这种态度，使服务业内部的一些边际力量产生出来，最终成为了中国改革的一个重要特征。

在今天的改革与发展过程中，我们也面临着很多新的商业模式、商业业态与

商业力量的兴起。例如，人工智能在医疗领域的应用、处方药品的电子商务、分享经济、无人驾驶等。对这些力量，应采取宽容的态度，允许其先行先试，甚至要有包容试错的开放精神，然后在发展中发现问题，并最终解决问题，实现政策与制度的变革。

（二）避免使用单纯的意识形态对改革措施进行定性

在改革开放的早期，通过对在当时国民经济中占比不是很高的服务领域、对国民经济影响不是特别关键的领域进行改革，避免了意识形态的争议，使改革能够顺利推进。之后，服务业领域改革也多次回避了意识形态的争议，采取了一种实用理性的态度。

在全面深化改革的今天，改革渐入深水区，更可能引发意识形态的争论。例如，在金融业领域，很容易与国家安全、金融安全等问题直接联系起来。对这些有争论的问题，应该先试一试，允许其发展，避免直接用意识形态来否定经济上的新生事物。在中共十八大之后，我国开始对民营银行放开，鼓励民营资本进入银行业，就是超越意识形态之争的一个典型案例。

（三）立足民生解决发展过程中的现实问题

回顾中国服务业改革的历史可以发现，直接关注民生福祉的改革，其改革进程会相对顺利，改革成效就会相对显著。因为服务业直接关系到群众的基本生活，因此，对民生的关注应成为改革的基本出发点。这与工业改革高度关注效率有着本质上的区别。

例如，1978 年开始改革时，两个重要的动因或者动力就是解决就业问题与解决当时因服务业不发达而带来的生活不便利问题，基于这两个出发点，在服务业领域出台了一系列政策，这些政策都取得了较好的效果。

中共十八大之后，党中央国务院对服务业改革高度关注，从改善民生等视角出发，出台了 50 多个和服务业发展改革相关的文件，这些文件对我国服务业加快发展、提高居民生活水平等方面起到了巨大的作用。

而在 20 世纪 90 年代的服务业改革，尤其是医疗、教育、住房等方面的改革，其出发点是为解决当时日益沉重的财政压力。虽然从短时间内的财政压力情况疏解看，这些政策都取得了一定的效果，但由于这些政策的出发点并不是基于民生福祉，导致了这些方面的改革在本质上是失败的。

（四）以开放促改革，以改革加速开放

中国改革的进程与开放进程是同步的，这也是中国经济改革不同于其他转型经济的一个特色。在服务业改革过程中，改革与扩大开放是紧密结合在一起的。例如，对文化艺术、广播影视、新闻出版、教育、医疗卫生、社会保障、体育、知识产权、检验检测等行业和领域的改革，与扩大开放是结合在一起的。从未来发展看，由于这些行业的特殊性，改革必须和开放结合在一起。[①] 2001 年中国"入世"后，承诺的服务行业开始大范围、实质性地对外开放，虽然面临强大的国际化竞争压力，但也促进了中国服务业的发展，提高了国民消费和福利水平。国内服务提供者可以引入新的管理和技术，也因为竞争机制提高了服务效率和服务竞争能力。而且，在开放的压力下，对原来已经形成行政性垄断的一些服务部门（如金融、民航等）进行了深入改革，降低进入门槛，优化市场结构，促进了这些服务领域的快速发展。

在扩大服务业开放的同时，根据比较优势，我国抓住国际服务外包浪潮，积极拓展服务外包领域，加快培育了一批具备国际资质的服务外包企业，打造了一批具有一定竞争优势与产业特色的服务外包基地，很好地发挥了引领作用，取得了较好的成效。

（五）坚定不移地推进市场取向改革，但要谨防"伪市场化"

积极推进市场化是我国服务业改革的一个重要经验。但是，服务业的市场化是一个非常复杂的问题。在服务业领域，政府往往要扮演多重角色。有些行业政府要扮演资源分配者（如房地产业）、有些行业政府要扮演市场监管者（如医疗）、有些行业政府要扮演买单者（如教育）。服务业的市场化改革包括以下几个方面：一是建立市场化供给体系，即引进市场主体，完善市场竞争结构；二是通过增加市场主体，引入竞争机制，建立市场化的价格形成机制；三是建立市场化的政府干预机制，如政府补贴、政府监管等。对于一个完善的市场化改革来说，

① 以教育为例，中国目前的教育改革之所以陷入困境，其根本原因在于，公立学校已经聚合了多年以来的品牌影响力，形成了绝对的竞争优势，民办教育作为一种新生的力量，根本无力与其抗争。因此，即使推进以市场化、民营化为特征的改革，其后果也只是强化公立教育机构的垄断力，使其具有更强的议价能力。只有引入国外的优势品牌，才能与公立教育机构进行抗争，使改革措施真正发挥作用。在医疗领域的改革，也存在着同样的问题。

三者缺一不可。

在我国服务业改革过程中，将前述三者割裂开来的情形非常普遍。在很多服务领域，所谓的市场化改革，就是将需求端（价格）市场化，但是供应端垄断化，这是一种最坏的市场化结果。这种“伪市场化”改革，一方面以行政力量在供给方面仍保持着高度的垄断，另一方面以市场化的名义在需求方面放开价格，这种行政垄断下放开的价格管制不是真正的市场化，一定会演变成一种破坏百姓福祉的“伪市场化”。以教育领域为例，政府应积极扶持新的市场主体，在政府补贴等方面，将公立机构与其他机构同等对待；以发放教育券等方式，补贴消费者；建立教育质量独立评估机制等；避免单纯“放开价格管制、实现全面收费”等“伪市场化”改革。而我国房地产市场化改革的问题根源也在于“伪市场化”，即行政权力垄断了土地供给，而需求端进行了高度市场化。

还有一种“伪市场化”改革是将政府原有的服务职能市场化，这种以“创收”名义进行的所谓改革，不但扭曲了市场的竞争机制，更为严重的是，这种模式还为权力市场化制造了通道，衍生出一种“浪费型”运行机制：权力部门以权生事，以事生钱，不惜耗费大量人力、物力、财力为本单位牟利，其社会成本与单位收益根本不成比例。

参考文献

[1] 李勇坚：《中国第三产业体制改革的动力与路径：1978~2000 年》，《当代中国史研究》2015 年第 6 期。

[2] 李勇坚、夏杰长：《服务业体制改革的动力与路径》，《改革》2010年第 5 期。

[3] 李勇坚、夏杰长：《制度变革与服务业成长》，中国经济出版社 2009 年版。

[4] 徐芦、赵德昆、杨书兵：《第三产业：改革开放与发展的统一选择》，《改革》1993 年第 2 期。

[5] 黄少杰：《我国就业问题与第三产业发展的关联性研究》，吉林大学博士学位论文，2007 年。

[6] 潘海岚：《中国服务业发展的政策变迁及效应评析》，《北京工商大学学报》（社会科学版）2009 年第 5 期。

[7] 丁辉侠、董超：《中国服务业投资的开放过程与政策启示》，《国际经济合作》2010 年第 3 期。

[8]《国务院领导同志谈要进一步把“第三产业”放开》，《中国经贸导刊》1984 年第 18 期。

[9] 邹东涛：《中国改革开放 20 年（1978~2008）》，社会科学文献出版社 2008年版。

［10］华生等：《中国道路的实质与真实历程——四轮驱动的中国高速经济》，载厉以宁、林毅夫、周其仁等：《读懂中国改革——新一轮改革的战略和路线图》，中信出版社 2014 年版。

［11］徐家林：《设计的智慧：改革开放初期的改革策略及启示》，《探索》2013 年第 3 期。

［12］邓小平：《邓小平文选》第 3 卷，人民出版社 1993 年版。

［13］曹礼和：《第三产业价格的现状与改革》，《价格月刊》1991 年第 10 期。

［14］于泰厚：《第三产业价格改革的方向》，《辽宁大学学报》（哲学社会科学版）1986 年第 2 期。

［15］［美］科斯、王宁：《变革中国：市场经济的中国之路》，中信出版社 2013 年版。

［16］田国强、陈旭东：《中国改革：历史、逻辑和未来——振兴中华变革论》，中信出版社 2014 年版。

［17］刘玉照、田青：《新制度是如何落实的？——作为制度变迁新机制的"通变"》，《社会学研究》2009 年第 4 期。

［18］青木昌彦、凯文·穆尔多克、奥野（藤原）正宽：《东亚经济发展中政府作用的新诠释：市场增进论》，载陈宽平主编：《转轨、规制与制度选择》，社会科学文献出版社 2004 年版。

［19］林毅夫、蔡昉、李周：《中国的奇迹——发展战略与经济改革》，上海人民出版社 1999 年版。

［20］林毅夫：《新结构经济学》，北京大学出版社 2012 年版。

［21］林毅夫：《中国经济专题（第二版）》，北京大学出版社 2012 年版。

［22］马元、刘长胜：《个体、私营经济发展演变的制度经济学分析》，《工业技术经济》2005 年第 9 期。

［23］曹子坚：《改革的推进方式及其对受损者的补偿》，《经济学家》2000 年第 6 期。

［24］肖冬连：《1978~1984 年中国经济体制改革思路的演进——决策与实施》，《当代中国史研究》2004 年第 9 期。

［25］李钢、聂平香等：《新时期中国服务业开放战略及路径》，经济科学出版社 2016 年版。

（李勇坚：中国社会科学院财经战略研究院）

第二章　中国服务业改革的起源与动力

摘　要： 本章以 1978~1984 年为例，探讨中国服务业改革的起源与动力。中国服务业改革始于 1978 年，改革并没有建立在对服务业有着充分的理论认知的基础上。改革的初始动力在于解决当时日趋严重的就业问题，并满足人民群众对服务产品的需求，并成为转变发展方式的一种重要探索。从具体路径看，改革伊始主要是通过放开个体经济，间接促进了服务业改革的兴起，并随即认识到服务业改革的重要意义，开始进行有意识的改革行为。摆脱意识形态的束缚、以增量推动存量、渐进市场化的模式、先易后难稳步推进是这一时期服务业改革的基本特征，这对于我们今天深化服务业改革仍具有借鉴意义。

一、中国服务业改革的背景

中国服务业改革的启动，与当时社会、经济、思想等各方面的状况分不开。在服务业改革开始启动时，关于真理标准的讨论已告一段落，对于“实践是检验真理的唯一标准”这一科学命题并不存在太多的争议。而对于科学技术的高度重视，也使服务业改革能够有一个良好的基础。[①] 当时落后的服务业发展水平，使服务业改革能够加快经济增长速度。

第一，在改革开始启动时，思想解放已经开始，而党的经济建设工作开始加强。1978 年 5 月 11 日的《光明日报》用了头版一半左右的篇幅刊登了《实践是检验真理的唯一标准》，这篇文章一开始就直截了当地指出：“检验真理的标准只

① 科学技术知识具有无形性，但是，在中国所有领导人的观念里，科技知识对于生产力的促进作用都是成立的。这样，使大家对于无形服务的价值也有了一个直观的认识。

能是社会实践。”这之后，关于真理标准的大讨论，为思想解放提供了良好的基础。而之后的 1978 年 12 月，中共十一届三中全会提出，要将工作重点转到经济建设上来。1978 年 12 月 13 日，在中共中央工作会议闭幕会上，邓小平代表党中央做了题为《解放思想，实事求是，团结一致向前看》的讲话，明确提出“要允许一部分地区、一部分企业、一部分工人农民，由于辛勤努力成绩大而收入先多一些，生活先好起来”。

第二，我国服务业发展非常滞后。1958~1978 年，中国经济建设除了 1961~1965 年的调整时期以外，许多年份都犯了盲目追求“生产高速度、建设大规模”的错误。同时在建设的过程中，片面地强调发展重工业，忽视农业和轻工业；在重工业的建设上，片面强调“以钢为纲”，忽视能源和交通运输业；在重工业内部，则片面强调自给自足，忽视协作配套和服务体系的建设。如此日久天长形成了畸形发展的经济结构，某些重工业部门过分突出，而农业、轻工业、能源工业、交通运输业、建筑业、商业、服务业等相当落后，导致国民经济比例严重失调、服务业发展滞后。根据统计数据，1978 年，中国服务业增加值为 860.5 亿元，仅占 GDP 的 23.7%。1952~1978 年的年均递增速度仅为 5.89%，严重滞后于同时期 GDP 年均 6.68%的递增速度。同时，1976~1978 年，服务业增长相当迅速。研究者指出，1978 年国内生产总值由 1976 年的 2961.5 亿元增长到 3645.2 亿元，同比增长了 20.1%。其中，第一产业增长了 1.8%，第二产业增长了 30.2%（其中工业增长了 33.1%，建筑业增长了 1.11%），第三产业增长了 24.5%（其中交通、运输、仓储和邮电通信业增长了 22.6%，批发零售贸易和餐饮业增长了 39.5%）（汪海波，2012）。服务业在 1976~1978 年的快速增长，使有些经济学家或决策者看到了服务业在国民经济增长方面的潜力。

第三，党开始对科学技术、知识分子予以高度重视。长期以来，知识分子并没有在中国获得应有的重视。曾有研究者指出，在改革开放之初，“服务业的落后使这一状况更加恶化。到计划经济结束时，由于受教育不同而形成的工资差异基本不存在。一项研究表明，服务业的平均收入水平超出了高等知识分子的收入”。[①] 1978 年 3 月，中共中央在全国科学大会上重申，包括科技人员在内的知识分子，“已经是工人阶级自己的一部分，他们与体力劳动者的区别，只是社会分

---

①［美］勃兰特、［美］罗斯基编：《伟大的中国经济转型》，方颖等译，格致出版社、上海人民出版社 2009 年版。

工的不同”，中共中央决定，“科学研究机构要建立技术责任制，实行党委领导下的所长负责制”。强调“这是重要的组织措施。它既有利于加强党委的领导，又有利于充分发挥专家的作用”。这个规定精神对教育、文化领域也是适用的。这个规定说明，知识分子开始起到重要的作用，无形的知识等开始受到重视，社会开始从单纯重视物质过程，发展为能够理解一些无形的服务。

正是有了以上认知，在1978年的就业压力下，国家选择从服务业开始，以允许个体经济发展的形式，开始了边际化的改革。

二、1978~1984年服务业改革的动力：就业压力与需求推力

从服务业改革历程看，非常不同于工业或农业的一点在于，服务业改革一开始并非瞄准现有的体制，而是考虑如何解决当时经济发展过程中所面临的两个问题，即就业压力的突然加大与服务业发展导致的生活便利度差。因此，服务业发展过程中，并没有直接从现有的服务经济体制开始进行改革，而是通过市场的开放，利用边际力量慢慢地改变着服务业发展的格局，进而对服务业的体制产生着潜移默化的影响。

（一）就业压力下的改革：种豆得瓜

1978年改革开放伊始，当时面临的一个重大社会问题就是就业问题。这个就业问题并不是由于当年高校毕业生等因素引起的，而是由于十多年的知识青年上山下乡，很多人开始集中返城。据武力（1999）提供的数据，“文革”时期的上山下乡运动以“反修防修外”“屯垦戍边外”“接受再教育”为主要口号，推动了数量庞大的青年上山下乡。1967~1979年，共有1647万名知识青年上山下乡，占1962年以来上山下乡人数的92.7%。自1978年开始，这些知识青年开始集中返城，据估计，20世纪70年代末至80年代初，返城知青的数量在1500万~1700万人，仅上海一地就有超过100万名知青返城。[①] 其他相关研究者得出了相

①《中国第三次就业高峰到来》，http：//www.fubusi.com/2006/6-19/11003348.html。

似的结论（李勇坚，2015）。

而当时的就业体制还沿袭中华人民共和国成立以来的计划体制，政府需要安排所有的城市人口就业。而以重工业优先发展战略和国有经济为支柱的计划经济体制无法解决就业问题（任晓伟，2009）。工业企业本身也面临着人员过剩问题，深化企业改革，需要将工业企业内部的富余人员挤出来，据测算，这类人员高达 1100 多万人。农村改革启动之后，也有相当多的劳动力需要转移出来。据研究，1980~1985 年，全国城镇需要就业的人数达到 3700 万人，仅 1980 年一年就需要安排 1200 万人就业。[①]

由于就业问题无法解决，在很多地方还引发了群体性事件，给社会稳定带来了不利影响。1979 年 4 月 5~28 日，中共中央召开工作会议，李先念代表中共中央、国务院在会上讲话指出，当时的经济形势中，存在着"经济发展提供的就业机会同需要就业的人口等重大比例关系严重失调"的问题。他明确指出，"大批人口要就业，这已经成为一个突出的社会问题，如果处理不当，就会一触即发，严重影响安定团结"。[②]

为解决这个问题，当时的经济学家以及政府决策者，都想到了通过引导个体经济发展，大力促进投资小、市场需求大的服务业发展来解决就业问题。从这个意义上讲，中国的服务业改革在一开始，就不是基于服务业发展本身，不是基于服务业现有的存量（如国有的服务企业），也不是基于服务经济的管理体制（如计划经济体制），而是在全社会的就业压力下，通过对原有的所有制管制的放松，让其自然生长出一种新的服务经济，再通过这种新生的力量去影响原有的体制。因此，在本质上，这一阶段的服务业改革颇有种瓜得豆的意味。

（二）需求推力引致的改革

自中华人民共和国成立之后，服务业在中国就处于被歧视的状态。例如，在"一五"计划时期，就出现了各种生活服务业的下降，这与当时国民经济的快速增长形成了巨大的反差。到 1955 年，全国商业、饮食服务业网点有 328.7 万个，比 1952 年减少 26.0%；从业人员有 613 万人，比 1952 年减少 23.5%。在服务业网点等经过了"一五"时期的快速下降之后，在之后的 20 多年间，仍保持着持

① 刘树成、吴太昌：《中国经济体制改革 30 年研究》，经济管理出版社 2008 年版。
②《三中全会以来重要文献选编》（上），人民出版社 1982 年版。

续的下降。1952~1978 年，虽然全国人口从 57482 万人增加到了 96259 万人，增加了 67.5%，但从事零售业、餐饮服务业和日杂物品经营的人员却从 950 万人降低到 610 万人，零售业从业人员从 550 万人降低到 130 万人。[①]据测算，全国平均每千户城市居民所需要商业网点面积以 700~800 平方米为宜，但实际上只有 320 平方米左右。各省的数据也印证了这一点。据统计，1957~1979 年，辽宁省城市人口增加了 18%，商业、饮食服务业的网点却减少了 86%。沈阳市出现了全市性的吃饭难、修鞋难和修车难的局面。[②]江西省城镇集体商业第三产业网点到 1978 年仅剩下 6867 个，每 1000 人只有 1.57 个网点，仅相当于 1957 年的 1/4。[③]

从所有制来看，这些行业大都以公有制占主导。在"一五"期间，到 1956 年底，国营商业、饮食服务业的零售额由 1952 年占零售总额的 15.8%上升到 68.3%，公私合营和合作社商业、饮食服务业由 18.6%上升到 27.5%；而个体商业、饮食服务业则由 66.6%下降到 4.2%，从业人员也由 676.8 万人减少到 628.1 万人。到 1979 年时，全国商品零售总额中，国有商业和集体所有制商业占 97.1%，而个体商业仅占 0.2%，农民在集市上对城镇居民的零售额占 2.7%。[④]公有制占主导，使当时服务业的运营效率低下，服务水平较差，品种单调，布局不合理，不能满足人民群众生活需要。而且，在公有制体制下，决策效率低，加上对服务业的天然歧视，使决策者在面对社会上对各种小型、便利、灵活、多样的服务的巨大潜在需求时，无法通过增加公有投资迅速增加服务业的供给，满足群众的需求。

（三）转变发展方式的需求

中华人民共和国成立后，我国一直采取的是"重工业优先"的发展战略。在这个战略支撑下，对轻工业及与居民生活密切相关的服务业领域发展不够重视。在"文革"结束之后，对发展战略是否需要转型仍有争议。例如，从 1977 年开

---

① 根据《新中国五十年统计资料汇编》表 A01、表 A51、表 C02 等测算。

② 林宏桥、徐兴田、黄祖馨、秦广生：《正确认识和对待城镇个体商业服务业》，《经济研究》1980 年第 11 期。

③ 赖亚英、郭大传：《关于发展城镇集体商业第三产业的意见》，《江西财经学院学报》1980 年第 2 期。

④ 国家体改委综合规划和试点司编：《中国改革开放事典》，广东人民出版社 1993 年版。

始，我国制订了一个新的十年计划，[①] 拟大规模引进国外先进设备。从这个计划的内容看，存在着继续重工业化、不顾国力盲目引进国外先进设备、增长指标设定过高等问题。[②]

但是，当时也有不少领导人开始反思我国的发展方式。正如江泽民指出的：转变经济增长方式的思想，"早在改革开放之初就已明确提出"。[③] 在 1978 年 7 月至 9 月召开的国务院务虚会上，李先念进一步指出："我们二十八年经济建设的经验证明，要高速度地协调地发展国民经济，就一定要遵循客观经济规律，首先是国民经济有计划按比例发展的规律，搞好综合平衡。"[④]

转变发展方式，首先要改变过去"以钢为纲""以粮为纲"的做法，更加关注人民群众的生活，由此，我国服务业发展落后等问题开始受到中央层面的重视，这也是当时允许个体经济率先发展、解决群众生活问题的一个重要基础。从体制因素看，工业的发展需要有原材料供应与市场营销渠道，而这些当时都属于计划配给，个体经济难以渗透，这也是个体经济发展促进服务业改革的重要原因。

三、1978~1984 年服务业改革的具体实施与路径

如前所述，1978~1984 年的服务业改革，本身颇有"种瓜得豆"的意味，即为了解决就业问题而推动个体经济政策，带来了服务业的边际增长，为服务业改革提供了助力。因此，对服务业改革的实施路径，也可以分为两条线索来分析，一条是个体经济及其对服务业的影响，另一条是对服务业改革的认知。

---

① 1978 年 2 月召开的全国人大五届一次会议上，华国锋作了题为《团结起来，为建设社会主义现代化强国而奋斗》的政府工作报告。会议通过了《1976 年到 1985 年发展国民经济十年规划纲要》。

② 报告和纲要对经济发展提出了非常高的指标，要求到 20 世纪末许多省的工业要赶上和超过欧洲的发达国家，农业要实现机械化、电气化，交通运输要大量高速化，各项主要经济指标要接近、赶上、超过世界先进水平等。

③《十四大以来重要文献选编》（中），人民出版社 1999 年版，第 1462 页。

④《李先念论财政金融贸易（1950~1991 年）》下卷，中国财政经济出版社 2010 年版，第 376 页。

（一）对个体经济及相关服务活动的认知

1. 允许市场放开，为个体经济发展创造环境

在改革开放之初，我国经济体制是计划经济体制。这种体制不允许市场的存在，这样个体经济没有相应的生存空间。“文革”之后，开始对计划经济体制进行改革。1977 年 10 月，商业部发出《关于调整商业采购供应站体制的通知》，决定把商业一级站调整为商业部与省市双重领导，业务上以部为主，商业二级站调整为省、自治区和地区（市）双重领导，以省自治区为主。1978 年末，国家工商行政管理局在四川大竹县召开全国集市贸易座谈会，为集市贸易恢复名誉。恢复集市贸易，其重点是为了解决服务供给不足的问题。1979 年 3 月，又举行了全国工商行政管理局长会议。会议就开放城市农副产品市场问题进行了反复讨论，提出了“城市农副产品市场，原则上应该开放”的意见。各大、中城市的农副产品和市场相继开放。到 1979 年底，全国 208 个城市的农副产品市场全年成交额已达 12 亿元，上市品种由 1979 年初的五六十种增加到年底的一二百种，一些过年少见的东西如花生米、鱼、虾等也上市了。1980 年 5 月，经国务院批准，国家工商行政管理总局进一步发出通知，允许在城市内适当的地点建立农副市场，并要求将它作为整个城市商业网点的组成部分纳入城市规划，逐步修建一些室内商场或棚顶商场。市场的放开为个体经济发展提供了场所及条件。

与此同时，中央也开始鼓励发展集体所有制经济，为当时统购统销的体制打开了一道缺口。1979 年 5 月 24 日，胡耀邦在中宣部例会上讲，“就业问题要下大力量解决它，办法是搞集体所有制”，而当时的集体所有制的工作，大部分都落在服务业部门。1979 年 7 月，中共中央、国务院在《关于处理当前部分人员要求复职复工回城就业等问题的通知》中指出：为安排城乡待业人员，各地要多办些集体所有制的农林牧副渔业、手工业、商业、服务业网点、劳动服务公司、城市公用事业等。1979 年 8 月，中共中央、国务院批转劳动部《关于安排城市青年就业问题的报告》，广泛宣传了北京市广开就业门路、大力组织集体所有制和各种生产服务事业以解决青年就业问题的经验。

2. 允许个体经营，推动服务业发展

对服务业改革而言，真正的突破在于个体经济的突破。1979 年 2 月，工商行政管理局召开全国局长会议提出，“现在服务行业力量不足，远远不能满足人民生活的需要。为了方便群众生活，并解决一部分人的就业问题……可以根据当

地市场需要，在征得有关业务主管部门的同意后，批准一些有正式户口的闲散劳动力从事修理、服务和手工业的个体劳动，但不准雇工”。[①] 1979年4月，国务院批转这次会议的报告，将这一意见转换为国务院的文件。据考证，这个文件是社会主义改造后国家允许发展个体经济最早的文件。[②] 1979年10月，国务院批转商业部的一份报告，该报告进一步提出，在发展集体商业服务业的同时，还要协同有关部门，组织城乡待业人员走街串巷，从事法律许可范围内的不剥削他人的个体修理、服务性劳动。各地可以根据当地市场需要，出台相应的政策。

在学界，著名经济学家薛暮桥在1979年3月劳动部召开的“全国改革工资制度座谈会”上提出，应当鼓励和帮助城镇待业青年自找就业门路，发展一批个体经济和允许长途贩运。1979年7月，薛暮桥进一步提出，[③] 应当改变连小商贩的贩运活动都被当作刑事犯罪处理的做法，[④] 允许待业人员等个体经营者从事商业活动，以便开辟更多的就业门路。

1979年9月，叶剑英在庆祝中华人民共和国成立30周年大会上讲话指出：“目前在有限范围内继续存在的城乡劳动者个体经济，是社会主义公有制经济的附属和补充。”这是对个体经济的首次定性。

1981年5月1日，邓小平在会见瓦尔特·谢尔一行，谈到中国国内就业问题时指出：“城市要开辟多种途径解决就业问题，发展一些集体经济和个体经济安排就业是见效的。要扩大和改造第三产业，这样每年可以安排七八百万人。”[⑤] 这说明当时国家领导人对鼓励个体经济发展、推进服务业增长、解决就业问题有着清醒的认识。

1980年4月，全国工商行政管理局长会议提出：“社员在不影响集体生产、

---

① http：//www.reformdata.org/special/118/about.html.

② 时宪民：《体制的突破——北京市西城100个体户研究》，中国社会科学出版社1993年版，第40页。另外，有研究者指出，在1976年12月5日发布的一份文件中，国务院就曾提出，允许个体工商业者从事第三产业，关于这一点，可以参见［英］罗纳德·哈里·科斯、王宁：《变革中国——市场经济的中国之路》，徐尧和李哲民译，中信出版社2013年版，第48页。但我们未能找到原始文件。武力：《中华人民共和国经济史1949~1999》，中国经济出版社1999年版，第758页，1976年时曾提出，“我们要坚定不移地推进社会主义下的商品生产和流通”。

③ 薛暮桥：《谈谈劳动工资问题》《关于城镇劳动就业问题的几点建议》，载《薛暮桥经济论文选》，人民出版社1984年版，第216–235页。

④ 在改革开放以前，中国一直把“投机倒把”视为一种破坏社会主义秩序的罪行，到1979年，全国人民代表大会制定的《中华人民共和国刑法》仍然把“投机倒把”列为一种刑事犯罪，直到1997年的《刑法修正案》才取消了这一刑项。长途贩运也被视为“投机倒把”的一种，在很多时候被视为刑事犯罪予以打击。

⑤《邓小平年谱（1975~1997）》（下），中央文献出版社2004年版，第737页。

不剥削他人的前提下，持生产大队证明，可以从事个人劳动力所及的鲜活商品和三类农副产品贩卖活动。”“集体商店和有证商贩，可以按照核准的经营范围，到农村采购农副产品。”这个政策是对农村个体经济放开的一个重要窗口。1980 年 8 月，《中共中央关于转发全国劳动就业会议[①]文件的通知》确认了“劳动部门介绍就业、自愿组织起来就业和自谋职业相结合的方针”（即“三扇门”的就业方针），要求“鼓励和扶植城镇个体经济的发展”，在政策措辞方面，从“允许”向“鼓励和扶植”转变。同年 10 月，国务院在《广开就业门路，搞活经济，解决城镇就业问题的若干决定》中对个体经济提出了“引导、鼓励、促进、扶持”的八字方针。

1981 年 6 月，中共十一届六中全会通过的《中共中央关于建国以来党的若干历史问题的决议》肯定了“一定范围内的劳动者个体经济是公有制经济的必要补充”。这意味着正式承认个体经济的合法性。1981 年 7 月，国务院颁布了《关于城镇非农业个体经济若干政策性规定》，明确指出从事个体经营的公民，是自食其力的独立劳动者，个体经济是国有经济和集体经济的必要补充。至此，个体经济开始有了系统性的政策文件。而在此之前，个体经济的相关政策都是在其他相关领域中提出的，没有专门的国家级文件。

3. 避免争论，政策默许

对于个体经济，尤其是雇工问题，当时是有争议的。例如，前引工商局的报告中，明确规定了“不准雇工”。其间，在社会上开始出现了个体经济使用雇工的现实情况，也引发了一些争论。[②]

在当时的环境下，雇工因为被看作“剥削”而被严格禁止。不突破这一禁区，个体经济难以发展壮大，并向民营经济转化。这时，正在中共中央书记处研究室工作的经济学家林子力在参与政府文件起草时援引马克思在《资本论》中设定的一个算例（即如何计算剥削率的一个算例），用以论证个体工商业者少量雇工仍旧不是以占有他人劳动作为主要的生活来源，因而保持着劳动者的身份。[③]

---

① 会议指出，“宪法（指 1975 年宪法）明确规定，允许个体劳动者从事法律许可范围内的，不剥削他人的个体劳动。这种个体劳动者是社会主义公有制不可缺少的补充，在今后相当长的历史时期内都将发挥积极作用，应当适当发展”。

② 例如，广东省高要县沙浦公社农民陈志雄 1979 年开始承包鱼塘 8 亩，1980 年增加到 105 亩，雇长工 1 人、临时工 400 个工作日。福建省仙游县农民李金耀承包荒山 1200 亩，雇用 20 多人。《人民日报》当时就此二人的雇工问题进行了讨论，其他媒体也就此类问题展开讨论，争论十分激烈。

③ 吴敬琏、郑珺：《经济学家、经济学与中国改革》，《当代中国史研究》2004 年第 3 期。

这种意见在政治上获得通过以后，雇工问题开始出现在国家正式文件中。国务院《关于城镇非农业个体经济若干政策性规定》明确提出，"个体经济一般是个人经营或家庭经营，如有需要，经过工商行政管理部门批准可以请一到两个帮手，最多不能超过五个学徒"。在 1981 年 10 月 17 日《中共中央、国务院关于广开门路，搞活经济，解决城镇就业问题的若干规定》中，这一规定被正式表述为："对于个体工商户，应当允许经营者请两个以内的帮手；有特殊技艺的可以带 5 个以内的学徒。"从此，雇工 8 人就成为划分"个体企业"和"私营企业"的分界线。这一划分是对原有相关规定的一个突破。①

1981 年 1 月，国务院两次发出紧急文件"打击投机倒把"。例如，1981 年 1 月 7 日，国务院发出《关于加强市场管理打击投机倒把和走私活动的指示》，将商业领域的长途贩运等现象视作投机倒把。对此，1982 年，经邓小平提议，中央政治局决定对私营经济主张实行"看一看"的方针。② 所谓"看一看"，就是指对不清楚的事物不急于下结论，要冷静观察，要加强调查研究。1983 年 1 月 2 日，中共中央在一号文件《当前农村经济政策的若干问题》中提出："农村个体工商户和种养业的能手，请帮手、带徒弟，可参照《国务院关于城镇非农业个体经济若干政策性规定》执行。对于超过上述规定，雇请较多帮工的，不宜提倡，不要公开宣传，也不要急于取缔，应因势利导，使之向不同形式的合作经济发展。"这就是后来被称为"三不"的政策。这些相对中性的政策，一方面对当时个体经济的发展，尤其是在工业领域形成了一定的影响；另一方面因为毕竟不是原来的严格禁止，而是默许，也为个体经济在服务业的发展创造了条件。

1983 年 8 月 30 日，时任中共中央总书记胡耀邦和 300 多名集体经济、个体经济的代表座谈，主题是"怎样区分光彩和不光彩"。他指出，"究竟谁光彩呢？必须有个明确的标准。凡是辛勤劳动，为国家为人民做了贡献的劳动者，都是光

---

① 1952 年 11 月，中财委制定《私营企业统一分类办法（草案）》，该草案本着工业放宽、商业从严的原则，规定生产性业主，其本人或家庭成员参加主要生产劳动，雇用工人不超过 3 个人，为个体工业户，雇用 3 人以上者，则为私营企业；几个业主办的合伙企业，其从业人员总数超过 6 人者，亦作私营企业论。对于商业、饮食服务业，因情况较为复杂，未制定统一划分标准，但是从当时国家统计局统计资料上的分类来看，是将雇用店员不到 2 人者定为个体经济，雇用人数 2 人以上（含 2 人）则为私营经济，与农村富农经济划分标准相同。参见武力：《中国当代私营经济发展六十年》，当代中国研究所网站，2009 年 9 月 14 日。

② 1979 年 1 月 17 日，邓小平在约见胡厥文、荣毅仁等 5 位老工商界代表人士时，说道："可以利用私人资本发展经济，解决就业问题。"据考证，这是改革开放之后，领导层关于私营经济的最早表述之一。

彩的……请同志们回去传个话，说中央的同志讲了，集体经济和个体经济的广大劳动者不向国家伸手，为国家的富强，为人民生活方便做出了贡献，党中央对他们表示敬意，表示慰问”。这对当时具有争议的个体经济产生了一个重要的正向激励作用。1983 年，国务院公布《关于个体工商业户管理费收支的暂行规定》，国家工商行政管理局发出《关于城镇合作经营组织和个体工商业户登记管理中若干问题的规定》，对个体经济发展建立了具体的管理制度。

1982 年，由邓小平提议，中央政治局讨论并通过了对雇工大户采取“看一看、等一等”的方针。1984 年 10 月 22 日，在《在中央顾问委员会第三次全体会议上的讲话》上，邓小平说“前些时候那个雇工问题，相当震动呀，大家担心得不得了，我的意见是放两年再看”。邓小平指的就是当时有关雇工 7 个人和 8 个人的争论。在“等一等、看一看”的大背景下，1983 年初，中共中央在名为《当前农村经济政策的若干问题》的文件中指出：“农村个体工商户和种养业的能手，请帮手、带学徒，可参照国务院《关于城镇非农业个体经济的若干政策规定》执行。对于超过上述规定雇请较多帮工的，不宜提倡，不要公开宣传，也不要急于取缔，而应因势利导，使之向不同形式的合作经济方向发展。”1984 年 1 月 1 日，中共中央在《关于 1984 年农村工作的通知》中指出，对当前雇请工人超过规定人数的企业，可以不按照资本主义的雇工经营看待。

（二）从解决就业到促进服务业改革

如前所述，在改革开放初期，受到原有的“以粮为纲”“以工业为纲”思想的影响，对实物生产比较重视，对于便利人民生活、生产无形产品的服务业，相对重视程度不够。因此，推进服务业改革，一个重要方面就是深入对服务业概念的认知。

对服务业作为一个产业发展的认知，首先建立在对服务业在解决就业方面作用的直观认知。例如，在 1978~1980 年，媒体有一种说法，北京只要把第三产业的就业比重恢复到 1952 年的水平，就可以解决全市的就业问题。在这个背景下，第三产业作为一个产业，得到了相应的重视。

自 1978 年开始，中央有关部门、中央领导人在不同的场合，强调了第三产业或其中某些产业发展的重要意义。政府机关也在一些调研报告中，开始使用第三部门、第三部类等概念。[①] 1979 年，国务院财政经济委员会组织了一次全国性经济结构调查研究工作，调查工作持续了 10 个月。调查得出的主要结论首次提出，[②] 交通运输业落后，商业、服务业和国民经济发展不相适应。这是在我国重要的文件中首次提到服务业和国民经济发展不相适应。

邓小平也多次强调服务业发展的意义。1978 年 10 月 9 日，邓小平在会见美国泛美航空公司董事长西维尔时，深入阐述了民航、旅游的重要性，提出要“以发展旅游为中心”，带动地方经济发展和解决就业问题。陈云在 1978 年中央工作会议东北组的发言提出，要重视旅游事业的发展。[③] 邓小平在 1979 年 3 月 19 日听取中共中央军委科学技术委员会关于调整规划的汇报时指出，还要投资搞旅游事业，赚外汇。[④] 这说明了当时高层领导开始认识到无形服务的重要性。1980 年 10 月 9 日，在会见日本松下电器公司最高顾问松下幸之助一行时，邓小平指出：“用降低积累率的办法来搞计划中缺门的东西，科学教育、住宅、人民生活方面的事情，就可以多花一点钱。”[⑤]《科学管理研究》1981 年第 3 期发表的一篇文章《第三产业概念注释》中特别提到，最近，中央一些领导同志讲话中曾提到：“从世界上看，工业发达的国家，由于他们生产力水平比较高，国民收入比较多，第三产业发展很快。一些国家第三产业占了就业人口的百分之六十至七十，在国民生产总值中占百分之五十至六十。”这说明，在当时的中央领导同志眼中，第三产业是一个值得重视、具有潜力的生产部门。1984 年时，中央领导同志指出，今后要大力发展第三产业。并明确提出，“发展第三产业，可以解决就业问题，发展生产，繁荣经济”。还提出了一个重要观点，“社会越是进步，搞第三产业的人越多”。[⑥] 在我们的研究范围内，这是领导人对第三产业发展规律较早的公开表达。同时，还有领导同志将第三产业作为增长的动力提出来，并指出第三产业的市场化将对增长具有重要意义。他们指出，“随着生产力水平的提高和专业化、

---

① 据考证，从 1978 年后期开始，在国务院内部以及当时组团到国外考察的一些报告里，就提到西方国家第三产业占据了经济主导地位的情况。

② 该调查共得出了六个方面的主要问题，即：一是农业严重落后于工业，阻碍国民经济迅速发展；二是轻工业落后，不能满足城乡人民提高生活水平的要求；三是重工业脱离农业、轻工业片面发展；四是交通运输业落后；五是商业、服务业和国民经济发展不相适应；六是基本战线规模过大、战线过长，骨头和肉的比例关系失调。

③《陈云文选》第 3 卷，人民出版社 1995 年版，第 236-237 页。

④《邓小平年谱（1975~1997）》（上），中央文献出版社 2004 年版，第 494 页。

⑤《邓小平年谱（1975~1997）》（上），中央文献出版社 2004 年版，第 679 页。

⑥《领导同志谈今后要大力发展第三产业》，《中国经贸导刊》1984 年第 15 期。

社会化的发展，‘第三产业’将迅速发展。在一些发达国家中，‘第三产业’占就业人口的60%~70%，在国民生产总值中占了50%~65%。我们国家的经济不发达，‘第三产业’发展缓慢，据统计仅占就业人口的15%左右，占国民生产总值的20%左右”。“所有的城市和集镇，不要老是把注意力放在办地方工业上，以为办工业才能安排就业，而应当把主要力量放在搞基础设施，放在‘第三产业’上。”“我国的各种服务行业，包括文化娱乐、旅游业等，前途无量，发展之快，将会出人预料。过去第三产业、公用事业发展不起来，有一系列的问题。主要在于我们没有把它当成企业，而是当成福利事业甚至慈善事业来办，谁办谁赔钱，根本缺乏活力。这种办法必须改变。”[①] 1984年下半年，时任中共中央总书记胡耀邦在山东视察时指出：“放手发展‘第三产业’，包括鼓励个体户经营‘第三产业’，放开了没有？广东的经验证明，要想在较短时期内把经济搞活，打开新局面，从‘第三产业’抓起是一个好办法。发展‘第三产业’，投资少，见效快，很有必要。”1985年4月，时任国务院总理赵紫阳在武汉市视察时提出了生产性服务业的问题。这是国家领导人首次公开提出第三产业能够为经济增长服务的概念。他指出，“每个城市都要把发展第三产业，提高第三产业在国民经济中的比重，作为一个重要任务。第三产业不仅包括为生活服务的行业，也包括为生产服务的行业。一个国家的经济效益和效率，与第三产业发展的程度有极大的关系。如果真正把第三产业搞好，在现有的条件，我们的经济效益就会有很大的增长，人民的生活质量也会提高”。[②]

第三产业的相关概念也开始被提出来。1981年上半年，《世界经济导报》先后刊登了《有关第三产业的话》《第一、二、三产业如何划分》《第三产业的由来》《关于第三产业》等文章，系统介绍了第三产业概念的由来、发展原因、分类、作用、趋势，以及理论研究新问题，对中国的启示，中国第三产业的现状与发展前景等问题。曾译为“第三门类”“第三部类”，后按日本的汉译，统称“第三产业”或“第三次产业”。[③]

在政策方面，第三产业或者服务业开始出现在各级政府的文件之中。1981

---

①《国务院领导同志谈要进一步把“第三产业”放开》，《中国经贸导刊》1984年第18期。经过查阅相关历史文献，本章所指的国务院领导同志，应为时任国务院总理赵紫阳。

② 邹东涛主编：《中国改革开放20年（1978~2008）》，社会科学文献出版社2008年版，http：//www.china.com.cn/economic/txt/2008-11/18/content_16786821.htm。

③ 李江帆、顾乃华、陈洁雄：《我国第三产业发展30年》，载《中国改革开放30年（1978~2008）》，社会科学文献出版社2008年版。

年3月，中共中央、国务院转发国家农委《关于积极发展农村多种经营的报告的通知》，该通知指出："开展多种经营，要发挥集体和个人两个积极性。生产队要根据当地自然资源、劳动力资源的状况和生产习惯，推行在统一经营的前提下，按专业承包、联产计酬的生产责任制，组织各种形式的专业队、专业组、专业户、专业工。同时要通过订立合同和其他形式，积极鼓励和支持社员个人或合伙经营第三产业、手工业、养殖业、运销业等。凡是适宜社员个人经营的项目，尽量由农户自己去搞，生产队加以组织和扶助。"① 1981年6月，在西安召开全国劳动服务公司工作座谈会。会议重点提出，"大力发展有关吃、穿、住、行、用以及教育、保健和文化娱乐等行业"。而这些行业，在计划经济时期被认为是边缘型、消耗型的行业，很少有文件提到需要"大力发展"。这说明中央开始对这些行业给予重视。1983年3月5日，《中共中央、国务院关于发展城乡零售商业、服务业的指示》是关于服务业发展的一个重要文件。该文件明确要求各地解放思想，迅速改变城乡零售商业、服务业网点少、服务面窄的落后状况，加快发展零售商业和服务业的步伐，满足城乡人民实际生活的迫切需要。从文件名称看，这是我国较早提出要加快服务业发展的文件，尽管当时在"服务业"概念理解方面②与今天有着偏差。在《中共中央关于制定国民经济和社会发展第七个五年计划的建议》中提出，要把"加快发展为生产和生活服务的第三产业，逐步改变第三产业同第一产业、第二产业比例不相协调的状况"列为经济建设战略布局的"第四方针"。至此，对第三产业作为国民经济一个重要部门的认知，在中央层面已完全统一了。

在此期间，各省市区政府响应中央的号召，也出台了相应的文件，例如，湖南省人民政府印发了《关于恢复和发展城镇集体商业服务业的意见》《关于解决城

①《三中全会以来重要文献选编》(下)，人民出版社1982年版，第743页。

② 该文件的内容主要包括五个方面：一是进一步明确发展零售商业、服务业的指导方针。在办好国营商业、服务业的同时，把积极发展集体和个体零售商业、服务业作为今后发展社会主义商业、服务业的一个基本指导思想。有些行业，如饮食、缝纫、浴池、理发、修理、洗染等主要是提供劳务的服务业，可以基本上让集体或个体去经营。二是发展集体和个体零售商业、服务业要搞好网点建设；要疏通货源渠道；在价格方面要做到有活有管，优质服务，货真价实；经营原则应是自主经营，自负盈亏，国家征税，不搞统负盈亏。三是调整和改革国营零售商业、服务业的管理体制，坚决地、有秩序地在零售商业、服务业推行责、权、利相结合的经营承包责任制。四是加速人才培养，提高服务质量。五是加强对商业、服务业的领导和管理。同时还强调指出，零售商业、服务业的工作对象是人，讲文明、讲礼貌、讲职业道德尤为重要。一定要把建设高度的物质文明与建设高度的社会主义精神文明一起抓，大力加强在职人员的思想政治教育，树立全心全意为人民服务的思想，克服形形色色的资产阶级经营作风，广泛开展竞赛评比活动，树立典型，表彰先进，使商业、服务业工作越做越好。

镇商业服务网点严重不足的意见》《关于发展城镇修补服务业的意见》（一九八〇湘政发 85 号）等文件，对各类服务业发展提出了具体的政策措施。

在理论上，第三产业的基础理论问题也处于争议之中。在最开始，对服务劳动是否属于生产劳动存在争议。据当时的一些亲历者的研究，关于生产性劳动的问题有三个观点，即宽派、窄派、中派，其具体观点如表 2-1 所示。

表 2-1 关于生产性劳动的争议

派别	出发点	划分标准	适用范围	代表人物
窄派	生产结果	是否生产物质产品	只局限于创造物质财富的劳动	孙冶方
中派	生产结果	是否生产使用价值	包括非物质生产中的服务劳动	何炼成
宽派	社会形式	是否进行交换	包括所有生产商品的劳动	于光远

资料来源：何新：《论马克思生产劳动理论的内涵》，兴华论坛，2004 年 7 月 1 日。

从对服务业理论研究看，到 1981 年时，陶桓祥、金火（1981）开始较为系统地提出"服务业经济学"的理论框架，尽管在他们的理解中，服务业与第三产业仍存在着区别，[①] 但是，这是我们所见到的关于"服务业经济学"的最早文献之一。

当然，对服务业发展意义的认识并非一蹴而就。据很多当时经历者回忆，在 1981 年下半年之后的一段时间内，官方媒体对第三产业的宣传介绍突然陷入一个低谷。这与前述对个体经济的争议有着直接联系。当时，统计局想引进西方的 SNA 核算体系，因此，开始进一步讨论社会主义条件下的生产劳动与非生产劳动的概念，进而对"第三产业"的概念进行评价。但是，在当时的背景下，要理解服务经济的概念是不容易的。李江帆教授在 1981 年写作《论服务消费品》一文时，就遇到了很多问题。他在回忆录中写道，"正在我去摸底的时候，全国风向变了，批评第三产业。据说，当时还有人写信给中宣部，说第三产业不科学，是渗透资产阶级的概念。可以说当时全国是一边倒反对第三产业的研究"。李江帆询问了很多专家，没几个支持他的。他去暨南大学了解到，经济学的 18 个老师中就有 17 个反对他的观点。[②]

① 在他们的文献里，服务业的概念有狭义与广义之分。广义的服务业大约相当于今天所认识到的第三产业，而狭义的服务业主要指生活服务业。

②《听经济学家李江帆讲〈第三产业经济学〉背后的故事》，《广州城事》，http：//club.dayoo.com/forum.php？mod=viewthread&tid=1737997898，2014 年 4 月 12 日。

（三）改革成效

1978 年开始的以放松个体经济市场准入为基本特色的服务业改革，在解决就业、缓解供给不足等方面取得了良好的成效。

第一，较好地解决了就业问题。自 1979 年起逐步安排了 1978 年提出的约 2000 万个待业人员的就业任务。根据《人民日报》报道，1979 年国家通过各种途径安排 700 多万人。[①] 1980 年全国新增第二、第三产业就业人员 849 万人，其中单位职工仅增加 477 万人。在新增第二、第三产业就业人员中，第三产业新增就业人员为 356 万人。[②]

在新增的就业人员中，除了单位职工之外，就是从事个体经济人员。而据统计，在 20 世纪 80 年代，个体工商户的从业人员主要由城镇待业青年、社会闲散人员和退休职工构成。在这三类人员中，社会闲散人员占有绝对比重（60%以上），这主要是因为在当时的社会舆论环境下，从事个体工商业还不是人们的就业首选，而社会闲散人员最不容易获得国有企业事业单位和集体企业中的“正式”就业机会，因而很自然地就从事个体户职业。个体经济的发展在解决就业和稳定社会方面发挥了极其重要的作用。全国城镇个体工商户从业人员从 1978 年的 14 万人发展到 1981 年的 105.6 万人，大致恢复到 1957 年的水平。

同时，失业率也大幅度下降。据测算，1980 年城镇登记失业率为 4.9%，到 1984 年降为 1.8%。可以将这一时期失业率的下降归为三个原因：非国有企业的发展、政府部门的膨胀和提前退休政策。其中，非国有企业发展（在当时表现为个体经济与少量的外资企业）是最重要的原因。更为重要的是，允许个体经济发展，还促使部分农村劳动力开始向城市转移，这些转移劳动力，大多数在城市从事第三产业的活动。

第二，个体工商户得到了快速增长，为改革提供了良好的边际力量。到 1983 年，农村个体户增长到 324 万户，从业人员 415.9 万人，较 1981 年分别增长 3.38 倍、3.42 倍。与此同时，城镇个体工商户和从业人数分别增加到 170.6 万户和 208.6 万人，均增长了近一倍。[③] 另据国家工商行政管理局的统计资料，到

① 据报道，1979 年全国已经安置待业人员 700 多万人。参见《人民日报》1979 年 12 月 30 日第 1 版。

② 根据《新中国五十年统计资料汇编》之《全国从业人员和职工人数》推算。

③ 根据《中国统计年鉴》（1985~1990）各年度数据计算。

1984年底，全国个体商业、饮食等第三产业的户数已达647.6万户，从业人员达882.8万人。在农村的个体户中，62%从事非农产业，20.8%从事运输业。[①] 据笔者估计，在改革开放初期的个体私营经济中，第三产业占了大约50%~60%。[②]

第三，服务业的供给快速增长，居民生活便利程度大幅度提升。20世纪80年代，个体工商户的发展主要集中在商业、饮食、服务和修理业等几大行业。尤其是从户数、从业人数以及总产值（营业额）等几个指标来看，商业是个体工商户最重要的发展领域，其所占比重远远高于其他行业。这是因为在改革开放以前，一方面由于发展战略带来的对服务业的歧视，导致服务业供给不足。另一方面也是因为服务业的所有制结构问题。由于长期禁止非公有制经济存在，各类非公有制的小型服务网点大都被取缔，剩下的都是较大的国营网点，这些网点布局不合理、服务质量差，给居民生活便利度带来了不利影响。而允许个体经济进入到服务业领域之后，这些网点的数量大量增加。据统计，1978~1983年，全国增加了534.9万个网点，其中个体增加414.2万户，占增加总数的87.7%；平均每万人（城镇）拥有的零售商业、饮食、服务网点数由13个增加到了64个，平均每万人中的商业、服务业从业人数由63人增加到163人，[③] 居民生活便利程度大幅度提高。

第四，对第三产业的改革也促进了非生产性投资比重的上升。三年调整时期，中央提出扩大职工住宅建设，增加科学、教育、文化、卫生及城市建设等非生产性投资的比重。“六五”期间，交通运输业以及科技教育方面的投资比重增大了。文教科学卫生事业费在国家财政支出中所占比重1980年为12.9%，1985年提高到17%。[④]

第五，服务业领域的集体经济兴起。服务业领域集体经济的兴起对服务业的改革与发展有着很好的促进作用。例如，政府对于为安置待业人员而创办的新兴集体企业给予财税上的优惠。1978年，财政部发布了《关于一些城镇为安排知识青年新办集体经济企业减免税收问题的通知》（财税字第112号文件），1979年6月又发布了《财政部关于劳动服务公司组织的生产、服务等单位纳税问题的通

① 邹进文：《中国民营经济的历史演进》，《广州社会主义学院学报》，2005年第2期；龚晓菊：《制度变迁与民营经济发展研究》，武汉大学出版社2005年。

② 具体估计过程参见李勇坚、夏杰长：《制度变革与服务业成长》第二章，中国经济出版社2009年版。

③ 根据《中国统计年鉴》（1984）计算。

④ 根据各年预算报告计算。

知》，对于为了安排知青就业的新兴集体企业，“从投产经营的月份起，对其实现的利润可以免征所得税一年。一年以后，如有的单位仍有困难，还可以再酌情给予适当照顾，对劳动服务公司或城镇街道组织为安排知青而组织的劳务、修理、服务等集体单位的业务收入，从经营之日起，可给予免交工商税一年的照顾”。1980 年 4 月，财政部发出通知，决定对安置待业青年的集体企业进一步减免税收。

乡镇企业的发展也与服务业有着直接关系。当时的研究人员指出，据农牧渔业部乡镇企业局统计，1983 年我国乡镇企业的收入已占农村经济总收入的 1/4，这些乡镇企业中，农民联办和自办的企业达到 420 万家，而且大多数兴办的是第三产业。1983 年集体第三产业的就业人员已发展到 505 万人，比 1979 年翻了近一番，这说明农村城镇有发展第三产业的良好条件。农村的剩余劳动力进城经商办企业，是第三产业发展的新起点。[①]

四、1978~1984 年服务业改革的经验与启示

从 1978~1984 年的服务业改革经验看，这些改革体现了中国改革的真正特色，即放弃对意识形态的强调，重视实际问题的解决，先易后难，并充分发挥底层的积极性。

第一，从实际出发，破除意识形态的障碍。在改革开放之初，虽然通过真理标准讨论，社会共识统一到了“以经济建设为中心”上来，但是，应该看到多年形成的意识形态对整个改革还是有一定影响的。而服务业改革从当时所面临的就业问题出发，破除改革过程中所面临的意识形态障碍较为容易，这对之后的改革具有重要的借鉴意义，并成为服务业改革“中国模式”的一个重要组成部分。

第二，从市场准入、所有制松绑等方面入手，以增量推动存量变革。事实上，服务业改革最能体现中国改革的特色，即以增量推动存量。在改革过程中，对于存量的改革涉及诸多利益关系及敏感问题，但是，对于增量改革而言，这种阻力要小得多。服务业改革过程中，并不是先对国有体制以及计划体制进行变

① 展翔：《浅议发展第三产业与发展集体经济、个体经济的关系》，《广西师范学院学报》1986 年第 4 期。

革，而是基于人民群众的具体生活需求，在现有的体制之外，生长出一块新鲜的内容。在改革初期，对零售业、餐饮服务业的放开，激活了整个服务业部门，并激发了经济体中的企业家精神，增强了整个经济的活力，为经济的边际改革创造了良好的机会。

这种增量推动方式能够得以产生，其主要原因恰恰在于当时服务业在国民经济中的地位并不重要。例如，在 1978 年 3 月，五届人大一次会议审议通过的《1976 年至 1985 年发展国民经济十年规划纲要（草案）》[①] 要求，到 1985 年，粮食产量达到 8000 亿斤，钢产量达到 6000 万吨。10 年内农业总产值每年增长 4%~5%，工业总产值每年增长 10%以上。农业方面要建设 12 个商品粮基地，工业方面要新建和续建 120 个大型项目。从这个方案中并没有看到太多改革的影子，也没有看到关于服务业的相关改革措施。

第三，积极利用渐进市场化的力量。在服务业改革之初，以个体经济为代表的非公有制经济在其中占据了重要地位，而这些经济主体是天生的市场派，它们为中国经济注入了更多的市场因素。这种市场因素是渐进的，也为服务业的管制打下了良好的基础。托尼·赛奇（2004）指出，改革开始前的 1978 年，政府几乎控制了服务部门的所有产出。当时，没有独立的财政和银行部门，它们仅仅充当政府的出纳员。向更少的行政干预转变，减少对服务的直接供给和管理会使治理变得更复杂，而远不是更容易。中国政府已经给其陈旧的垄断功能增加了新的规制角色，它的功能比过去更为广泛复杂。我们认为，在 1978~1984 年的改革过程中，赛奇所指出的管制与治理等方面的问题，在服务业内部还并不严重，这与中国所采取的渐进式市场化的道路有关，也与市场化的渐进模式有关。事实上，由于服务部门的复杂性，加上服务产品的无形性，使政府需要为服务产品的交易建立一个良好的外部环境，并完善相关治理措施，如果一下子就采取激进的市场化模式，将给政府管理带来挑战。中国的渐进式市场化模式正好形成了一个良好的缓冲。

第四，先易后难，稳步推进。例如，在流通领域，遵循先零售后批发的改革秩序。一般情况下，不正面解决难题，而是迂回解决。或者说边缘革命。例如，日用工业品流通体制改革的成功，自然而然扩展到生产资料流通体制。生产资料流通体制改革也是从缩小计划管理、调整物资部门部分商品供应着手，发展了定

① 这个方案后来被称为“洋跃进”。

量定点供应、配套承包供应、凭票供应等多种供应形式，扩大市场调节商品范围。在所有制方面，先鼓励非国有的集体经济发展，再引进非国有的、具有一定理论基础的、争议较小的个体经济模式，最后再顺其自然，允许私营经济发展，这些都体现了改革的智慧与成效。

第五，通过这一时期的改革，积累了非常难得的人力资本，为后期的改革积蓄了力量。在改革过程中，企业家起到了非常重要的作用。在计划经济条件下，企业家缺乏脱颖而出的机会，因此，社会中企业家的数量较少。而在 1978~1984 年的服务业改革中，通过有限开放市场，允许个体经营一些服务门类，使得社会上的企业家精神被激发出来，从而积累了经济发展中最为关键的人力资本，为中国经济快速发展创造了良好的基础条件。

参考文献

［1］武力：《中华人民共和国经济史 1949~1999》，中国经济出版社 1999 年版。

［2］李勇坚：《中国第三产业体制改革的动力与路径：1978~2000 年》，《当代中国史研究》2015 年第 6 期。

［3］汪海波：《中国现代产业经济史（1949~2009）》，山西经济出版社 2012 年版。

［4］魏作磊：《中国服务业发展战略研究》，经济科学出版社 2009 年版。

［5］［美］勃兰特、［美］罗斯基：《伟大的中国经济转型——上海》，格致出版社、上海人民出版社 2009 年版。

［6］武力：《中华人民共和国经济史》，中国经济出版社 1999 年版。

［7］中共中央文献研究室：《三中全会以来重要文献选编》（下），人民出版社 1982 年版。

［8］刘树成、吴太昌：《中国经济体制改革 30 年研究》，经济管理出版社2008 年版。

［9］［英］罗纳德·哈里·科斯、王宁：《变革中国——市场经济的中国之路》，徐尧、李哲民译，中信出版社 2013 年版。

［10］薛暮桥：《薛暮桥经济论文选》，人民出版社 1984 年版。

［11］《邓小平年谱》，中央文献出版社 2004 年版。

［12］武力：《中国当代私营经济发展六十年》，当代中国研究所网站，2009年 9 月 14 日。

［13］李勇坚、夏杰长：《制度变革与服务业成长》，中国经济出版社 2009年版。

［14］黎展翔：《浅议发展第三产业与发展集体经济、个体经济的关系》，《广西师范学院学报》1986 年第 4 期。

［15］林宏桥、徐兴田、黄祖馨、秦广生：《正确认识和对待城镇个体商业服务业》，《经济研究》1980 年第 11 期。

［16］赖亚英、郭大传：《关于发展城镇集体商业第三产业的意见》，《江西财经学院学报》

1980 年第 2 期。

[17]《十四大以来重要文献选编》，人民出版社 1999 年版。

[18]《李先念论财政金融贸易（1950~1991 年）》，中国财政经济出版社2010 年版。

[19] 时宪民：《体制的突破——北京市西城 100 个体户研究》，中国社会科学出版社 1993 年版。

[20]《陈云文选》第 3 卷，人民出版社 1995 年版。

[21] 李江帆、顾乃华、陈洁雄：《我国第三产业发展 30 年》，载《中国改革开放 30 年（1978–2008）》，社会科学文献出版社 2008 年版。

[22] 邹进文：《中国民营经济的历史演进》，《广州社会主义学院学报》2005 年第 2 期。

[23] 龚晓菊：《制度变迁与民营经济发展研究》，武汉大学出版社 2005 年版。

[24]《中国第三次就业高峰到来》，http：//www.fubusi.com/2006/6–19/11003348.html。

[25] 国家统计局国民经济综合统计司：《新中国五十年统计资料汇编》，中国统计出版社 1999 年版。

[26] 王仕元主编：《中国改革开放事典》，广东人民出版社 1993 年版。

[27]《听经济学家李江帆讲〈第三产业经济学〉背后的故事》，《广州城事》，http：//club.dayoo.com/forum.php？mod=viewthread&tid=1737997898，2014 年 4 月 12 日。

[28] 任晓伟：《城镇就业压力与计划经济在中国的历史命运》，中国国际共运史学会年会暨学术讨论会，2009 年。

[29] 马宁：《就业压力下的制度变迁——1980 年代初中国城镇民营经济复苏的契机》，南开大学博士学位论文，2005 年。

（李勇坚、夏杰长：中国社会科学院财经战略研究院）

第三章　财政压力与服务业改革

摘　要：以放权让利为主线的经济体制改革进行到20世纪90年代时，造成了日益严重的财政压力。如何通过深化改革缓解财政压力，是当时面临的一个重要问题。因此，在20世纪90年代，通过服务业的市场化改革与价格改革，有效地增加了财政收入，并减少政府在此方面的财政支出，从而缓解了财政压力。但是，这一时期强调了服务业改革对缓解财政压力的作用，而对政府责任没有厘清，并为实现收入最大化而维持行政垄断，这导致了服务业改革目标并没有完全实现。20世纪90年代的经验表明，全面深化服务业改革对提高服务业发展效率、缓解财政压力具有一定的作用。这些经验，对中国服务业未来的发展和改革仍有一定的借鉴意义。

我国服务业[①]是改革开放以来"两个比重"[②]持续上升的国民经济行业，2017年服务业占GDP的比重达到51.6%，呈现出快速上升的态势。改革是服务业快速增长的重要因素。当改革进入20世纪90年代，在工农业领域进行的以"放权让利"为特色的改革，给财政带来了巨大的压力。服务业的大部分行业在原计划体制下是由各个政府部门包办的，其价格低廉，供给严重不足，且是财政支出的重要方面。20世纪90年代的服务业改革对缓解财政压力起到了很大的作用。然而，由于缺乏深入的理论研究与系统设计，缺乏对政府责任的厘清，在具体改革实施方面，也出现了不少偏差。近年来，我国财政收入增长速度逐年降低，2011年我国财政收入增长率为25%，2014年开始下降到个位数，2016年下降到4.5%，创下1988年以来的新低。财政压力对各项改革的制约作用开始显

① 在现在很多文件以及统计报告中，将服务业称为第三产业。本文对第三产业与服务业不做区分，将其视为相同的可以互换使用的概念。

② 指服务业增加值占GDP的比重和服务业就业人数占全部就业人数的比重。

现。[①] 总结 20 世纪 90 年代财政压力下服务业改革的经验与教训，对缓解财政压力与强化政府责任具有重要意义。

一、已有研究回顾与理论分析框架

(一) 已有研究回顾

20 世纪 90 年代，我国财政压力开始凸显（王绍光、胡鞍钢，1993）。从财政压力与改革的关系看，崔潮（2012）认为，财政压力总是存在的，在这种状态下，财政压力会通过一些改革来释放。[②] 张宇燕、何帆（1998，2004）认为，财政压力不仅是改革的起因，还将在很大程度上影响改革的路径。[③] 面对财政压力，政府可以选择“甩包袱”式改革，这种情况正是我们看到的 20 世纪 90 年代中国服务业改革的情形，而另一种是“向新增财富征税”。[④] 茆健（2011）对中国 20 世纪 70 年代后期开始的改革的实证研究，也证实了张宇燕与何帆的观点。值得注意的是，魏凤春（2007）认为，政府的财政压力主要表现为失业难以解决，中

① 例如，刘胜军在《党的十八届三中全会两周年：反思方能精进》一文中指出，当前的改革主要存在以下三个方面的问题：第一，改革进展缓慢；第二，缺乏亮点和标志性改革；第三，一些关键改革被认为缺乏诚意，和《中共中央关于全面深化改革若干重大问题的决定》（以下简称《决定》）相比有所倒退。例如在国企改革方面，从《关于深化国有企业改革的指导意见》内容看，在混合所有制、党政分开、破除行政垄断、退出竞争性领域等关键问题上表态模糊，令市场失望。李剑阁也曾在 2015 年 10 月指出，“一个最重要的经验是，改革从来都是被逼出来的。中共十八届三中全会的《决定》是一个非常重要的纲领性文件，这个改革文件写得非常好，可以说面面俱到。但是，我们回过头来看，这两年改革进程不尽如人意，到底是时机未到，还是面对困难的压力还没有足够大呢？这个当然见仁见智”。

② 这个问题在较早时就受到了经济学家的关注。熊彼特（1918）和希克斯（1969）在早期做了先驱性研究。如熊彼特（1918）在《税务国家的危机》中就认为，财政体制与现代国家制度联系密不可分，社会的转折总是包含着原有的财政政策的危机；希克斯（1969）在《经济史理论》中谈到市场经济的演化自始至终都离不开国家的介入。他们的思想隐含着一个基本命题，也就是认为财政压力是国家推动改革的直接原因。参见张宇燕、何帆（1998）。

③ 例如，他们通过对历史进行分析，发现发生在中国古代宋、明两朝中期的两次大变法，均肇始于财政长期亏空的积弊。而 17 世纪英国经历了两次革命（1642 年爆发的由奥利佛·克伦威尔领导的内战以及 1688 年的光荣革命），也都和君主与议会的财政权力之争有关。财政压力的出现，对国家的义理性提出了不容回避的挑战。国家将被迫调整原有的政治经济体制，以做出相应的回应，这便是国家主导的改革。

④ 这一点在 2003 年之后的中国表现得非常明显。为了解决财政压力，政府通过垄断土地的方式，以房地产市场化的形式，向国民征求大量隐形税收。

国改革历程可以在财政压力的框架下进行解释。这种观点对我们有着很大的启发意义。从更深的层次看，财政压力有着多方面的原因，政府提供了太多的服务且这些服务价格过低显然是原因之一（曹礼和，1991），而价格改革[①]正是 20 世纪 90 年代服务业改革的一个重要特征，尽管这种改革难言成功。李勇坚、夏杰长（2009）指出，由于户籍制度的影响，使中国服务业的需求严重不足，发展滞后。而户籍制度未获得改革的原因在于财政压力。[②]

从已有的研究成果来看，经济学家已经注意到了财政压力在改革过程中所起的重要作用。但是，对于这种改革的具体路径是什么，改革的最终成果是如何影响财政压力的，仍缺乏足够的研究。而本章的研究表明，面临财政压力现实，正确的市场化是缓解财政压力、明确政府责任的一个重要机制。

（二）理论分析框架

从理论上看，财政压力的来源是多方面的。从中国的现实看，财政压力的来源主要体现在三个方面：一是政府在公共服务领域或者服务领域的越位与错位；二是政府财政支出效率低下；三是政府的财政汲取能力下降。从我们对 20 世纪 90 年代的服务业改革历史来看，一个良好的服务业改革框架可以解决前两个方面的问题，从而大大地降低政府的财政压力。

提供基本公共服务的责任，是政府的基本职责，当然也是财政支出的基本内容。但是，公共服务的外延并不十分清晰，在发展过程中是动态变化的。服务业改革对缓解财政压力的作用正体现在这一点上。首先，通过对政府所需要提供的公共服务进行范围界定。例如，在 20 世纪 90 年代，政府将住房从公共服务中剥离出来，实现市场化；又如我国实行公路收费制度。这些都有利于财政压力的缓解。其次，要通过改革，提高政府提供公共服务的效率。也就是说，要对公共服务的供给（Provision）和生产（Production）职能进行区分。例如，通过服务外包，可以为公共服务的提供节约成本。最后，对政府拥有的公共资源进行服务化运营，也有利于缓解财政压力。这个过程中必须要注意防止行政垄断。

---

① 在更早的时候，就有学者注意到中国服务产品的低价可能带来财政方面的压力，参见于泰厚（1986）。

② 关于这一点，也可以参见孙雪梅：《专家：地方政府反对户籍改革源自财政压力》，《京华时报》，http://news.ifeng.com/mainland/special/zhonggong18da/content-3/detail_2012_11/12/19040616_0.shtml，2012 年 11 月 12 日。

二、20 世纪 90 年代服务业改革的动力

20 世纪 90 年代的服务业改革，是在服务业经过了补偿性增长，国家财政压力日益加剧，百姓需求日趋多样化，对服务业的认识不断深化的背景下进行的。

（一）财政压力日益增加

自 1978 年开始的以“放权让利”为内容的改革使财政收支运行自身陷入了不平衡的困难境地（见表 3-1），财政赤字迅速增加。1990 年财政赤字上升到 146.49 亿元，到 2000 年则急剧扩大到 2491.27 亿元。在财政压力下，政府难以提供高水平的教育、医疗等基本服务，在计划经济下由政府包办的住房等生活服务更是难以为继。财政压力对服务业改革提出了新的要求，这与 20 世纪 80 年代基于就业压力及增长压力的服务业改革有着不同的含义（胡东兰、李勇坚，2017）。

表 3-1　1978~2000 年中国财政收支变化情况

年份	财政收入（亿元）	财政支出（亿元）	GDP（亿元）	财政收支差额（支-收）（亿元）	财政收入占 GDP 比重（%）	中央财政收入占财政收入比重（%）
1978	1132.26	1122.09	3645.2	-10.17	31.06	15.52
1979	1146.38	1281.79	4062.6	135.41	28.22	20.18
1980	1159.93	1228.83	4545.6	68.9	25.52	24.52
1981	1175.79	1138.41	4891.6	-37.38	24.04	26.46
1982	1212.33	1229.98	5323.4	17.65	22.77	28.61
1983	1366.95	1409.52	5962.7	42.57	22.93	35.85
1984	1642.86	1701.02	7208.1	58.16	22.79	40.51
1985	2004.82	2004.25	9016.0	-0.57	22.24	38.39
1986	2122.01	2204.91	10275.2	82.9	20.65	36.68
1987	2199.35	2262.18	12058.6	62.83	18.24	33.48
1988	2357.24	2491.21	15042.8	133.97	15.67	32.87
1989	2664.90	2823.78	16992.3	158.88	15.68	30.86

续表

年份	财政收入（亿元）	财政支出（亿元）	GDP（亿元）	财政收支差额（支–收）（亿元）	财政收入占GDP比重（%）	中央财政收入占财政收入比重（%）
1990	2937.10	3083.59	18667.8	146.49	15.73	33.79
1991	3149.48	3386.62	21781.5	237.14	14.46	29.79
1992	3483.37	3742.20	26923.5	258.83	12.94	28.12
1993	4348.95	4642.30	35333.9	293.35	12.31	22.02
1994	5218.10	5792.62	48197.9	574.52	10.83	55.70
1995	6242.20	6823.72	60793.7	581.52	10.27	52.17
1996	7407.99	7937.55	71176.6	529.56	10.41	49.42
1997	8651.14	9233.56	78973.0	582.42	10.95	48.86
1998	9875.95	10798.18	84402.3	922.23	11.70	49.53
1999	11444.08	13187.67	89677.1	1743.59	12.76	51.11
2000	13395.23	15886.50	99214.6	2491.27	13.50	52.18

注：①在公共财政收支中，价格补贴 1985 年以前冲减财政收入，1986 年以后列为财政支出。为了可比，本表将 1985 年以前冲减财政收入的价格补贴改列在财政支出中。②财政收入中不包括国内外债务收入。③2000 年财政支出包括国内外债务付息支出。

资料来源：《中国统计年鉴》（2016）。

（二）百姓服务需求持续增加

20 世纪 90 年代，随着经济增长，大部分居民基本解决了温饱问题，居民消费倾向和结构发生了一定变化，服务需求增加。城镇居民医疗保健服务的边际消费倾向从 1989~1991 年的 0.012 上升到 2001~2003 年的 0.047，交通通信的边际消费倾向从 1989~1991 年的 0.015 上升到 2001~2003 年的 0.092（见表 3–2）。从城镇居民消费结构变动度看，教育、医疗和住房消费对结构变动值的贡献提升很快（见表 3–3）。

表 3–2　20 世纪 90 年代城镇居民边际消费倾向

类别	食品	衣着	家庭设备及服务	医疗保健	交通通信	娱乐教育文化	居住	杂项商品
1989~1991 年	0.315	0.114	0.130	0.012	0.015	0.086	0.050	0.051
1992~1994 年	0.226	0.100	0.098	0.018	0.051	0.066	0.045	0.045
1995~1997 年	0.195	0.101	0.099	0.028	0.054	0.085	0.050	0.048

续表

类别	食品	衣着	家庭设备及服务	医疗保健	交通通信	娱乐教育文化	居住	杂项商品
1998~2000 年	0.157	0.074	0.103	0.039	0.063	0.086	0.055	0.051
2001~2003 年	0.168	0.060	0.062	0.047	0.092	0.101	0.070	0.031

资料来源：程蕾：《中国城镇居民需求结构变化及分析》，福州大学硕士学位论文，2006 年。

表 3-3　20 世纪 90 年代城镇居民消费结构变动度

单位：%

类别＼年份	1985~1990	1990~1995	1995~2000
食品	2.00	4.32	10.74
衣着	1.20	0.19	3.53
居住	0.03	2.31	2.94
家庭设备及用品	0.12	0.09	0.40
交通通信	1.03	1.66	3.07
文教娱乐	0.61	0.06	3.72
医疗保健	0.47	1.10	3.25
其他	1.81	0.93	0.89
总值	7.27	10.66	28.54
均值	1.45	2.13	5.71

资料来源：根据历年《中国统计年鉴》整理计算。

（三）对服务业的认识不断深化

国家层面，在 1989 年国务院发布的我国第一部产业政策《关于当前产业政策要点的决定》（国发〔1989〕29 号）中，明确提出除该决定涉及的第三产业部门，第三产业其他部门的产业政策将另行制定发布。1992 年，中共中央、国务院发布的《关于加快发展第三产业的决定》（中发〔1992〕5 号），是在中央层面的第一个方面促进服务业发展的专门文件，这说明中央对服务业发展的战略意义已有高度重视，也在一定程度上体现了当时在理论上关于服务业的“非生产性”的争议。[①] 1992 年 10 月，中共十四大报告进一步指出，“第三产业的兴旺发达，

① 李勇坚：《中国第三产业体制改革的动力与路径：1978~2000 年》，《当代中国史研究》2015 年第 11 期。

是现代化经济的一个重要特征”。[①] 1997 年 9 月，中共十五大报告中指出，“鼓励和引导第三产业加快发展”。[②] 并首次提出了“现代服务业”的概念。在这些认识深化的基础上，国家逐步认同了对第三产业市场化、经营化、社会化的认识，诸如住房、金融、医疗、电信等部门均朝着市场化方向迈进。

三、基于财政压力的服务业价格改革和市场化改革

20 世纪 90 年代的服务业改革主要沿两条主线进行：第一条是在供给方面对财政包办的行业（如住房、教育）进行市场化改革。这些行业原来由财政包办，导致供给增长缓慢，财政包袱沉重，改革思路是想借助市场的力量，快速增加供给，以满足百姓的需求，并扔掉财政包袱。第二条是积极推进价格改革。在这一时期，国家在铁路、医疗、住房等诸多服务业领域进行了服务价格调整和市场化改革。这推动了服务业价格的快速上涨（见表 3-4）。下面以铁路运输、住房、电信服务、医疗卫生、教育、事业单位改革等领域为例进行具体说明。

表 3-4 20 世纪 90 年代居民消费价格指数和服务项目价格指数比较

年份	居民消费价格指数	服务项目价格指数
1990	103.1	120.9
1995	117.1	120.2
1999	98.6	110.6
2000	100.4	114.1

资料来源：《中国统计年鉴》（1995、2001）。

（一）铁路运输领域

据测算，其时铁路基础设施投资需求快速上涨，预计每年达到 500 亿~600 亿元，资金缺口在 200 亿~300 亿元。[③] 为缓解财政压力，我国铁路货运价格曾多

① 参见 1992 年 10 月 12 日江泽民在中国共产党第十四次全国代表大会上的报告。
② 参见 1997 年 9 月 12 日江泽民在中国共产党第十五次全国代表大会上的报告。
③ 陈洪年：《中国铁路运输管理体制改革探讨》，《铁道经济研究》1994 年第 2 期。

次上调。从 1991 年起，国务院决定将提价收入进行汇总，设立铁路建设基金，作为铁路基本建设的资金来源。而长期以来相对稳定的客运票价也在 1995 年从 0.03861 元/人·公里调整到 0.05861 元/人·公里。

此外，铁路部门也进行了内部市场化改革。1993 年 2 月开始探索国家铁路企业公司化、集团化经营改革，并成立了广州铁路集团和广州铁路（集团）公司；1994 年 12 月成立了大连铁道有限公司，并成为铁路系统第一家按照建立现代企业制度试点规范组建的公司；1998 年开始，铁道部在柳州、南昌、呼和浩特和昆明等铁路管理局实行“资产经营责任制”试点改革，积极进行铁路系统内部市场化。

（二）住房领域

在住房领域，住宅租赁价格长期处于成本之下，且长期缓慢下降。到 1990 年，每月民用住宅的租金价格从中华人民共和国成立初期的 0.4 元/平方米下降到 0.19 元/平方米。低租金带来了巨大的财政支出压力。据测算，每年的房租补贴达到 65 亿元，再加上修建、维护等方面的费用，每年总费用达到 300 亿元以上，成为当时一个沉重的财政包袱，以提高公房租赁价格、推进市场化为特色的住房改革在 20 世纪 90 年代持续推进。[①]

为此，1991 年国务院《关于继续积极稳妥地进行城镇住房制度改革的通知》（30 号文）提出了提租及市场化的改革思路，通知明确：有计划有步骤地提高到成本租金；出售公有住房；实行新房新制度；推行国家、集体、个人三方共同投资体制，积极组织集资建房和合作建房，大力发展经济实用的商品住房；发展住房金融业务。该通知奠定了 20 世纪 90 年代住房改革的基本思路。随后，国务院住房制度改革领导小组颁布《关于全面推进城镇住房制度改革意见》，对 30 号文件提出的各种措施进行了细化，明确了改革步伐与进程。尽管住房改革的目标被确定为改善居民住房条件及大力发展房地产业，但从实际执行效果看，20 世纪 90 年代住房改革实践的核心理念仍是通过住房的市场化，减少政府住房支出方面的财政压力，并通过土地市场的垄断增加财政收入。

---

① 邓小平于 1978 年、1979 年先后提出可以允许私人建房。之后，20 世纪 80 年代曾出台多个关于住房改革的文件，但是整体执行力度不大，影响范围也小。

（三）电信领域

在电信领域方面的改革，20 世纪 90 年代以放宽市场准入、强化市场竞争为主要内容，这对缓解当时电信服务供需矛盾、[①] 提升电信服务能力起到了较好的作用。

1988 年 11 月，国务院批准的邮电部“三定”方案明确提出，邮电行业要实现政企分开、邮电分营。1993 年 8 月，《关于进一步加强电信业务市场管理意见》明确，无线寻呼等电信服务首次向社会领域开放，使部分从事增值服务的电信企业开始进入电信领域，其中一个显著的标志是出现了大量的寻呼企业。1993 年底，国务院批准联通公司的组建方案，打破了基础电信领域的垄断状态；随后成立了以经营增值业务为主的吉通公司，增值服务的竞争格局开始形成。1998 年，“三定”方案提出的“邮电分营”开始实施，信息产业部正式成立；同时，电信企业全部与主管部门脱钩，实现了初步政企分开。

市场化改革提升了电信服务的供给能力，固定资产投资大幅度增长，建成了当时世界第二大移动通信网络，固定电话通信能力提高了十倍。

（四）医疗卫生领域

1992 年，卫生部发布《关于深化卫生改革的几点意见》，对医疗卫生事业的资金来源、医疗服务的价格、预防保健的有偿服务、医院企业化经营等方面进行了多方面的探索。1994 年，以“分税制”为特征的财税体制改革，使地方政府在医疗卫生事业支出方面承担了更多的责任；而地方财政由于分税制的缘故，收入增加并不快，因此在医疗卫生方面无法持续增加投入。[②] 因此，医疗卫生领域的改革，倾向于通过市场化改革的方式，解决财政资金不足的问题。随着市场化的深入，医疗卫生事业在政府投入不足的情况下仍然处在高速发展状态。

1997 年，中共中央、国务院《关于卫生改革发展的决定》（中发〔1997〕3 号）就医疗卫生领域所存在的市场化问题进行了反思，明确提出“我国卫生事业是政府实行一定福利政策的社会公益事业，举办医疗机构要以国家、集体为主，

---

① 1991 年 1 月，北京电信部门开展电话装机大会战，共为 18000 多户长期待装户装上了电话，该事件由邮电部领导亲自坐镇指挥，其后还受到国务院纠正行业不正之风办公室的通报表扬。此案例说明了当时装电话之困难。

② 李勇坚、夏杰长：《制度变革与服务业成长》，中国经济出版社 2009 年版。

其他社会力量和个人为补充”。遗憾的是，在之后的长期医疗实践改革中，医疗卫生领域市场化改革与政府责任的关系无法厘清，医疗卫生领域的行政垄断、监管体制等诸多问题未能得到很好解决。

（五）教育领域改革

基于教育经费投入不足、教育体制和运行机制不适应日益深化的经济、政治、科技体制改革的需要，教育领域在这一时期也进行了市场化和产业化探索。

1993 年发布的《中国教育改革和发展纲要》是中央决策层有关教育改革的第二部文件，跟 1985 年的《关于科学技术体制改革的决定》相比，有着以下特点：第一，1993 年《中国教育改革和发展的纲要》是在建立社会主义市场经济体制背景下提出的，其目标是“初步建立起与社会主义市场经济体制和政治体制、科技体制改革相适应的教育新体制”。第二，20 世纪 90 年代教育改革的重要驱动力发生了变化，更多受到经济利益的驱动。到 20 世纪 90 年代中期，涌现出一批民办学校，社会力量和政府成为提供教育的两类重要主体，前者通过市场机制提供教育服务，后者通过非市场的公共机制提供教育服务，这造成了教育经费的补偿机制完全不同。第三，与教育体制改革相配套的其他制度并没有相应进行变革。例如，招生考试制度、用人制度、文凭制度等。

（六）事业单位改革持续推进

20 世纪 90 年代，由于人员众多、机构庞大的各类事业单位对财政资金需求日益增大，给羸弱的财政支付能力带来了极大的压力。因此，20 世纪 90 年代对事业单位的改革持续推进。1993 年的《政府工作报告》明确提出，事业单位改革的原则是“政事分开”和“社会化”。1996 年，中编办发布的《关于事业单位机构改革若干问题的意见》对两个原则进一步进行了明确。

1. 对事业单位进行放权让利

传统事业单位的服务是单纯公益化与福利化的，这一方面带来了巨大的财政压力，另一方面也造成了事业单位所提供的服务供给不足。因此，改革是为了鼓励和支持事业单位利用现有资源进行充分挖潜，增加收入，使其能够通过收入弥补部分经费不足的问题。主要措施就是“创收”“让利”“免税”等。在相关政策刺激下，很多事业单位积极发展多种经营，扩大服务范围，提升服务质量，扩大收入来源，成本补偿机制实现多元化。

2. 推动部分事业单位走向市场，实行企业化管理

从 20 世纪 90 年代中期开始，高校后勤管理体制开始深化改革，大多数高校都成立了后勤服务集团。到 1998 年，80%的高校完成了这一改革。1999 年，国务院办公厅发布了 18 号文,[①] 开始将部分科研院所等事业单位改制为企业。

3. 鼓励事业单位多元化发展

在原有的体制下，国家包办一切事业，这使得财政压力巨大，而相关事业服务供给又不足。自 1998 年开始，对事业发展资金的筹集渠道进行放开，在一些领域鼓励民间兴办各种事业，形成了多主体发展事业的格局，并促进了事业发展资金来源的多渠道、多层次与多形式。1999 年，国务院颁布了《民办非企业单位条例》，对引入多元化的投资主体兴办事业单位（被称为“民办非企业单位”）做出了明确规定。其后，大量民办事业机构，如民办教育机构、民办科研机构等陆续兴起。

四、20 世纪 90 年代服务业改革的成就与经验

（一）20 世纪 90 年代服务业改革的成就

在整个 20 世纪 90 年代，服务业平均增长速度远高于 GDP 增长速度，服务业增加值占比上升了 8 个百分点（见表 3-5），是改革开放以来上升最快的时期之一。

表 3-5　20 世纪 90 年代服务业增长情况

年份	服务业增加值（亿元）	服务业占 GDP 的比重（亿元）	服务业增长率（%）
1990	5813.5	31.3	2.3
2000	38943.0	39.3	9.7
2000 年比 1990 年增长	33129.5	8.0	—

资料来源：《中国统计年鉴》（2016）。

① 即《国务院办公厅转发科技部等部门关于国家经贸委负责管理的 10 个国家局所属科研机构管理体制意见的通知》。

随着服务业的快速增长，服务业成为吸纳新增就业的主渠道。在 20 世纪 90 年代，农业就业人口占比下降了 10.1 个百分点，而服务业就业人口占比则上升了 9 个百分点（见表 3-6）。而且，服务业就业人口还超过了第二产业，成为了第二大就业部门。

表 3-6　1990~2000 年服务业就业增长情况

年份	经济活动人口（万人）	就业人员（万人）	就业人员			构成		
			第一产业（万人）	第二产业（万人）	第三产业（万人）	第一产业（%）	第二产业（%）	第三产业（%）
1990	65323	64749	38914	13856	11979	60.1	21.4	18.5
2000	73992	72085	36043	16219	19823	50.0	22.5	27.5
增长	8669	7336	−2871	2363	7844	−10.1	1.1	9.0

资料来源：《中国统计年鉴》（2016）。

随着改革的持续深入，还解决了大量服务行业所存在的短缺问题，服务能力大幅度提升，解决了人民生活中部分服务供给短缺的问题。

（二）20 世纪 90 年代服务业改革的经验

从整体来说，20 世纪 90 年代服务业改革是在财政压力下的价格与市场化改革的尝试，改革在各个方面取得了一定的经验。

第一，对服务经济理论的科学探讨有助于指导服务业发展观念更新，如获得孙冶方经济科学著作奖的《第三产业经济学》提出的关于服务业的重要论断后来被中共中央国务院《关于加快发展第三产业的决定》（中发〔1992〕5 号）采用，这对之后中国服务业发展的实践和决策产生了重要影响。

第二，政策支持及多渠道增加投入有助于提升服务业供给能力。自《关于加快发展第三产业的决定》发布之后，各地也纷纷出台了一系列支持政策，服务业投资渠道、市场主体等日益多元化，这给全国各地服务业全面、快速发展提供了有力的政策支持，服务业供给能力快速提升。例如，在交通运输方面，由于价格的市场化与投资主体的多元化，在财政投入并没有相应增加的情况下，高速公路建设飞快发展，提前超额实现了“《国道主干线建设规划》中提出建成 3.5 万公里

‘五纵七横’的国道主干线”的目标。[①]

第三，产业化、市场化与社会化是服务业改革的重要目标与方向。[②] 而坚持这一方向，其核心并不是直接放开价格管制，而是在供给端提升市场竞争，形成市场决定价格的机制。大部分改革取得较好成效的行业，都是产业化、市场化与社会化做得较好的行业。

五、20世纪90年代服务业改革的教训与启示

服务业改革首先要解决的问题是如何厘清政府的责任。在一些服务业领域，政府部门拥有大量的有形及无形资产（如医疗、教育），控制了非常重要的基础要素（如房地产），还拥有牌照的发放权利等，对这些服务领域，如果无法厘清政府责任，则容易导致改革出现偏差。

（一）明确政府责任是服务业改革的前提

在财政压力下，有充分的利益诱使政府将其原应免费提供的服务变为收费服务。这要求政府在改革过程中有定力，能够抵制利益的诱惑。例如，住房改革、医疗改革等之所以失败，是因为政府在改革过程中，发现可以通过所谓的改革获得巨大的利益，就把短期缓解财政压力作为长期目标，导致了改革路径的异化以及改革的不成功。

2017年，我国出台了《“十三五”推进基本公共服务均等化规划》，对政府的公共服务提供责任进行了明确，坚持这一点，有利于在缓解财政压力的情况下，进一步推动改革。

（二）正确的市场化是缓解财政压力并同时强化政府责任的长效机制

服务业的市场化包括以下几个方面：一是建立市场化供给体系，即引进市场

① 李勇坚：《中国第三产业体制改革的动力与路径：1978~2000年》，《当代中国史研究》2015年第11期。

② 实际上，直到“十二五”时期，服务业改革的主要方向仍然是产业化、市场化与社会化。因为加入了WTO，还增加了“国际化”。但是，国际化本身只是市场化的一个方面。

主体，完善市场竞争结构；二是通过增加市场主体，引入竞争机制，建立市场化的价格形成机制；三是建立市场化的政府干预机制，如政府补贴、政府监管等。

市场化通过引入竞争机制，提升效率，有利于缓解政府财政压力。但是，对市场化的理解局限在“放弃政府支出责任”“放开价格管制”等方面，这是不全面的，更有甚者，很多所谓的“市场化改革”只是将免费服务变成收费服务，或者在市场化的名义下，从政府提供服务变为以行政权力为支撑的市场垄断。这种所谓的“市场化改革”是非常有害的。例如，很多服务行业的需求是刚性的，且原来的提供者是政府或公共机构，这些机构已经建立了市场声誉，拥有大量的无形资产，这使后来的进入者在竞争过程中处于相当不利的地位，很难对现有服务提供者的垄断地位造成冲击。行政垄断下，放开价格管制不是真正的市场化，一定会演变成一种破坏百姓福祉的“伪市场化”。以教育领域为例，政府应积极扶持新的市场主体，在政府补贴等方面，将公立机构与其他机构同等对待；以发放教育券等方式，补贴消费者；建立教育质量独立评估机制等；避免单纯“放开价格管制—行政化市场垄断—高额收费”等“伪市场化”改革。

（三）处理好政府与市场关系是改革的关键

政府部门从市场中退出，不是政府将其原有的服务职能市场化，而是引入公平竞争的机制，保持利益的中立。20 世纪 90 年代，许多服务业改革文件或明或暗地允许政府、机关、事业单位大量举办第三产业实体以及允许很多公益性机构以改革的名义进行市场化运作，导致政府的权力以改革的名义介入市场领域。不但扭曲了市场的竞争机制，而且还为权力市场化制造了通道，衍生出一种“浪费型”运行机制。政府在市场领域保持中立，对当前的改革具有重要的意义。例如，在处理出租车与网约车的关系时，政府应该是一个利益中立者，而不应该是传统出租车利益的维护者。

（四）处理好长期改革与短期改革的关系是改革的保障

在财政压力下，追求短期目标可能形成非常牢固的既得利益结构，而使改革无法进一步深入，这是未来改革需要特别警惕的。例如，1992 年的医疗改革，在短期内为了缓解对医院进行补贴的压力，提出了“建设靠国家，吃饭靠自己”的精神，明确了“以工助医，以副补主”，允许试行“一院两制”或“一院多制”的经营模式和分配方式。这些短期目标达成的同时，形成了医药领域的既得利益格局。从此，医疗卫生领域的市场化改革就局限在如何提高收费方面，在市场主体培育、引入竞争、鼓励民营资本进入等方面乏善可陈，导致了医疗领域改革的完全失败。医疗卫生领域的改革本应着眼于长远并建立系统性的方案，基于短期解决医院困难等方面问题的方案难以取得良好的效果，且有可能形成新的利益集团，最后成为改革的阻力。值得注意的是，医疗、医保、医药是三个层面的问题，却在现在的改革中被混为一谈。医保所取得的成就（主要是政府开始承担部分责任），并不能掩盖医疗、医药改革方面所存在的巨大问题（看病难、看病贵、药品流通体制不合理等）。在未来的改革过程中，对服务业改革的短期目标与长期目标设立要经过详细论证，避免在实现短期目标的过程中，形成新的利益集团，影响长期目标的达成。

参考文献

[1] 李勇坚等：《制度变革与服务业成长》，中国经济出版社 2009 年版。

[2] 夏杰长：《中国服务业三十年：发展历程、经验总结与改革措施》，《首都经贸大学学报》2008 年第 6 期。

[3] 郭怀英：《中国第三产业体制沿革及其“十二五”战略》，《改革》2010 年第 3 期。

[4] 崔潮：《论财政压力的成因、影响及消解》，《河南财政税务高等专科学校学报》2012 年第 4 期。

[5] 古志辉、蔡昉：《中国 1978~2002 年的财政压力与经济转轨：理论与实证》，《管理世界》2005 年第 7 期。

[6] 张宇燕、何帆：《由财政压力引起的制度变迁》，《爱思想》，http：//www.aisixiang.com/data/4531.html，2004 年 11月 4 日。

[7] 刘树成、吴太昌：《中国经济体制改革 30 年研究》，经济管理出版社2008 年版。

[8] 高培勇：《中国财税体制改革 30 年研究——奔向公共化的中国财税改革》，经济管理出版社 2008 年版。

[9] 峁健：《财政压力视角下制度变迁——对 20 世纪 70 年代末中国改革的再诠释》，《现代管理科学》2011 年第 4 期。

[10] 李勇坚：《中国第三产业体制改革的动力与路径：1978~2000 年》，《当代中国史研究》2015 年第 6 期。

[11] 邹东涛：《中国改革开放 30 年 1978~2008》，社会科学文献出版社2008 年版。

[12] 劳凯声：《回眸与前瞻：我国教育体制改革 30 年概观》，《教育学报》2015 年第 10 期。

[13] 李勇坚、夏杰长：《服务业体制改革的动力与路径》，《改革》2010 年第 5 期。

[14] 孙立平：《撬动新一轮改革的历史进程》，载吴敬琏、周其仁、郑永年等：《读懂中国改

革——寻找改革突破口》，中信出版社 2014 年版。

［15］张宇燕、何帆：《由财政压力引起的制度变迁》，中国财政经济出版社1998 年版。

［16］魏凤春：《中国改革周期中的公共政策变化（1949~2002 年）—— 一个财政视角的考察》，《南开学报（哲学社会科学版）》2007 年第 6 期。

［17］王绍光、胡鞍钢：《中国国家能力报告》，辽宁人民出版社 1993 年版。

［18］曹礼和：《第三产业价格的现状与改革》，《价格月刊》1991 年第 10 期。

［19］于泰厚：《第三产业价格改革的方向》，《辽宁大学学报》1986 年第 2 期。

［20］孙雪梅：《地方政府反对户籍改革源自财政压力》，《京华时报》2012 年 11 月 12 日。

［21］高培勇：《从“放权让利”到“公共财政”——中国财税改革 30 年的历史进程》，《理论前沿》2008 年第 12 期。

［22］程蕾：《中国城镇居民需求结构变化及分析》，福州大学硕士学位论文，2006 年。

［23］陈洪年：《中国铁路运输管理体制改革探讨》，《铁道经济研究》1994年第 2 期。

（李勇坚、夏杰长：中国社会科学院财经战略研究院；
胡东兰：合肥工业大学经济学院）

第四章　服务业改革的“中国模式”

摘　要：中国的服务业改革是在缺乏理论支撑下进行的，由于缺乏整体设计与理论指导，改革措施或方案缺乏系统性，很难整体推进，但这并不意味着不能总结其改革经验和梳理其改革模式。本章旨在通过对中国 1978~2016 年服务业改革历程进行深入分析，归纳总结出服务业改革的“中国模式”。由于独特的国情和服务业的特殊发展历程，服务业改革“中国模式”有着鲜明的特征：非产业目标导向型改革动力、超越意识形态、实用主义哲学、民生导向与效率导向双重标准、改革与开放的同步与错位等。服务业改革“中国模式”是在特定的历史背景下形成的一个结果，如何完善服务业改革的“中国模式”，整体协调推进中国服务业改革，是一个重要而艰巨的任务。

1978~2016 年，中国服务业名义增加值从 860.5 亿元增加到 384221 亿元，占 GDP 比重从 23.4%增加到 51.6%，就业人数从 4890 万人增加到 33600 万人，占就业总人数比重从 12.2%增加到 43.5%。自 2011 年开始，服务业成为吸纳就业人数最多的产业部门。自 2013 年开始，服务业成为产出最大的部门。中国服务业的快速增长，使我们需要研究其背后的增长动力。众所周知，在中国经济增长的奇迹过程中，改革或制度变迁是最主要的动力。本章的研究旨在通过对中国服务业改革的历程进行分析，讲述关于服务业增长的两个故事：一个是“中国模式”；另一个是“服务业改革”。中国服务业改革虽有独特之处，但对这个模式进行归纳总结却非常困难，因为服务业性质迥异，服务业改革琐碎且缺乏主线。本章的研究目标是，通过对中国服务业改革历史的全方位回顾，探析服务业改革“中国模式”特征，并对服务业改革“中国模式”进行评判。

一、文献综述

从现有的文献资料看，对中国服务业改革进行深入研究的文献并不多。这是一个非常令人吃惊的状况，因为这与关于中国改革研究的丰富文献形成了鲜明的对比，也与服务业在中国的地位日益提升[①]形成了巨大的反差。针对这种情况，李勇坚、夏杰长（2009）认为，这种状况出现的原因在于：第一，服务业是使用排除法定义的，即一般而言，经济学家将非第一产业与第二产业的经济量定义为服务业，这样，服务业没有统一的、明确的定义，其内部各个产业之间并没有经济学意义上的共同点，因此，很难使用一般经济学的方法来对服务业进行整体研究；[②]从制度变革的角度来看，也缺乏统一的制度变革模式。第二，在很长的一段时间里，甚至时至今日，仍有大量经济学家、经济工作者、政府官员等认为，服务业是非生产性的，是工业经济增长的附庸，只有工业增长才是经济增长的发动机。这一点在我国的外资产业政策中表现得特别明显。第三，与农业及工业领域快速而急剧的体制变革相比，服务业的体制变革是琐碎而具体的，其变化也是一个渐进的过程。这种渐进的过程只有在一个长时间段里进行研究才能发现其中的规律与特征。这三个原因都能够解释服务业改革的研究文献较少的原因。还有一个非常重要的原因是，服务经济学的理论框架本身还没有完全建立起来，例如，国内外关于服务经济学的教科书屈指可数。[③]由于服务经济学理论框架的不完善，对其改革进行理论研究也相应具有一定的难度。

从现有的文献看，对服务业改革进行的研究主要包括以下几个方面：

第一，基于服务业改革的历程，对服务业改革的绩效或者改革发展阶段进行

① 自改革开放以来，服务业是三大产业部门中唯一一个增加值与就业人数占比都保持着上升趋势的产业部门。

② 例如，航空服务业需要先进的技术、高密度的物质资本与人力资本投入，且其需求具有很高的收入弹性；而电信服务业具有十分可观的网络建设成本，但其边际服务成本几乎等于零；而个人服务业（如理发）基本不需要资本投入，其技术进步也十分有限，其需求收入是刚性的。这三个产业具有不同的特征，管制政策等也存在极大的区别。

③ 目前已有的服务经济学教科书包括何德旭、夏杰长主编的《服务经济学》（社会科学文献出版社 2010 年版）、詹森的《服务经济学》（中国人民大学出版社 2015 年版）等。

研究。徐芦、赵德昆、杨书兵（1993）认为，我国的体制改革大体上是沿着三次产业的顺序向前推进的，即起始于农业，尔后逐步扩展到工业、建筑业以及商业和社会经济其他领域。第三产业中的许多行业，尤其是交通、邮电、物资、文化、教育、卫生、科技以及一些公共性、福利性行业，明显处在体制改革的滞后位置。他们还关注了服务业发展对国民经济发展的支撑作用以及服务消费对服务业发展的带动作用，这在当时具有一定的意义。但是，他们并没有对改革背后的动力进行深入研究。李勇坚、夏杰长（2010）系统研究了中国服务业发展的动力与历程。他们认为，中国服务业发展的动力是动态变化的，在 20 世纪 80 年代主要是就业压力、在 20 世纪 90 年代主要是财政压力，到 2000 年之后变革为国际化压力，一些后续的研究还对此观点进行了细化（李勇坚，2015）。本章基于服务业改革的历史，通过对改革模式进行总结，进一步深化前文的研究。

第二，从服务业发展滞后的原因来进行服务业改革方面的研究。例如，美国彼得森国际经济研究所研究员瑞安·卢特考斯基（Ryan Rutkowsi，2015）[①] 认为，造成中国服务业发展滞后的主要原因是长期以来对工业的倾斜性政策，国有企业在服务业的垄断地位也是造成就业水平偏低的重要原因。服务业的市场准入开放有利于促进生活水平的提升与生产效率的提升。钟春平（2015）认为，服务业改革过程中，没有太多地关注人的需求变化，没有确定“以人为本”的目标，这限制了服务的价格，制约了服务业发展，因此，应将“以人为本”、满足人民群众的需求作为服务业改革的目标。谢慧、黄建忠（2015）认为，服务业管制对制造业生产率形成了制约，尽管对于某些敏感的服务部门而言，管制确有必要，但是，不合理管制使在业者免受来自外国或国内潜在服务的竞争，阻碍服务业及关联行业效率的提升。尽管各国贸易政策、经济发展水平和产业优势不同，但服务业管制改革有利于提高制造业生产率这一结论却具有一般性。李勇坚（2007）研究了体制变革对中国服务业总量增长的影响，这项研究使用计量经济学方法对体制变革对服务业总量增长影响的具体数量进行了分析，最终得出的结论认为，在 20 世纪 80 年代，服务业占 GDP 比重的上升，至少有 3 个百分点应归功于制度变革。汪德华等（2007）利用跨国横截面数据，计量检验了政府规模、法治水平与一国服务业比重之间的关系。他们通过实证研究发现，以一国法治水平来衡量的契约维护制度的质量，与其服务业比重显著正相关；政府规模与其服务业比重显

① Ryan Rutkowsi，*Service Sector in China*，http：//www.piie.com/publications/pb/pb15-2.pdf，2015.

著负相关；其中，法治水平对服务业比重的影响在中低收入国家更重要。进一步检验表明，统计上无法发现私人财产保护制度对服务业比重的显著影响，而政府支出规模和政府投资规模对服务业比重都有负向的影响。陈志武（2004）认为，服务业与制造业所需要的制度环境不同，制造业对信息真实性与逆向选择的要求与服务业不一样，因此，制造业能够在一个很弱的制度环境下快速发展。但是，服务业对制度要求很高。实证研究表明，新闻自由度及法治水平（以及相应的合同结果可预期性）与服务业发展水平之间存在正相关关系。徐建国（2011）认为，中国服务业的停滞与人民币贬值有着直接关系。1992~1996 年的服务业停滞对应着 1990~1994 年的人民币贬值，2002~2008 年的服务业停滞对应着 2001~2005 年的人民币贬值。人民币贬值一方面促进了贸易部门（主要是制造业部门）的快速增长，使服务业相对份额下降；另一方面也使流向服务业部门的资源大幅度下降。江小涓、李辉（2004）认为，在 20 世纪 80 年代，我国服务业发展有一个补偿性增长阶段，这个阶段主要是由于供给不足产生了增长的动力（李慧中、李明，2008）。胡晓鹏（2015）认为，在中国服务业发展过程中，存在"体制病"，其原因来源于四个方面：全球化陷阱，即外资对服务业的排斥效应；市场化陷阱，即生产性服务业内部化严重，存在着部分行业的行政性垄断与制度性垄断；工业化陷阱，包括低价工业化抑制了生活性服务业需求、歧视性的产业政策导致了服务业发展动力不足、对工业的偏爱与政策引导弱化了工业与现代服务业的有机联系；城市化陷阱，中国服务业的低端早熟和高端不熟，以及城市空间的扩张导致的人口密度不够，抑制了服务业的发展。户籍制度也对服务业产生了巨大的抑制作用。王治、王耀中（2009）认为，交通运输仓储和邮政业发展与中国经济增长之间不存在短期和长期的因果关系，即交通运输仓储和邮政业发展不促进中国经济增长，经济增长也没有带动中国交通运输仓储和邮政业的发展。所以，经济增长的需求拉动不是促成服务业改革的动力。李江帆在为魏作磊《中国服务业发展战略研究》一书所写的序中明确提出，[①] 服务业发展缓慢的原因有三个方面：一是理论水平低，将服务业视为"非生产部门"，并在实践发展中存在歧视；二是发展战略偏差；三是政策失误，尤其是长期的低价战略，[②] 挫伤了服务业发展的积极性。

① 魏作磊：《中国服务业发展战略研究》，经济科学出版社 2009 年版。

② 李勇坚（2007）指出，服务业的低价战略是当时中国实行的"低价工业化"战略的一个重要组成部分。

从整体来看，关于服务业改革的文献较为琐碎，对服务业改革的具体措施或政策关注较多，而对服务业改革与发展的整体模式关注较少。本章拟从服务业改革的历史出发，对服务业改革“中国模式”进行归纳总结。

二、服务业改革“中国模式”：基本概念与特征

就本文的主题而言，我们更关注的是服务业改革的模式及其特征。为什么要把服务业改革从整体改革中分离出来呢？这涉及中国服务业改革的独特之处。从现有的研究成果看，中国服务业改革无论是在动力、路径，还是在机制、成效等方面，都有别于工业和农业。李勇坚（2015）指出，中国第三产业体制改革的动力及路径与农业和工业存在显著的差异。与基于效率提升、快速增长与跨越赶超的工业改革不一样，第三产业体制改革一开始就是基于现实主义的压力，而非理想主义的召唤。从改革初期到 20 世纪 80 年代中期，第三产业体制改革的主要动力来源于就业压力，主要改革措施是放宽个体私营企业从事第三产业的限制，以缓解当时巨大的就业压力。到 20 世纪 80 年代中期之后，对发展第三产业的意义认识不断深入，其改革动力就转换为增长压力，即通过第三产业改革，带动国民经济更快发展。到了 20 世纪 90 年代，这种动力变更为财政压力。财政收入占比的持续降低，使原有的政府包办的第三产业开始进入市场，而且，对政府持续经营的第三产业开始了价格改革，以缓解日益紧张的财政压力。而自 2000 年之后，随着中国服务业的国际化进程不断提高，如何面对国际化竞争成为服务业改革的一条主线。正是这种改革动力、改革逻辑、具体改革措施等方面的诸多差异，使中国服务业改革有着独特之处。

所谓服务业改革“中国模式”，就是在中国特定的改革开放背景下，基于实用主义哲学，服务业以非产业目标作为改革动力，超越意识形态，以边际改革向核心突破，根据大环境的变化，因时而变，形成了一整套服务业改革的机制与路径。

（一）非产业目标导向型的改革动力

与工业改革动力源于理想主义[①]不同，服务业改革的动力是基于一些明确的非产业目标，这些目标与服务业本身发展可能无关。从工业改革看，无论是放权让利型的改革，还是后期进行混合所有制改革，都是想把国有工业企业的效率潜能发挥出来，以体现对社会主义制度优越性的自信，这实质上是基于一个理想，即社会主义制度下，生产力的发展容量最大。

但是，服务业改革一开始就脱离了这种理想主义的导向，而是基于一些具体的、现实的非产业目标，而且，这些目标在很多时候与服务业作为一个产业的成长并没有太大的关系。例如，自 1978 年开始的第一波服务业改革，其根本目标是需要缓解当时非常沉重的就业压力（李勇坚，2015）。改革刚开始时，目标也不是直指服务业（因为当时在国民经济体系中，还没有完整的“服务业”概念），而是通过对所有制的边际改革，无意中催生了服务业这一种新生的力量。这其实不是历史的偶然，而有其必然性。从服务业的性质看，服务业的产业链条较短，不会存在与国有企业争原料、争运输资源、争资金等诸多方面的问题，在边际上生长出来相对容易。20 世纪 90 年代，我国面临着严重的财政压力，而服务业的体制转换，包括市场化改革与价格自由化改革，都能够极大地缓解财政压力。例如，通过房地产业的市场化改革，不但能够减少当时已非常巨大的城市房租补贴，而且还能够从土地出让等方面获得新的收入来源。医疗、教育等方面的市场化、产业化改革，也有利于减少这些方面的财政支出。

这种非产业目标导向型的改革动力，与理想主义的改革动力相比，有其优越之处。也就是说，从明确的目标出发，改革在内部的阻力相对较小，改革措施容易获得通过。由于改革没有设定明确的产业目标，产业有更多的发展空间。这是中国服务业在改革开放后成为唯一一个占 GDP 比重持续保持上升态势产业的根本原因。而且，非产业目标导向型的改革动力，也使改革过程能够超越意识形态问题，采取面向民生或效率的实用主义哲学。

但过分地强调非产业目标，也会使改革过程中的道路选择出现失误。即使选择了正确的方向，改革道路的错误选择也会导致改革的失败。例如，开始于 20

① 对工业改革的理想主义，其根本点在于领导人认为，社会主义制度有其优越性，通过对激励机制等方面的改革，能够提升国有企业的效率。

世纪 90 年代的房地产市场化改革，其市场化的方向无疑是正确的，但是，我们没有坚持发展一个适当的房地产行业，而是片面强调房地产业发展对国家财政的贡献。因此，在此后的发展过程中，国家对土地的绝对垄断以及对于土地财政的依赖，使房地产业在一片虚假繁荣的背后，对国民经济产生了吸血效应，而且，房价的高涨背后也隐藏了巨大的金融风险，成为中国经济发展过程中一个巨大的“堰塞湖”。又如，20 世纪 90 年代开始的医疗体制改革，在前面的十多年里基本失败，其原因是改革的动力在于减少财政在卫生方面的支出，而不是提高人民群众的医疗水平。这种思路是对之前医疗体制的一个巨大变革。在改革之前，在计划经济体制时期，医疗服务被视为“非生产性”服务，根本就不是一种经济活动，而是一种社会公益事业。国家对医疗服务和药品的价格都实行严格的计划管理，维持在很低的水平。医疗服务机构从服务递送和药品出售所获收入甚至无法抵销开支，产生了巨大的医疗补贴费用。而医疗体制改革的出发点，正是对这种体制进行变革，引入市场化、产业化机制，这种改革模式对缓解财政压力的效果是显著的，但是，由于改革过程中缺乏对医疗行业进行适当规制、监管等诸多方面的配套政策，甚至为了缓解财政压力，默许医疗机构的诱导式过度医疗以及对药品的加价行为，这种态度给信息严重不对称的医疗行业带来了灾难性的后果。

非产业目标导向型的改革动力还有一个问题，就是到改革后期，其改革动力会逐渐消失，前期基于非产业目标而采取的一些改革措施也将导致大量利益集团的形成，最终使根本性的改革措施无法深入。尤其是非产业目标与产业发展道路相违背时，改革就会陷入停滞。

（二）超越意识形态

在中国的改革之初，经济体制被认为是与政治体制相辅相成的。公有制、计划经济等被认为是社会主义制度的一个重要组成部分。因此，在改革之初，其实需要解决的一个重大问题是如何克服意识形态的障碍。正如托马斯·罗斯基（2013）所指出的，关于社会主义经济改革的讨论往往属于意识形态的范畴。例如，即使被认为是自下而上进行的农业体制改革，在本质上也并没有对农村的土地集体所有制进行触动，而只是对农业生产模式进行了变革。在中国的改革过程中，下层的改革力量生长具有重要的意义，而从现实视角看，这种草根的力量也并非孤军奋战，在很多时候都获得了上层的呼应。从这个意义上说，上层意识形态的变化对中国改革其实也具有非常重要的意义。服务业改革能够在某种程度上超越意识形态，主要是基于以下原因：

第一，服务业改革并非改革的重点，尤其是在意识形态争议较大的20世纪80年代。很多研究者指出，“1978年至20世纪80年代中期改革的重点是农村”。[①]农村以及城市国有工业企业的改革从一开始就占据了改革的主流，吸引了众多的眼光。然而，服务业改革是从集市贸易、个体经济等开始的，对原有的国民经济管理体制、所有制等并没有明显的冲击。这一方面使服务业改革并非当时改革的重点，受到的关注较少，在体制机制方面的破题不会受到明显的阻碍；另一方面这些服务业方面的改革解决了当时百姓生活所面临的实际问题，也使其能够超越意识形态。

第二，服务业不触及计划经济体制等当时的敏感问题。从工业改革看，如果一开始就引入个体经济等模式，势必影响到原材料供应、固定资产投资计划、供需平衡等诸多宏观经济管理问题。而服务业固定资产投资极少，不涉及生产资料平衡等问题，而且，服务业的产品基本不能储存与远程提供，这使服务业在发展过程中需要贴近消费，不会与当时国有体制的服务业企业争夺资源。当时，服务业的改革与发展也涉及商品长途贩运的性质等问题。然而，这个问题与国民经济的基本体制并没有冲突。因此，在1978年国务院务虚会上，经济学家薛暮桥提出应当为长途贩运平反，利用市场活跃流通。在对传统体制的冲击方面，在改革开放之前，由于服务业处于极度短缺状态（李勇坚，2015），在服务业领域的一个边际增量，并不会给计划经济体制带来本质的影响，反而方便了居民生活。在当时，服务业改革的路径选择非常明确，即不动所有制，不动计划经济存量，通过承认个人利益的存在，打造服务业的新增量，以增量促进存量改革，避免了存量改革所涉及的意识形态问题。

第三，服务业改革遵循先易后难的原则，避免了意识形态的争论。服务业内部行业众多，各个行业之间的差异极大。例如，金融、铁路、电信、科技等行业对国民经济发展具有极其重要的意义；教育、医疗等行业直接涉及政府职能，并与居民生活直接相关；而餐饮、零售、个人服务等，不但投资规模小，而且对国民经济的影响也不大。在服务业改革过程中，先对易于改革的零售（其后扩展到

① 李铁映：《中国的改革——纪念改革开放30周年》，载彭森、陈立等：《中国经济体制改革重大事件（上）》，中国人民大学出版社2008年版。

批发)、餐饮、居民服务等进行改革，使改革的阻力最小，避免了意识形态的争论问题，使改革能够顺利推进。

综上所述，中国的服务业改革在一开始就避开了意识形态的争论，使改革能够超越意识形态之争，从而使个体经济、私营经济等与意识形态相关的所有制形式能够顺利生长，为中国改革开辟了一条独特的道路。

（三）实用主义哲学

从现有的研究看，大多数理论家都认为，从中国的改革实践看，改革本身就意味着领导人思维范式从道德理想向实践理性的转换。中国的改革不是依据理论预设，而是诉诸实践和试验，从局部开始，"撞击—反射"式地推进。例如，中国农村的改革是一种基于实用主义出发的自下而上的改革思想的结果（肖冬连，2004；科斯、王宁，2013；吴敬琏，2010）。我们认为，以实用主义哲学对改革进行指导，在服务业表现得更为明显。

中国的服务业改革不但一开始没有什么明确的目标模式（在改革之初，服务业的内涵与外延尚不是特别清晰），而且，在各个不同时期，服务业改革也被认为是疏解社会经济各种压力的一个出口。也就是说，服务业改革过程中，改革本身被看作一种工具，而非结果。这与工业企业改革过程中，将改革视为一种结果的指导思想有着显著的差异。正如前文所指出的，无论是改革之初通过发展服务业缓解就业压力，还是 20 世纪 90 年代试图通过服务业改革缓解财政压力，其本质上都是基于实用主义哲学。

实用主义哲学指导改革也体现在 20 世纪 80 年代中期。此时，中国领导人了解到发达国家服务业占 GDP 的比重已超过 60%，这对正在奋力推进工业化的中国领导人有着深刻的影响。因此，服务业开始被纳入国民经济统计之中，并在国家五年计划（"七五"计划）中被重点列出，其目标增长速度还远远超过工农业，这说明其时发展服务业是为了解决国民经济增长压力问题。为了实现服务业增长，把很多当时认为是国家必须经营的服务领域从政府部门分离出来，形成了一个个独立的服务部门，如金融、电信、科技、铁路等。

2001 年中国加入 WTO 之后，中国服务业开始面临着国际竞争，如何面对国际化的压力是中国服务业改革必须解决的一个重要问题。通过各种方式重整体制机制，提升服务业竞争力，成为服务业改革的主题。在中共十八大之后，服务业改革的方向也开始面向民生。在此期间，政府部门出台了大量与民生服务相关的政策文件，如健康服务业、体育产业、养老产业等。

因此，与工业、农业改革初期是为政治理想服务的思路不一样的是，服务业改革从一开始就遵循着实用主义哲学。这种实用主义使改革过程中遇到的阻力较小，而且改革本身的导向也是趋向于避开较难的领域，但是，这种实用主义哲学也给未来的改革埋下了很多隐患，这是基于实用主义导向进行改革不可避免的难以纵深推进的问题，导致了服务业改革进行到今天之后再难以深入（孙立平，2014）。

（四）民生导向与效率导向的双重标准

根据麦迪森（1998）的研究，在 1952~1978 年，服务业受到严厉的限制，这样做的后果是，1952~1978 年虽然全国人口增加了近一倍，但从事零售商业、餐饮服务业和日杂物品的人员却从 950 万人降低到 610 万人，零售业从业人员从 550 万人降低到 130 万人。服务业的供给根本就不能满足人民群众的生活需要。

在政策方面，也强调民生的意义。1978 年末，国家工商行政管理局在四川大竹县召开全国集市贸易座谈会，为集市贸易恢复名誉。1979 年 3 月，又举行了全国工商行政管理局长会议。会议就开放城市农副产品市场问题进行了反复讨论，提出了“城市农副产品市场，原则上应该开放”的意见。1979 年 4 月，国务院批转工商行政管理总局《关于全国工商行政管理局长会议的报告》。此后，各大、中城市的农副产品和市场相继开放到 1979 年底，全国 208 个城市的农副产品市场全年成交额已达 12 亿元，上市品种由年初的五六十种增加到年底的一二百种，一些过年少见的东西，如花生米、鱼、虾等也上市了，民生得到了大幅度改善。[①] 民生导向是中国改革的一个很重要的特点，这与苏联以及东欧地区以私有化与市场化直接作为改革目标是不同的。斯蒂格利茨指出，[②] 与俄罗斯不同，中国从未把目标（人民福利）混同于手段（私有化和贸易自由化）。通过改革，1978~1983 年，平均每万人（城镇）拥有的零售商业、饮食、服务网点数由 13 个增加到了 64 个，平均每万人中的商业、服务业从业人数由 63 人增加到 163 人。1984 年，针对国内交通运输行业运力严重不足的困境，交通部提出了“有路大家行车，有水大家行船”的开放方针，实行“国有、集体、个体一起上和各

① 彭森等：《中国经济体制改革重大事件（上、下）》，中国人民大学出版社 2008 年版。
② ［意］阿里吉：《亚当·斯密在北京：21 世纪的谱系》，社会科学文献出版社 2009 年版。

地区、各部门、各单位一起干”的开放政策，广泛吸引了非公有制经济成分进入公路运输和水路运输行业，推动了运输业的快速发展。

服务业改革伊始就以民生提升作为主要导向的做法，与工业领域侧重于效率提升的做法有着显著的差异。在工业领域，一方面是改善内部管理，减小“X-非效率”；另一方面是通过放权让利、建立激励手段、引入外部竞争[①]等诸多方法，提高工业的整体效率。在这个过程中，可能会产生失业等问题，因此，改革在本质上并非民生导向的。例如，在 1983 年初，中共中央书记处领导人提出“包字进城，一包就灵”（在城市的国营工商业中也实行类似于农村“包产到户”的承包制）的口号，要求在城市工商业中全面推行企业承包制。在短短两三个月的时间内，全国国有企业普遍实行了承包制，但是它很快就导致了经济秩序的混乱和物价的上涨，民生状况并没有获得显著改善。

（五）改革与开放的同步与错位

中国的改革与开放几乎同步。1978 年，为了加快引进外资，进行更快速度建设，从 7 月 6 日起，国务院召开务虚会，国务院有关部门的 60 多位负责人参会。会议要求“思想再解放一点，胆子再大一点，办法再多一点，步子再快一点”。会议还提出了对外开放的思想，强调要放手利用中国资源，利用外国资金，大量引进国外的先进技术设备。1979 年 1 月 17 日，邓小平在约见胡厥文、荣毅仁等五位老工商界代表人士时说道：“现在搞建设，门路要多一点，可以利用外国的资金和技术，华侨、华裔也可以回来办工厂。吸收外资可以采取补偿贸易的方法，也可以搞合营。先选资金周转快的行业做起。”1979 年，全国人大制定了《中外合资经营企业法》，开始扩大开放的步伐。

从政策层面看，受当时认知层面的影响，允许准入的行业主要在制造业部门，服务业的开放程度并不高，但旅游、房地产和餐饮服务业部门对外资的限制相对较松。1987 年底，原国家计委颁发了《指导吸收外商投资方向暂行规定》，把外商投资项目分为鼓励、允许、限制和禁止四类，其重点也放在制造业。

但是，从实际发展效果看，1979~1990 年利用外资的总量中，超过 1/3 属于

① 斯蒂格利茨将中国转轨的相对成功总结为两条重要经验：其一，中国对创造新的工作机会和建立新企业的重视；其二，重视竞争的作用胜于关注产权改革，并通过社区企业和乡镇企业这一纽带将生产与地域联系在一起。

服务业领域。其原因是，在20世纪80年代，国门初开，对宾馆建设、旅游服务等需求大增，外资在这些行业的进入较密集，从而出现了服务业利用外资的第一次高潮。根据统计数据，在1979~1990年，投资于房地产业与社会服务业的FDI占到第三产业FDI总额的60.3%。①

1988年制定的《中外合作经营企业法》和1990年制定的《外资企业法》，以及对《中外合资经营企业法》进行的修改，使我国利用外资的法律架构基本完备。在20世纪90年代初期与中期，外资大量进入到房地产业，其利用外资比例很高，最高的年份达到了50%。在整个20世纪90年代，房地产业与社会服务业占了第三产业FDI的67%。在服务业开放过程中，对于哪些行业应该开放是有争议的。1992年7月，国务院下发《关于商业零售领域利用外资问题的批复》，同意来自国外的零售企业试办中外合资或合作经营的商业零售企业，经营百货零售和进出口商品业务。1999年6月，国务院批准发布了《外商投资商业企业试点办法》，将零售业中外合资合作试点城市范围扩大到所有省会城市、自治区和计划单列市，同时允许外资零售企业进一步介入批发领域。这个政策使外资零售企业大量进入中国，在21世纪初期曾引起了学者们的争论。

从前文的描述可以看出，在1979~1990年，服务业开放与改革基本是同步的。服务业改革的重点是在以生活为主导的服务领域，而外资也大量进入社会服务业与旅游业，二者相得益彰，相互促进，为我国服务业深化改革提供了基础。

自1990年开始到中国加入WTO，我国对服务业的开放领域缺乏深入研究，在服务业开放领域方面举步不前，服务业开放滞后于改革，服务业利用外资的质量也不高，这说明服务业开放与改革开始错位。在税收、外汇及进出口方面外资均享有优惠政策，在吸引了投资的同时也必然会使一些内资企业在与相关外资企业的竞争中居于劣势。加入WTO之后，我国服务业遵循WTO的规定，大幅度进行开放，但是，我国服务业改革有所停滞，甚至出现了很多服务领域允许外资进入，但是民营资本进入反而受到阻碍的情况，这一阶段在整体上属于服务业改革滞后于服务业开放的阶段。

如果不考虑服务业开放与改革的交互作用，许多文献都对服务贸易自由化对经济的影响做过研究。Giuseppe Nicoletti（2001）提到各国的实证研究显示，

---

① 1979~1990年，外商投资部门占外资总额的比重为：工业部门58%，房地产公用服务业22%，农业部门2.85%，交通运输部门1.18%，建筑部门1.8%，商业部门4.15%，科技部门0.12%。

OECD 国家服务业的规制改革对明显提高其成员国的经济业绩、改善成员国居民生活水平起到了一定的作用，并认为美国对卡车运输放松管制和服务贸易自由化带来了竞争压力，正是这种压力导致了生产率的增长，并提高了先前受管制的公司的配置效率。Hoekman 等（1997）认为，限制服务部门竞争的政策代价是非常昂贵的。徐建国（2011）指出，中国服务业发展滞后与这两次大中断密切相关，而这两次中断的原因可能是，本币贬值促进本国净出口增加和贸易部门增长，这样就抑制了本国非贸易部门（服务部门）的发展。从这些研究结果看，大多数结果都倾向于认为贸易自由化对服务业发展有促进作用。这一点与我们研究的结论是有区别的，我们认为，服务业开放与改革相互作用，对服务业的发展作用机制是复杂的。

（六）理论依据有待于进一步深化

令人不解的是，虽然服务业发展迅速，到 2013 年时超过工业而成为国民经济第一大产业部门，到 2017 年时，服务业占 GDP 的比重已达到 51.6%。但是，对服务业改革的理论研究等方面仍存在着诸多不足。李勇坚、夏杰长（2009）曾指出，导致这种状况的原因是，与整体经济体制改革相比，第三产业体制改革有以下几个方面的特征：第一，第三产业体制改革所引起的关注极少，几乎缺乏专门的研究结果，当然，除了金融等重要行业以外；第二，第三产业体制改革的目标更为多元化；第三，第三产业内部各个行业之间的巨大差异使其改革路径之间的差异非常大。

从理论演化史来研究，可以大致厘清中国服务业改革的基本线索，在 1978 年到 20 世纪 80 年代中期，服务业（其时称为第三产业）的概念都没有完全建立起来。因此，为了提出服务业改革的理论，首先，必须要对服务业的概念进行厘清。在当时的背景下，系统研究服务经济的理论需要解决的首要问题就是关于“生产劳动与非生产劳动”的争议，因为在经典的马克思主义著作里，将服务劳动作为非生产劳动对待。只有解决这个问题，服务业改革才能进一步深入。在当时，学界主要有三种观点，即宽派、窄派、中派。其次，要解决如何将实践理性的结论上升到理论高度。从指导思想上看，中国的改革是从理性建构与先知设计向实践理性转型的过程，在这个过程中，如何对实践理性发展出来的经验事实进行归纳总结，上升为理论模式，这也是一个挑战。最后，中国服务业改革过程中，其理论基础与依据是什么，也需要进一步研究深化。

三、服务业改革“中国模式”的独特性

服务业改革“中国模式”的独特性表现在两个方面：一是服务业改革与中国自身的工业改革、农业改革有区别；二是服务业改革与国际上其他国家改革有区别。整体上看，中国服务业改革在很多时候被当作解决现实问题的工具，改革自身缺乏一个明确的激励机制与目标，这是中国服务业改革的一个重要特色。

从中国服务业改革与农业改革、工业改革的对比来看，在改革之初，无论是基本哲学、改革动力、改革措施等诸多方面，都有着本质的区别（见表 4–1）。

表 4–1　1978~1984 年服务业改革的特色

	工业领域改革	服务业领域改革	农业领域改革
基本哲学	崛起梦想，效率优先	实用主义，解决现实问题	现实主义
改革动力	提升效率，实现赶超	解决就业，避免社会问题	生存压力
改革措施	分权让利，承包经营	积极发展边际增量（个体、私营）	家庭承包责任制，提高农产品收购价格
改革成效	初见成效，难以推进	成效明显	成效明显
主要争论点	改革的具体方案	所有制问题、是否存在剥削问题等	改革措施的效果存在争议

资料来源：笔者整理。

工业领域改革自 1978 年就开始着手进行了。其重点是提升国有工业企业的内部管理效率。正如吴敬琏（2010）所指出的，国有企业改革的基本目标是在不改变国有企业基本制度的条件下“搞好搞活”企业，而“搞好搞活”的具体标准通常都是减少账面亏损或增加账面利润。所实行的改革措施种类繁多，但主线是调整“政府和企业内部人——管理人员和职工”之间权、责、利的分配，向企业内部人“放权让利”。按照经济学家后来研究的结果，“中国计划经济体制下生产停滞和低效有三个深层次原因：非经济的政策目标、制度的薄弱和激励刺激的缺乏”。[①]

① ［美］勃兰特、［美］罗斯基：《伟大的中国经济转型——上海》，格致出版社、上海人民出版社 2009 年版。

也就是说，改革需要解决这三大问题。因此，工业改革的重点是国有工业企业，其预设前提是，国有企业在所有制方面具有优越性，但是，在管理方面，权力过分集中于政府特别是中央政府、地方政府以及企业内部管理层和员工，缺乏积极性，导致企业缺乏足够的技术改造等方面的动力，因此，能够通过“放权让利”，尤其是分配制度的完善提升效率，使国有企业成为市场竞争的主体（张维迎，2014）。[①]在当时，“放权让利”有三种主要形式，即“企业下放”“扩大企业自主权”和“企业承包”。工业企业在1978年陆续开始扩权试点，通过增加自由购销的权利和利润分成模式，提升企业内部的积极性。[②]到1983年时，在农业联产承包责任制成功经验的刺激下，全面推行承包经营。在当时，这些措施起到了一定的作用。但是，很快就出现了改革边际效应递减的情形，导致了经济秩序混乱、财政赤字剧增和通货膨胀等弊病。因此，到1981年后，“放权让利”的改革演变为建立经济责任制。

自1983年开始，中央决定开始实行进一步的利改税。1984年5月10日，国务院下发了《关于进一步扩大国营工业企业自主权的暂行规定》。1985年5月，中央办公厅和国务院办公厅联合发出《关于认真搞好国营工业企业领导体制改革试点工作的通知》，确定在北京、天津、上海等六个城市的部分企业进行试点。1983~1984年只是推行利改税的第一步，企业税后利润仍以各种形式在国家与企业间进行分配，企业间苦乐不均和吃“大锅饭”的问题依然存在。为此，1984年9月，国务院决定从第四季度起推行“以税代利”第二步改革，即把国有企业利润的100%全部纳入“利税合一，按章纳税”的轨道，彻底消除企业之间吃“大锅饭”的现象。在采取利改税的同时，为了减轻财政对国有企业固定资产投资的支出压力，也为了提高对国有企业的约束力度，采用了“拨改贷”，即对国有企业固定资产投资，由原来的财政注资拨款改为银行贷款。第二步利改税没有

① 厉以宁、林毅夫、周其仁等：《读懂中国改革——新一轮改革的战略和路线图》，中信出版社2014年版。

② 1978年10月，四川省首先选择了重庆钢铁厂等六家企业进行了“扩大企业自主权”的试点。首先赋予企业管理层的权力包括：一是在增产节约的基础上，企业可以提取一定数额的利润留成，向职工个人发放奖金；二是在完成国家计划的前提下，增产市场需要的产品，承接来料加工；三是销售多余的物资，销售商业部门不收购的产品和试销新产品；四是提拔中层管理干部。1979年7月，国务院颁发《国务院关于扩大国营工业企业经营管理自主权的若干规定》《关于国营企业实行利润留成的规定》和五个相关文件，向全国企业推广扩大企业自主权和实行利润留成的改革措施。到1980年，这些措施已经扩及占全国预算内工业产值60%、利润70%的6600家国有大中型企业。

达到预期目的，由于部分地挫伤了企业和职工的生产积极性，使工业企业利润出现了 20 个月连续下滑的局面。

农村改革一开始也沿着“放权让利”的路子往下走。1978 年党的十一届三中全会原则上通过了《中共中央关于加快农业发展若干问题的决定（草案)》，将农业作为国民经济的基础加以重视。1979 年 9 月 28 日，中共十一届四中全会正式通过了该决定。该决定沿袭了“放权让利”的改革思路，明确指出，各级行政机关的意见，“除有法律规定者外，不得用行政命令的方法强制社、队执行，应该允许他们在国家统一计划的指导下因时因地制宜，保障他们在这方面的自主权，发挥他们的主动性”。该决定成为之后波澜壮阔的中国农村改革的一个重要政策依据。尽管在当时，联产承包责任制的作用得到了广泛的认同，但是在事后的研究者视野中，对此还存在争议。①

而在服务业领域，对国有企业也出台了相应的改革措施。商业企业于 1978 年底 1979 年初陆续开始扩权试点。但是，这种扩权试点式改革的影响很小。正如我们在前文所指出的，在服务业领域的改革，一开始就承担了“解决就业问题”的现实任务，因此，能够破除意识形态障碍与改革方向问题的争议，使大量的服务经济得以以个体经济的方式生长出来，生长出来的这一新生力量，在刚开始时对服务业占主导地位的国有成分、集体成分起着重要的补充作用，而其顽强的生命力与较好的经济效益，又为进一步改革起着示范作用。到后期，边际力量与现有的经济主体之间形成了竞争关系，这对原有的国有经济成分的改革形成了一定的压力。而建立市场经济体制、鼓励各种经济成分之间自由竞争、推进国有经济在所有制方面进行改革等，都在这种压力下开始催生，这就形成了中国服务

① 关于家庭联产承包责任制的争论无非有两种观点：一种观点认为家庭联产承包责任制做对了，因为无论从单个农村还是从全面推广的情况看都成效显著。另一种观点正好相反，认为以家庭为单位进行独门独户的生产不符合社会主义的特性，而且“农业的根本出路在于机械化”，机械化需要有规模经济才能得以推广，家庭生产不具有规模经济，是改革的倒退。其主张者认为 1978~1984 年的农业快速增长是其他改革措施（如化肥、科研、机械化使用的增加，以及提价和恢复市场）的效果，其将家庭联产承包责任制的弊端掩盖了。尤其在 1984 年后，生产出现滑坡，说明被掩盖的问题最终暴露了出来。以上就是中国和许多发展中国家宏观上扭曲价格信号、行政上计划配置资源、微观上剥夺企业自主权的“三位一体”体系形成的根本原因。参见林毅夫：《中国经济专题（第二版)》，北京大学出版社 2012 年版。

业改革的独特道路。①

正因为服务业改革是沿着实践理性的道路前进的，在进一步的改革过程中，也形成了与工业不同的特色（见表 4-2）。1984 年之后，工业企业开始在价格等方面进行突破，但是，国有企业的承包经营、租赁经营等思维仍占据了主导地位。② 真正实行价格改革是在 1988 年，但是，这种脱离现实的价格闯关式改革，不可避免地带来了价格秩序的混乱。

表 4-2　1984~1992 年服务业改革的特色

类别	工业领域改革	服务业领域改革
基本哲学	效率优先，强化竞争	增长优先，政企分开
改革动力	提高竞争力	实现产业化增长
改革措施	市场化，引入竞争，转换经营机制，放权让利	价格改革，主体分立
改革成效	成效不大	有一定成效

资料来源：笔者整理。

自 1984 年之后，服务业改革面临的一个重要内容就是如何实现服务业的快速发展。在 1985 年建立服务业统计制度之后，服务部门作为国民经济的一个重要部门得到了重视。1984 年，服务业占 GDP 的比重首次超过了农业。这些事实使服务业作为一个产业部门的增长得到了空前的重视，在 1983 年制订的“七五计划”中，服务业成为增长最快的部门，中央提出，“七五”时期，服务业增长要达到 11%以上，这远远高于当时给工业与农业确定的增长目标。为什么中央会对服务业的增长寄予如此厚望？这背后蕴含着服务业改革的动力与措施。但是，

① 有研究者指出，中国的改革不是表现为首先打破旧的体制，而是先在旧体制的“旁边”或“缝隙”中发展起新的体制成分。随着这种新体制成分的发展及其在整个经济中所占比重的扩大，逐步深化对旧体制的改造。这种改革采取先易后难、先表后里的方式，在旧有制度的框架内审慎推进改革，具有在时间、速度和次序选择上的渐进特征。正因如此，新旧体制在一段时期内的并存是渐进改革的重要特征。而对旧体制的容忍，一方面是在改革初期适当维持既得利益以减少改革所面临的社会阻力的需要；另一方面新体制的成长不会在一夜之间完成，因此也是实现体制平稳转轨的需要。参见刘树成、吴太昌：《中国经济体制改革 30 年研究》，经济管理出版社 2008 年版。我们认为，从服务业改革来看，这种观点有其道理，但是工业改革与农业改革的确一开始就从旧体制入手了，即对国有企业的管理体制进行了改革，只是并没有对国有经济的所有制问题进行变革。只有在服务业领域，这种边际改革才发挥了更大的力量。非常有意思的一点是，很多经济学家都是在论述了一大段关于工业企业改革的观点之后，总结出这种边际改革的观点，这个问题仍值得深入探讨。

② 吴敬琏作为亲历者，在《当代中国经济改革：战略与实施》一书中详细记叙了 1986 年前后的改革方案出台过程，以及中央对改革方案的摇摆。参见吴敬琏：《当代中国经济改革：战略与实施》，上海远东出版社 1999 年版。

很多研究经济改革的学者对这一事实基本漠视。我们的研究发现，在这一阶段，为了达到服务业增长目标，中央的主要改革措施是市场化，即对原来国家包办的一些服务产业进行政企分开，确立市场主体地位，以促进其发展。这些领域包括金融、电信、房地产、文化、科技等至关重要的服务部门。也就是说，在 1985 年之后，市场化成为服务业改革的一个重要方向，而市场化的前提是政企分开、确立主体。这种改革的思路，与工业围绕国有企业的经营机制转换做文章显然也有着不同。

到 20 世纪 90 年代，中国服务业改革是为适应当时的财政压力进行的。这与工业改革既有相同之处，也有不同之处。对于工业企业而言，在 20 世纪 90 年代的亏损补贴也是导致政府财政紧张的一个重要根源。建立现代企业制度作为工业改革的重要手段，其重要目标之一也是为了疏解日益沉重的财政压力。但是，从缓解财政压力的力度看，服务业改革无疑具有更大的潜力。这种改革基本是沿两条主线进行的：第一条是供给方面的市场化，如住房市场化；第二条是放开价格管制，以涨价来减少政府对医疗等方面的补贴。这种改革方式导致了第三产业价格的大幅度上涨。价格改革与市场化改革的本质，都是为了缓解财政压力，这体现了服务业改革“中国模式”中非常重要的一个特征，即鲜明的实用主义特色。

进入 21 世纪之后，随着我国加入 WTO，服务业竞争力弱等问题逐渐凸显出来，而竞争力弱的问题与服务业管理体制等诸多因素直接相关，因此，通过服务业改革提升服务业竞争力，是 21 世纪前十年服务业改革的重点和方向。在这个时期，通过市场化改革、引入竞争机制等，使一些关键重点服务业的竞争力获得了快速提升。

中共十八大确立了到 2020 年全面实现小康的目标，而我国在教育、医疗、健康、文化、旅游等诸多方面的发展不够，对民生发展的支持力度有限，因此，如何通过服务业体制改革，提升服务业对民生的支撑，也成为这一阶段服务业改革的重要方向。

从前面的分析可以看出，在中国的改革进程中，服务业改革一直是一个很好的工具，用以解决国家当时所面临的一些重大问题。这种将改革作为工具的模式，在前期取得了较好的效果，但是，随着改革的深入，在触及改革的本质问题时，会使改革受到很大的阻碍，这是需要注意的。

四、对服务业改革“中国模式”的评析

（一）服务业改革“中国模式”成就非凡

1. 改革释放了服务业发展动力，服务业形成了持续快速增长的态势

根据《2017年国民经济和社会发展统计公报》，全年国内生产总值827122亿元，比上年增长6.9%。其中，第一产业增加值65468亿元，增长3.9%；第二产业增加值334623亿元，增长6.1%；第三产业增加值427032亿元，增长8.0%。第三产业增加值比重为51.6%，与上年持平。第三产业对经济增长的贡献率比第二产业高22.5个百分点，比上年提高1.3个百分点。按全年平均汇率计算，服务业增加值超过55000亿美元，居全球第二。跟1978年相比，我国服务业占比上升了差不多30个百分点，年均增加0.75个百分点，也是三次产业中唯一一个产值占比持续保持增长的行业。按照可比价格计算，我国服务业增加值在过去的38年里增长了近40倍，年均增长10%以上。

2. 服务业成为吸纳就业的主力军和社会稳定器

从就业看，2016年，我国服务业就业人员占全部从业人员比重上升到44%左右，我国第一大就业部门的地位更加巩固。而从全球看，2014年，全球服务业就业占比达到51%。而发达国家为71%，中等收入国家为44%，中高收入国家为50%。从近几年的就业吸纳能力看，自2013年开始，服务业吸纳的就业人数都超过了1000万人，不但吸纳了每年的新增就业人员，而且还吸纳了农业与工业的转移人员，成为解决就业问题的绝对主力，也成为不可或缺的社会稳定器。

3. 服务业市场化水平不断提升，吸引外资的能力不断增强

经过40年的改革，我国服务业市场化水平持续提升，绝大部分服务领域都实现了市场化定价。在市场主体中，民营经济、个体经济也占据了服务业市场主体的绝大多数。在市场准入方面，随着银行等金融部门的全面开放，使服务业的市场准入门槛有所降低，这也提升了服务业的市场化程度。从外资利用的规模看，2014年我国实际利用外商直接投资规模已经超越美国，成为世界上最大的外商直接投资（FDI）流入国。同时，我们不仅要看到FDI总量上的急剧增长，

更要看到其结构上的喜人变化。2011 年，我国服务业利用外资首次超过第二产业。2014 年，制造业实际使用外资金额 2452.5 亿元人民币（399.4 亿美元），同比下降 12.3%，在全国总量中的比重为 33.4%；服务业实际使用外资金额 4068.1 亿元人民币（662.4 亿美元），同比增长 12.5%，在总量中的比重为 53.9%。全国设立非金融外商投资企业 23778 家，比上年增长 4.4%，其中，设立非金融服务业外商投资企业达 13925 家，增速为 11.12%，占全部设立非金融外商投资企业的比重达 58.56%。2016 年中国实际使用外资（FDI）8132.2 亿元人民币，同比增长 4.1%（未含银行、证券、保险领域数据），服务业利用外资占比超过 60%。这意味着我国吸引外资的格局以制造业为主向以服务业为主转变，可以说，利用外资进入名副其实的"服务经济时代"。

（二）不断完善服务业改革的"中国模式"

但是，服务业改革"中国模式"的独特之处在于，在改革过程中，不但缺乏目标模式与清晰的理念，而且改革本身被当作一种解决问题的工具。这样，中国服务业改革既取得了举世瞩目的成就，也遗留了诸多问题，需要不断完善。

1. 服务业改革过程中，相关政策措施并不配套，使改革难以进入"深水区"

在 1978 年开始改革之后，对服务业改革主要是以边际增量推动存量的方式进行，而增量的生长，其主要动因是解决当时的就业问题。在这个背景下成长起来的服务业，天然缺乏正规化基因，无法形成向上突破的力量，这导致了我国服务业竞争力长期较为低下。从政府政策的视角看，由于服务业改革"种瓜得豆"的模式，使监管体系无法适时构建。托尼·赛奇（2004）指出，"改革开始前的 1978 年，政府几乎控制了服务部门的所有产出。当时，没有独立的财政和银行部门，它们仅仅充当政府的出纳员。向更少的行政干预转变，减少对服务的直接供给和管理会使治理变得更复杂，而远不是更容易。中国政府已经给其陈旧的垄断功能增加了新的规制角色，它的功能比过去更为广泛复杂"。因此，在服务业从边际上成长起来之后，除了在所有制认可等方面给予一定的政策之外，对服务业这种新的生产力的管制，就成为政府的一个重大课题，但是，在如何管制、治理等诸多方面，政府并没有及时制定出相应的措施，使服务业发展体制一直没有很好地建立起来。

2. 由于把服务业改革作为一种工具，而缺乏服务业发展的长期战略，导致服务业发展过程中出现了诸多偏差

我国缺乏建立服务业体系的概念，对种类繁多的服务业在国民经济中的作用缺乏清醒的认知，导致某些关键性服务领域发展不足，给国民经济持续发展以及国家经济安全带来了诸多隐患。例如，一些关键性服务业发展不充分，会导致国家经济信息以“合法”的方式泄露。例如，在审计、资信评级等与金融相关的核心服务方面，普华永道中天、德勤华永、安永华明、毕马威等基本垄断了我国高端核心审计服务。美国信用评级机构已控制我国2/3信用评级市场。这使我国在国际竞争中处于被动地位，不利于我国企业从产业链低端向高端进化，并对我国各个关键产业的基本安全都带来不利影响。在国家发展战略方面，也缺乏服务业与其他产业联动、服务业改革与其他改革联动的思路。例如，我国生产性服务业与制造业联动不够，使跨国公司把高创新率、高附加值和高进入壁垒的核心部件的生产保留在发达国家内部，而将惯例化的、低附加值的、几乎没有进入壁垒的劳动密集型的非核心部件的加工、制造和组装环节转移到中国，一些与生产直接相关的战略性资源（尤其是软性战略性资源，如品牌、文化、科技、金融）无法在中国本土生长，中国制造仍不能通过生产性服务业的发展而快速提升。又如，由于科技服务业不发达，使其对生产的支撑作用也没有完全发挥出来。以科技创新能力为例，虽然近年来我国研发设计能力有较大幅度的提升，但是，到2015年，我国国家创新能力排名仍仅居于第18位，与我国经济实力、国际地位等并不相称。

3. 纯目的论使改革过程中对服务的性质缺乏认知，导致了诸多偏差

以20世纪90年代推进的以市场化与价格自由化为特征的服务业改革为例，在市场化进程中，缺乏对市场主体的培育过程，导致很多服务企业本质上成为政府部门的附庸。例如，在20世纪90年代市场化改革的口号下，出于缓解财政压力的考虑，很多党政机关积极兴办服务业实体进行“创收”。据当时的研究文献，20世纪90年代，党政机关直接或间接介入市场经营活动的规模不断扩大，大量党政机关下属事业单位兴办公司。据统计，当时发展迅速的各类市场中介组织多数也在政府职能部门属下。机关内的后勤部门对外经营，由于将房租等成本计入政府机关的支出之中，导致了与市场其他主体的不公平竞争。而且，在当时的政治环境下，各类经济实体还广泛接受社会上经济组织的“挂靠”，从中收取“管理费”。1993年，国家出台了一系列“脱钩”的规定，但未起到明显作用。1993

年上半年统计，党政机关所办公司占新办公司数的15%。1992~1996年，仅全国工会系统经营性企事业单位即由8952家增至63100家，年营业收入已达501亿元。这种党政机关所办的企业，其实质是培植寄生性经济。“创收”中还衍生出一种“浪费型”运行机制：权力部门以权生事，以事生钱，不惜耗费大量人力、物力、财力为本单位牟利，其社会成本与单位收益根本不成比例。允许机关和行政事业单位“创收”，是改革中对旧体制惯性的一种缓冲，这也是服务业改革过程中，过于强调缓解财政压力目标的一个副产品。还有一种情况就是，在市场化的口号下，很多公益部门商业化运营。在当时的背景下，公益部门的商业运行和行政单位“创收”一样，都不是社会化分工的自然进程，而是基于减轻改革阻力的政策安排，或为减轻财政负担，或为安置单位冗员。它们很少在市场竞争中独自承担风险。这类经营活动倾向于获取行业特权，包括特许经营、自行定价、转移风险、税费优惠等。它们的活跃并不刺激经济效率，反而加剧了体制摩擦。

4. 面对国际竞争时，对竞争力的培育与产业发展的认知出现偏差，难以破除服务业的行政垄断

如何培育竞争力，这显然是一个大问题。在国际竞争压力下，我国服务业改革的一个重要方向应该是利用我国庞大的市场基础，培育一批具有强大竞争力的市场主体。但是，在市场主体培育方面，政策的整合力度不够。例如，生产性服务业发展依赖于生产迂回程度的扩大，即生产流程的资本化，或如哈耶克所说的生产结构的资本化，因此，制造业对生产性服务业的需求比重取决于制造业的资本密集程度，资本密集程度越高的制造业对生产性服务业的需求比重越大。例如，我国的资本密集型制造业，尤其是高端设备制造业大多依赖进口。而且大量的政策优惠都支持技术含量高、资本密集度高的设备进口，加工贸易生产企业进口机器设备则是完全免税的，相应鼓励了设备的进口。这对我国生产性服务业发展形成了不利影响。又如，市场主体的培育应先开放国内竞争，提升主体的活力，而不是以行政垄断等方式人为地制造出一批大而不强的市场主体（夏杰长、刘诚，2017）。例如，我国仍有部分服务业垄断严重，如金融、铁路、民航等就是典型的行政垄断行业。这些行业找各种借口排斥相关竞争者公平进入，影响了服务供给和效率。在一些行业，虽然通过改革，行政垄断得以破除，但实际上其他竞争主体进入的隐性限制仍然存在。以检测检验为例，虽然国有检测检验机构已经脱钩，但是民营资本在市场上的占比仍然非常低。而且，政府部门还人为地

制造服务业的市场准入门槛，使这些行业的可进入性很差。以节能环保服务业为例，虽然对环保服务的相关市场准入已经放开，但是隐性的门槛还是存在的。融资租赁行业的市场准入行政许可也仍然客观存在。

5. 部分公共服务、准公共服务及民生服务市场化改革及其配套措施改革方面不协调，这些领域改革很难深入推进

纯目的论的服务业改革模式对于解决当时面临的一些紧急问题具有重大的价值。而且也应该看到，我国服务业改革为 1978 年以后的就业问题解决、20 世纪 90 年代以后的财政压力缓解等方面做出了巨大的贡献。但是，过于强调服务业改革作为一种解决问题的手段，不注重改革措施的配套性，很容易使服务业改革陷入长期困境之中。以我国房地产改革为例，在 20 世纪 90 年代开始的房地产改革，其最初出发点是为了减少国家对城市居民住宅的补贴。由于房地产市场的极度自由化与政府对土地的绝对垄断，使政府将土地作为财政收入的主要来源渠道，产生当前中国积重难返的土地财政问题。这个问题产生的本质不是房地产业的市场化，而是由于政府对土地绝对垄断之后土地供给不足，人为制造短缺而产生的。而医疗体制改革在 20 世纪 90 年代进行市场化改革试点之后，政府并没有承担起建立医疗保障体制的责任，在改革失败之后，将罪过推到市场化的头上，使医疗体制改革完全推倒市场化的机制重来，而这种回到“政府主办”的思路虽然是一种倒退，但是由于市场化改革已成禁区，只能在错误的道路上越走越远。

参考文献

[1] Daron Acemoglu and James A. Robinson, *Why Nations Fail: The Origins of Power, Prosperity and Poverty*, Crown Business, 2013.

[2] Ryan Rutkowsi, *Service Sector Reform in China*, Peterson Institute for Internation Economics, 2015.

[3] [美] 斯蒂格利茨:《中国第二步改革战略》,《人民日报》(海外版), 1998 年 11 月 13 日。

[4] [美] 斯蒂格利茨:《中国第三代改革的构想》,《经济导刊》1999 年第 5 期。

[5] [美] 詹森:《服务经济学》, 中国人民大学出版社 2015 年版。

[6] [美] 托马斯·罗斯基:《中国及其经济改革的理念》,《国外理论动态》2013 年第 6 期。

[7] [美] 勃兰特、[美] 罗斯基:《伟大的中国经济转型——上海》, 格致出版社、上海人民出版社 2009 年版。

［8］［英］肖恩·布雷斯林：《“中国模式”与全球危机：从弗里德里希·李斯特到中国治理模式》，冯瑾译，《当代世界与社会主义》2012 年第 1 期。

［9］［美］道格拉斯·诺斯：《新制度经济学及其发展》，载陈宽平主编：《转轨、规制与制度选择》，社会科学文献出版社 2004 年版。

［10］李铁映：《中国的改革——纪念改革开放 30 周年》，载彭森、陈立等：《中国经济体制改革重大事件（上）》，中国人民大学出版社 2008 年版。

［11］李伟：《“中国道路”向“中国模式”演进的十条理由》，《社会科学报》（理论探讨）2012 年 10 月 18 日第 003 版。

［12］李稻葵：《对未来 30 年的展望》，载吴敬琏、俞可平、［美］福格尔等：《中国未来 30 年》，中央编译出版社 2010 年版。

［13］吴敬琏：《当代中国经济改革教程》，上海出版社 2010 年版。

［14］黄亚生：《寻找真正的中国模式——基于中国、印度、巴西经济数据的比较分析》，《深圳大学学报》（人文社会科学版）2012 年第 1 期。

［15］何德旭、夏杰长：《服务经济学》，中国社会科学出版社 2010 年版。

［16］魏作磊：《中国服务业发展战略研究》，经济科学出版社 2009 年版。

［17］钟春平：《中国经济遭遇改革和发展的新阵痛》，《经济参考报》2015 年 11 月 3 日。

［18］厉以宁、林毅夫、周其仁等：《读懂中国改革——新一轮改革的战略和路线图》，中信出版社 2014 年版。

［19］刘树成、吴太昌：《中国经济体制改革 30 年研究》，经济管理出版社 2008 年版。

［20］吴敬琏：《当代中国经济改革：战略与实施》，上海远东出版社 1999年版。

［21］黄亚生：《中国模式到底有多独特》，中信出版社 2013 年版。

［22］李勇坚、夏杰长：《制度变革与服务业成长》，中国经济出版社 2009年版。

［23］李勇坚、夏杰长：《中国服务业改革的动力与进程》，《改革》2010年第 5 期。

［24］李勇坚：《中国第三产业改革体制改革的动力与路径（1978~2000）》，《当代中国史研究》2015 年第 6 期。

［25］王辉耀：《中国模式的特点、挑战及展望》，《中国市场》2010 年第 16 期。

［26］夏杰长、刘诚：《行政审批改革、交易费用和中国经济增长》，《管理世界》2016 年第 4 期。

（李勇坚、夏杰长：中国社会科学院财经战略研究院；
胡东兰：合肥工业大学经济学院）

第五章　服务业发展的国际经验

摘　要： 服务业与制造业有着显著的区别，在发展服务业方面并不是完全自由地进行市场化运营，积极重视政府产业政策的引导，在充分利用市场与政府两个机制的基础上，坚持政策导向对服务业市场供求双侧的激励。本章从服务业发展重点行业规划引导、服务业发展支持政策等方面，对国外服务业发展政策进行了比较研究，重点探讨促进服务业发展的一般性政策、财政税收政策、发展环境优化政策、区域协调政策、人才支持政策、服务业开放政策等方面。并就国外政策对我国的启示进行了深入分析，提炼了对我国服务业发展和开放可借鉴的国际经验。

一、引　言

服务业与制造业有着显著的区别，在发展服务业方面并不是完全自由地进行市场化运营，积极重视政府产业政策的引导，在充分利用市场与政府两个机制的基础上，坚持政策导向对服务业市场供求双侧的激励。国外的服务业政策主要包括以下几个层次：第一，根据国家经济发展状况，选择服务业发展重点领域。该重点领域根据产业演进的规律，以及国内外经济发展形势变化进行动态调整。第二，在税收等方面对服务业，尤其是研究与开发等各个方面进行重点支持。第三，在具体政策支持方面，积极通过相关的配套政策，营造有利于服务业发展和产业导向政策实施的政策体系环境，如利用鼓励服务业开放、优化发展环境等多种措施来推进服务业发展。第四，将服务业发展与区域发展结合起来，使服务业发展成为区域协调发展的重要推动力。

从整体上看，国外服务业促进政策在以下几个方面具有借鉴意义：第一，根据国家经济发展情况以及服务业发展规律，动态支持不同的服务行业发展。第二，为服务业提供税收优惠时，一般都会有各种组合政策，而且各个政策之间具有系统性，这样能够使税收政策发挥出最大的作用。同时，可以避免税收政策之间的冲突。第三，在服务需求政策方面，有诸多值得借鉴之处，例如，服务消费的税前扣除（如韩国的文化招待费制度）、服务券（以综合性政策促进服务消费）、服务政府采购。第四，在服务创新方面，提供了有益的借鉴，如创新券。第五，在研发服务业发展方面，尤其是在非营利性科研机构的发展方面，各国出台了很多有参考价值的政策，如日本允许非营利科研机构兼营营利性事业，并给予税收优惠；德国允许非营利性科研机构在与大企业签署技术合同时，有一定的盈利空间；美国允许非营利机构通过各种方式融资，并且对资金提供方给予税收优惠等。第六，在服务业对内、对外开放方面，出现了一些政策新动向，重点是以负面清单为主导的服务业全方位开放政策。

二、动态选择服务业发展的重点支持行业并进行规划引导

现代服务业是一个复杂的产业体系，其内部各个行业之间存在着巨大的差别。因此，产业扶持政策首先要解决扶持什么样的行业的问题。从国外发展经验看，许多国家都十分强调政府在产业经济发展中的引导作用，尤其是重视根据具体实际和发展需要对重点行业进行政策引导和扶持。从表 5–1 中可以看出，不同国家重点扶持的服务业呈现出明显的差异，这也就意味着各国对具体行业的政策侧重点有所不同。

表 5–1　主要国家重点扶持发展的现代服务业领域

国家	优先发展的现代服务业
日本	卫生健康与福利事业、幼儿成长支持、旅游业、内容产业、商务服务和流通业
德国	ICT 相关服务、知识密集型服务业、利用技术和创新服务要素的混合服务业
芬兰	B2B 电子商务业、知识密集型服务业、公共部门服务业
澳大利亚	旅游业和知识密集型服务业
丹麦	设计服务业和创意产业

续表

国家	优先发展的现代服务业
瑞典	设计服务业和创意产业
荷兰	创意服务业
挪威	设计服务业和旅游业
英国	创意服务业、高科技服务业、环保服务业
美国	金融服务业、研发、商务服务业、教育、医疗、电子商务、物流业、信息服务等
韩国	保健医疗、旅游、内容产业、教育、物流、软件、金融等

注：在各个产业发展的重点支持方面，各个国家也有着很大的区别。

资料来源：Dr. Jari Kuusisto，*Trends and Issues in the Evolving Service Innovation Policy*，Frontiers in Service Conference，2008. 韩国资料由笔者自行整理。

（一）韩国促进服务业发展的导向政策

中国与韩国同属东亚地区，二者在经济发展过程中有着很多的共同点，但也存在着不小的差异。

近十多年来，韩国以“扩大发展潜力、推动内需”为目标，积极实施各种服务业促进政策。2003 年，韩国政府提出实现服务业“高端附加值化”的方针；2004 年，撤销了阻碍服务业市场竞争力提高的 43 项政策限制；2005 年，确定了文化、观光、休闲等 26 个服务业部门的发展计划；2006 年 3 月，公布了“加强服务业竞争力推进计划”；2007 年 1 月，韩国财政部等 21 个相关政府部门在综合几年来已经出台服务业发展方案的基础上，制定了新的“增强服务业竞争力综合对策”；同时，为了促进融资租赁发展，韩国制定了《租赁业促进法案》。之后，韩国又进一步实施了 5 次服务业先进化方案，提出了“培育朝阳服务领域、创造就业机会”的具体方案。针对不同服务行业的特征，制定不同行业服务先进化方案，具体提出了培育文化创意/传媒/3D 产业（2010 年 4 月）、培育社会服务业（2010 年 5 月）、推动研发服务（2010 年 9 月）、推动海洋旅游休闲业（2011 年 5 月）等具体方案（见表 5-2）。

表 5-2　韩国服务业先进化方案

发布日期	政策方向	主要内容
2006 年 12 月	加强服务业竞争力（第一阶段）	改善服务业经营环境，从产业角度培育朝阳服务行业，需要提高引发服务业收支逆差领域的竞争力等共三大部门 159 项课题

续表

发布日期	政策方向	主要内容
2007年7月	加强服务业竞争力（第二阶段）	引导旅游休闲领域海外消费转向国内（6项课题）、支援提高服务业生产力政策（50项课题）、促进改善服务业经营环境等
2007年7月	加强服务业竞争力（第三阶段）	以文化创意产业为中心，考虑产业特点对症下药式支援方案、旅游部门改善方案等共44项课题
2008年4月	服务业先进化方案Ⅰ：改善服务业收支	对收不抵支的服务部门改善方案：旅游、医疗观光、知识型服务、留学进修
2008年9月	服务先进化方案Ⅱ：通过推进企业投资创造就业机会	限制合理化及制度先进化方案：聘用服务、法律服务、广播/通信/文化创意、IT、医疗保健/餐饮服务、专门执业证制度的先进化
2009年1月	服务先进化方案Ⅲ：创造就业岗位、扩大发展基础	打造服务业人力基础设施及推进研发方案
2009年5月	服务业先进化方案：缓解对服务业的差别待遇	促进竞争及改善对服务业差别待遇的方案：培训、文化创意、IT服务、设计、咨询、医疗服务、支援聘用、物流、广播通信
2009年9月	服务先进化方案：扩大内需基础	为了扩大内需基础，需要引导海外消费转向国内、建立适合外国人旅游的基础设施等
2010年4月	推进服务业海外市场进军方案：扩大服务业发展基础	通过整体进军海外市场的支援体系、扩大服务业专业人才进军海外市场的基础等措施，扩大服务业市场
2013年8月	服务业振兴规划	进一步放宽各种政策限制，推进保健医疗、旅游、内容产业、教育、物流、软件等产业快速发展

资料来源：李勇坚、夏斐：《中韩服务业发展比较》，《中国国情国力》2013年第1期；以及笔者根据网络资料整理。

（二）亚洲其他国家的服务业发展政策

日本政府2006年颁布了“新经济成长战略”，改变了以往单纯依靠制造业带动经济增长的方式，提出服务业与制造业双引擎共同带动日本经济实现可持续发展的新战略，并提出要重点发展商务服务业、动漫创意产业、卫生健康服务业、现代物流业等现代服务业。为了加快物流业发展，日本政府分别在1997年、2001年、2005年和2009年颁布了《综合物流施政大纲》。日本政府还和大企业联手建立电子物流信息市场，政府有关部门定期或不定期向企业提供重要的产业信息。[①]

① 金仁淑：《后危机时代日本产业政策再思考——基于日本“新增长战略”》，《现代日本经济》2011年第1期。

之后，日本还提出了旅游业相关的促进政策体系。日本政府颁布的《新成长战略——重建“活力日本”方案》提出，到2020年外国游客要增加至2500万人次，更远的将来要达到3000万人次，带来约10万亿日元的收入和56万个就业机会。

印度在2006年颁布的《中小企业“十一五”规划建议》（2007~2012）中继续强调要大力发展现代服务业，尤其是要积极通过广泛应用科技和信息技术、完善服务外包环境、人才培养、市场开拓等举措，来促进知识密集型服务业发展，进而实现印度服务业价值链攀升策略。在发展重点方面，印度将服务业发展重点放在了信息技术和信息技术服务（ITES）产业、旅游业、传媒业、零售业。自2002年开始，印度还开始对外资有条件开放房地产业。

（三）欧美国家促进服务业发展的导向政策

美国：为了抢占现代服务业的制高点，加快形成完备的、具有国际竞争力的服务业体系，美国政府积极通过制定一系列产业导向性政策，来促进本国服务业的快速发展。在信息服务业方面，美国1993年制定了“国家信息基础结构行动计划”，提出将“信息高速公路”建设作为对应的施政纲领；1996年，为了促进电子商务发展，美国财政部出台了《全球电子商务选择性的税收政策》。在金融领域，美国国会1994年提出了未来美国金融服务业的发展战略，并出台相关的法律法规；同时为了促进金融混业经营，实现银行全方位金融服务，1999年又通过了《金融服务现代化法案》。在旅游领域，美国2009年推出了《旅游促进法案》，2012年推出了《国家旅游和旅行战略》，以促进旅游业快速发展。《旅游促进法案》提出将建立一个专门负责海外市场促销的非营利机构，类似于一个国家（城市）观光局。《国家旅游和旅行战略》制定了长达十年、总额为2500亿美元的促销计划，每年促销费用占GDP的比例高达1.66‰。美国在保障促销资金的同时，积极削减访美签证障碍，向需要签证（占访美游客总数的40%）的国际游客提供便利，以有效拓展新客源。在规制政策上，2000年美国颁布了《有关竞争者之间进行合作的反托拉斯准则》，以鼓励市场竞争。

加拿大：2002年，加拿大政府为了推动本国教育培训服务业的发展，颁布《信息、指南和咨询服务业政策》。为了促进旅游业的发展，加拿大提出了《2009~2013年旅游业发展战略》。该战略提出必须转化和培育足够规模的高端旅游者，聚焦于高端旅游者的市场营销活动，引导产业提升国家旅游品牌战略，保持各个品牌与国家形象之间以及品牌之间的相关性和连贯性。积极推进以“持续探索加拿大”为主题的市场营销。重点扶持中小旅游企业，培育有前景的杰出旅游项目并加强旅游业利益相关者之间的合作。

英国：英国政府自 20 世纪 80 年代开始，就对金融业发展进行了重点支持。1986 年，启动了业内称为“大爆炸”的金融改革。金融危机之后，2010 年制订了《商业税收框架草案》，该草案旨在明确英国税收政策的可预见性和确定性，增强世界投资者在英国投资的积极性，帮助企业有信心地制定未来投资计划，稳定英国金融市场秩序。同年 6 月，英国政府成立了“英国创新投资基金”，并从这一基金中拨付相应的比例支持金融服务业、生命科学和高端制造业的发展。进入 21 世纪之后，英国政府高度重视知识密集型服务业的发展。2001 年，英国相关部门发布了《在变幻的世界中为全体国民创造机遇》的白皮书，提出了要顺应科技革命的潮流，大力加快发展知识密集型服务业，以此提高英国企业创新能力。[①]之后，英国重点在创意产业方面出台相应的支持政策，提出“创意伦敦”战略，文化创意产业成为伦敦的主要经济支柱。英国高度重视创意产业的出口，1998 年，英国成立创意产业出口推广咨询小组（Creative Industries Export Promoting Advisory Group）。[②]主要研究政府如何支持从事创意产业的企业开拓出口市场，并就其支持改善提出建议。创意产业出口推广咨询小组于 2002 年 2 月解散，出口市场的工作纲领目前由其辖下的四个小组接手处理，分别为创意出口小组（Creative Exports Group）、表演艺术国际发展小组（Performing Arts International Development Group）、设计伙伴计划（Designer Partners），以及文化遗产和旅游小组（Cultural Heritage and Tourism Group）。在创意产业的培训与教育方面，英国成立了创意产业高等教育论坛、电影委员会（Film Council）、设计与学校联系计划（Joined up Design for Schools）、创作伙伴计划（Creative Partnerships）等，英国还设立多项资助计划协助创意产业获取资金，包括创意卓越基金（Creative Advantage Fund）、小型公司贷款保证计划（Small Firms Loans Guarantee Scheme）、地区创业资本基金（Regional Venture Capital Funds）、社区发展财务机构（Community Development Financial Institutions）等。

欧洲：欧盟对传统优势服务业的现代化非常重视。例如，在航运方面，欧盟

① 康华：《英国服务业现状和发展趋势》，《全球科技经济瞭望》2001 年第 12 期。
② 张国：《伦敦文化创意产业发展对北京的启示》，京津冀区域协作论坛，2011 年。

于 2009 年提出了“2018 年欧盟海运政策战略目标和建议”，清晰地描绘出欧盟在海运领域保持领先地位的意愿与路径。欧盟强调，其不仅致力于保持运输、港口、造船、船舶买卖、租船、保险、经纪等航运相关要素的领先地位，而且通过制定有关船舶的技术规范、船舶安全要求，以及拥有海事管辖权、发达的仲裁制度等优势，设定较高的海运技术和制度门槛，以确保其竞争优势。[①] 对于新兴的一些服务业，也出台了相应的支持政策。例如，德国将展览业作为支柱产业加以扶持，不仅提供展览馆等基础设施，而且相继出台了一系列鼓励措施和优惠政策，如给予海外参展企业税收优惠和财政补贴。

三、国外发展服务业的政策措施：概论

毋庸置疑，促进服务业发展的政策性工具种类繁多。从传统的产业政策视角看，促进服务业发展的政策举措具有明显的趋同性，主要集中在财税政策、研发政策、管制政策等几个方面（见图 5-1）。同时，从政策的作用点来看，主要集中在供给、需求和市场三个层面，基本形成了供求双侧驱动的政策支持体系。

除了这些政策措施之外，还有两个不单纯适用于服务业的政策，对服务业发展也具有非常重要的意义。

（一）中小企业支持政策

各个国家都出台了支持中小企业的政策。考虑到服务业在发达国家中的占比已高达 70%以上，因此，中小企业中的绝大部分都属于服务业，中小企业支持政策对服务业发展具有重要的意义。

具体支持措施方面，包括对中小企业融资进行支持、对中小企业给予税收优惠。

在融资方面，美国的经验值得借鉴。美国政府于 1958 年成立了中小企业管理局（SBA），通过信用担保方式鼓励金融机构为中小企业提供资金支持。中小

① 武君婷：《2018 年欧盟海运战略目标——从〈欧盟 2018 年海上运输战略公报〉透视其海运战略选择》，《世界海运》2010 年第 3 期。

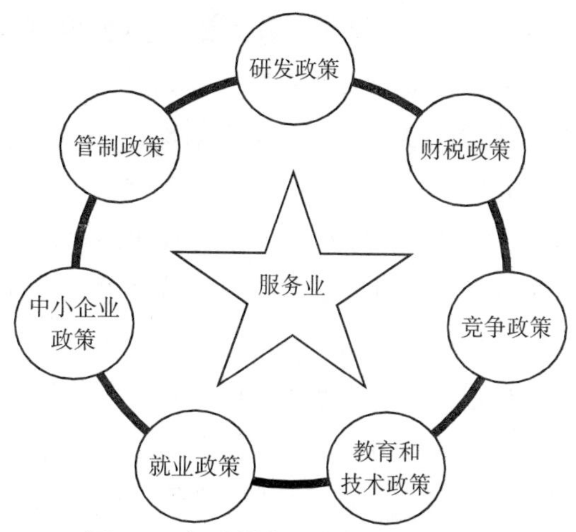

图 5-1　促进服务业发展的政策框架

资料来源：Dr. Jari Kuusisto，*Trends and Issues in the Evolving Service Innovation Policy*，Frontiers in Service Conference，2008.

企业管理局为企业提供贷款的方式有三种：一是担保贷款，对于企业 15.5 万美元以下的贷款，提供 90%的信用担保，对于 15.5 万~20 万美元的贷款，提供 85%的信用担保。SBA 担保贷款的平均偿还期限为 11 年，平均贷款金额约为 24 万美元。二是协调贷款。依据《中小企业投资法》的规定，中小企业可获得由金融机构、地方发展公司和 SBA 共同出资提供的贷款。三是直接贷款。贷款有限，最高额不超过 15 万美元，利率较市场利率稍低。[①]

在税收方面，各个国家都有相应的支持政策。[②] 例如，针对中小型服务业企业，美国政府在所得税纳税标准和方式上给予了较大力度的优惠，以发挥中小服务企业吸纳劳动就业的积极作用。又如，德国允许从事服务行业的中小企业加速折旧。如果企业的净资产不超过 204517 欧元，允许企业的固定动产进行加速折旧，折旧率为 20%。德国还对新设小企业予以减免税。

德国中小企业税收优惠政策的一个特色是通过税收鼓励中小企业扩大投资。德国建立了免税准备金制度，对不属于敏感工业部门（钢铁、汽车、造船、合成纤维、农业、渔业、交通和煤炭业）的新企业允许设立免税准备金。这一政策有效促进了服务业的发展。净资产为 204517 欧元或更少的企业允许为将来购置新

① 孔祥建：《中小企业融资的国际经验与借鉴》，《商场现代化》2007 年第 18 期。
② 蒋琳：《现代服务业税收的国际比较与借鉴研究》，科学出版社 2012 年版。

的资产设立高达 154000 欧元的免税准备金（新企业为 307000 欧元）。免税准备金不能超过资产总额的 40%。德国还推行免税投资补助政策，从 2005 年 1 月 24 日开始,《2005 年新投资补助法》给予在五个包括柏林在内的新的联邦州投资并符合条件的个人免税投资补助。该补助优惠限于首次投资新的折旧资产，包括新建筑物，在五个新的联邦州至少要保持五年，这些资产必须属于某些服务性企业，如市场营销、工程规划、研究和开发、数据处理等。免税投资补助为购置成本的 12.5%~27.5%。

作为金砖四国之一的巴西，对中小企业的支持更为广泛。巴西政府利用财税政策促进小型商贸服务企业的发展。政府对营业额在 12 万~72 万雷亚尔的小型企业，12 万雷亚尔以下的微型企业，免征所得税、社会保险金、金融等，企业只需根据年营业额缴纳一定比例的小型、微型企业统一税（6.5%~10%）。建立政府信贷保障基金，为中小企业购买资本货物提供优惠贷款。该基金由联邦政府出资 40 亿雷亚尔，由巴西国家开发银行和巴西银行负责贷款管理。

在金融支持方面，为了促进中小企业发展，美国硅谷成立了硅谷银行，硅谷银行的客户定位为受风险投资支持且没有上市的、还处于艰苦创业期、资金匮乏、信贷无方的硅谷高科技中小企业。通过硅谷银行，高科技企业能较容易地直接获得贷款支持，找到天使投资或风险投资，还可以在需要拓展海外市场、上市、并购时得到硅谷银行提供的资金和咨询服务。[①] 其中，投贷联动等都是硅谷银行值得学习的经验。近几年来，欧洲的荷兰、意大利、比利时、爱尔兰、斯洛文尼亚、瑞典、瑞士、希腊、奥地利等国相继出台了创新券政策，值得深入研究。在金融创新方面，许多国家推出了旨在为中小企业融资服务的“科技金融”业务。

（二）促进融合发展

新一轮科技革命和产业变革重塑制造业格局。新一代信息技术、3D 打印技术、柔性生产技术、智能化生产技术、“互联网+”与制造业的深度融合，正深刻地改变制造业的生产方式、组织形态、商业模式，产业链、价值链不断深度重组。生物技术、新能源技术、新材料技术、智能技术与信息技术在制造业中交叉融合，拓宽了制造业的广度、深度和内涵。在这种背景下，制造业与服务业之间

① 奚飞：《美国硅谷银行模式对我国中小科技企业的融资启示》，《商业经济》2010 年第 3 期。

的融合现象日益突出，制造业中所包含的服务内容也越来越多。另外，随着服务业分工深化与服务创新，一方面服务业领域不断拓宽，另一方面服务业与制造业之间的界限日趋模糊，两者实现融合发展日渐重要。针对这一现象，很多国家就产业融合提出了一系列的政策计划。这种融合最重要的表现是制造服务化 2.0，其核心是依托智能技术与互联网技术，实现智能制造，并以智能制造为基石，打造适应消费者或用户多变需求的产品系统。制造服务化 2.0 已成为国家战略。在国家产业战略上，德国提出了“工业 4.0”战略，美国提出了“工业互联网”战略，中国提出了“中国制造 2025”，以期在智能制造方面走得更远。从最新发展看，智能制造在企业层面已得到了大量应用，如博世的“慧连制造”解决方案（Intelligent Connected Manufacturing Solutions）、西门子数字工厂解决方案（Digital Factory Solution）、美国 GE 的工业互联网和炫工厂、日本三菱电机的 e-f@ctory 方案。①

在具体政策支持方面，2012 年 3 月，奥巴马首次提出建设“国家制造业创新网络”，建立最多 45 个研究中心，加强高等院校和制造企业之间的产学研有机结合。2013 年 1 月，美国总统执行办公室、国家科学技术委员会和高端制造业国家项目办公室联合发布了《国家制造业创新网络初步设计》，投资 10 亿美元组建美国制造业创新网络（NNMI），集中力量推动数字化制造、新能源以及新材料应用等先进制造业的创新发展，形成制造业与服务业创新融合发展的格局。这一创新网络的重点研究领域包括开发碳纤维复合材料等轻质材料，提高下一代汽车、飞机、火车和轮船等交通工具的燃料效率、性能以及抗腐蚀性；完善 3D 打印技术相关标准、材料和设备，实现利用数字化设计进行低成本小批量的产品生产；创造智能制造的框架和方法，允许生产运营者实时掌握来自全数字化工厂的“大数据流”，以提高生产效率，优化供应链，并提高能源、水和材料的使用效率等。通用电气于 2012 年提出了“工业互联网”的概念，随后组建了工业互联网联盟（IIC），将这一概念大力推广开来。工业互联网联盟采用开放成员制，致力于发展一个“通用蓝图”，使各个厂商设备之间可以实现数据共享。

从德国看，2008 年、2009 年德国提出《高科技战略 2020》，这个战略包括移动、能源、安全、通信、健康五个领域的十个项目，并在 2010 年首次公之于众。之后，根据该战略，2012 年 1 月建立了“工业 4.0”工作组，2013 年推出了“工

① 腾讯研究院：《互联网+：制造业篇》，http：//www.tisi.org/3989。

业 4.0”的建议。科学委员会建立了“工业 4.0”平台，由 Bitkom 德国“工业 4.0”平台科学顾问委员会、ZVEI 电气电子协会、VDMA 三弗朗霍夫研究院生产系统和设计技术研究所三个协会推动。

芬兰提出了“创新制造”（SISU2010 计划）的概念，提出发展“创新制造”的三大技术基础，即新的制造业生产方式和技术、应用于工业生产和物流的信息通信技术、未来生产系统，以及“创新制造”三大主题，即柔性生产解决方案、先进生产和制造技术、自组织生产等，最终达到自主化生产。

从前述分析可以看出，发达国家都将服务业与制造业的融合作为制造业转型升级的一个重要突破口，并在市场准入、民间组织自治、研发资助等方面予以政策支持，为服务业发展拓展了新的空间。

四、国外发展服务业的政策措施：财政税收政策

国外基本上是公共财政体制，财政资金作为公共资金，不能直接运用到具体的产业特别是竞争性产业中去。在引导服务业发展方面，较多的是运用差别化的税收政策和间接财政手段。

（一）针对服务业的税收优惠政策

在国外，针对不同时期国家重点支持的行业，各国出台了相应的税收支持政策。[①]

1. 信息技术产业

信息技术产业是美国重点支持的服务行业。在 20 世纪 90 年代，美国就通过制定并执行《21 世纪信息技术计划》，引导世界各国对通信技术的需求；1996 年，美国财政部出台了《全球电子商务选择性的税收政策》，提出对电子商务征税要力保中性化，避免产生税收扭曲；1998 年，美国通过互联网税收自由法案（In-

① 蒋琳：《现代服务业税收的国际比较与借鉴研究》，科学出版社 2012 年版；安体富、刘翔：《促进现代服务业发展的税收政策研究：国际比较与借鉴》，《学习与实践》2011 年第 2 期；吕欣彤：《现代服务业税收政策的国际比较与借鉴研究》，《经济研究导刊》2014 年第 5 期；等等。

ternet Tax Freedom Act)，暂缓对互联网接入和电子商务征税，将对电子商务征税延缓至2004年。美国的这些税收政策对信息技术服务业发展起到了较大的支撑作用。加拿大政府为促进信息技术等产业的发展，规定对创业初期的企业可按年2%税率征收企业所得税。

澳大利亚政府制定了各种政策措施支持信息和通信产业的发展，其政策重点在于制定信息和通信技术的发展战略，如《信息经济战略框架2004~2006》(*Strategic Fram ework for the Information Economy* 2004~2006）和《国家宽带战略》(*National Broadband Strategy*)，建立世界领先的信息和通信技术的研究和发展基地，提供安全的通信基础设施来支持其他行业及应用软件的发展，创造一个支持信息和通信技术创新活动的环境，以及鼓励中小型企业发展信息和通信技术。

英国在20世纪90年代末期制定促进信息服务业发展的税收政策。为使信息服务业获得更多发展所需的资金，政府规定对投资于信息服务业的企业减免公司所得税和增值税，同时也制定了相关的税收优惠政策鼓励民间资本流入信息服务业。

2. 物流行业

新加坡的航运是其重要的产业，为了确定其主导产业地位和打造国际航运中心，新加坡政府在税收优惠、财政贴息、专利权使用费等方面给予了许多支持。日本为了积极构筑具有国际竞争力的社会化高效物流体系，在《新综合物流施政大纲》中强调要通过改进商业惯例、加快物流服务企业信息分享、财政激励等举措，进一步降低整体物流成本。为了促进物流业发展，法国政府明确规定，允许物流中心采用“成本加计法”确定物流业的应纳税所得额，较大地减轻了物流企业的税负。2013年8月，韩国国土交通部进一步推出“物流产业先进化方案”，提出了相关的税收改进方案。

3. 金融业

各个国家都对金融行业税收给予了或多或少的优惠。以新加坡为例，新加坡为了将金融业作为支柱产业，提供了大量的税收优惠，具体包括提供辛迪加离岸贷款的亚洲货币机构（ACU）中的金融机构、提供辛迪加离岸贷款的被批准的证券公司、营运新加坡或外国船只的运输企业、批准的国际船运企业、批准的证券公司、批准的基金管理人、从事保险与再保险海外风险业务的保险公司、批准的金融与财务中心、批准的信托公司等可享受免税待遇；对亚洲货币机构、证券公司、证券市场、离岸黄金与期货市场等的相关收入可享受10%或5%的优惠税率；

新金融活动研究与开发费用可进行进一步的扣除；对保险公司来自离岸风险保险和再保险的业务（不包括人寿险），税率为 10%，因设备的贷款而支付给非居民的利息免税，对进入新加坡的金融机构的业务利润只征 10%的税收，对在新加坡进行的离岸金融业务收入免征所得税。

发达国家在金融业发展方面也给予一定的优惠。美国是全球风险投资最发达的国家，对风险投资收益的 60%免税。而英国为了保持金融中心的地位，自 20 世纪 80 年代开始，制订了一系列促进金融业发展的税收政策。

4. 新兴服务业税收优惠

随着信息技术的普及，大量新兴服务行业不断兴起。针对这些新兴服务业，很多国家给予了税收上的优惠。

以新加坡为例，新兴服务业是指新加坡尚未经营过，适合新加坡经济需要的和有助于经济发展的服务业，新加坡政府对这些服务业行业给予 5~10 年的优惠（可免除 5~10 年的公司所得税）。新兴服务业享受的优惠待遇规定，服务业可与制造业同等享受新兴产业的各种优惠待遇，凡是固定资产投资在 200 万新加坡元以上的仓储业、工程设计等服务企业，或者营业额在 100 万新加坡元以上的咨询服务、技术指导服务等企业，所得税可减半，并规定对服务贸易出口收益只征收 10%的所得税。

韩国自 20 世纪 90 年代之后，对部分服务业项目免征增值税，包括社会福利服务。具体包括医疗保健服务和总统令规定的教育服务，与文化相关的商品及劳务，自来水、客运服务等。

韩国为了促进文化、体育、娱乐业的发展，提供了一系列的税收优惠政策，包括引入文化接待费制度；延长临时投资免税制；在临时投资免税制度中扩大文化、环境及通信服务业范围；对文化产业公司、电子广播服务、开发特区内的研究所及尖端技术企业予以税收优惠，将体育设施建设费涵盖在学龄前儿童教育费中予以返还；加大对电影业的税收优惠，自 2005 年起，影视业、表演业等一些服务业实行 50%~100%的法人税减免政策。

从 2002 年起，韩国政府扩大服务业税收减免范围。对属于服务业的中小企业及创业中小企业税收减免税种由 6 个增加至 18 个，对中小企业特别税额扣除由 13 个增至 24 个，并对 49 个业种扩大支持力度；对进驻产业园的服务业业种采取与制造业统一的地方税减免优惠，财产税及综合土地税在 5 年内减免 50%；服务业必需用地税率从 0.2%~4%调整到 0.2%~1.6%。2007 年出台的《增强服务业竞争力综合对策》，加大了对服务业的税收和融资扶持，涉及税收方面的内容包括将服务业临时投资减税期延长一年并扩大适用范围，对观光饭店以外宾为服务对象的营业附加税实行零税率，降低服务业办公不动产的交易税。

（二）研究与开发方面的税收优惠政策

在研发政策上，国外的税收政策有两种不同的实施方案，即"所得税减免"和"应税收入抵扣"，前者是指政府从企业应缴所得税额中扣除部分或全部的特定 R&D 支出，而后者则允许企业从应税收入中扣除比实际 R&D 支出更多的金额。

例如，根据美国《经济复兴税收法》规定，企业在任何研究与开发方面超过 3 年平均水平的开支增加额可享受 25%的税收抵免，该项抵免可以向前结转 3 年，向后结转 15 年。加拿大政府通过税前支出扣除和税收抵免等措施针对研究与开发环节实行有效的税收优惠政策。为了鼓励增加 R&D 投资，2001 年 9 月，澳大利亚议会通过了《税法修正案 2001》（*The Taxation Laws Amendment Bill* 2001），提高研发支出的扣除标准，允许企业将研发支出按 125%从应税收入中扣除，对于小型企业可再享受 75%的额外研发税收扣除，对于企业额外的研发投资，可享受 175%的额外研发税收扣除，以鼓励企业提高现行的研发支出水平。除此之外，澳大利亚政府还为企业提供多种研发补贴和贷款，如 2004 年 10 月开始实施的商业准备（Commercial Ready）方案，提出要为企业研发提供有竞争力的资金援助。新加坡对于经批准的特许权使用费收入、技术服务费收入、向研究开发基金的拨款，给予免税或减税。

国外关于研发税收优惠的另一个特色是鼓励非营利性科研机构的发展。例如，美国对非营利性科研机构给予所得税豁免、筹集资金的相关税收优惠（任何非营利科研机构发行的债券，一次发行额不超过 15 亿美元，即可享受和地方政府债券同样的待遇，债券购买者可免缴利息税）、捐赠抵税（企业或事业单位以当年应纳税收入的不超过 10%的部分向任何公益性非营利科研机构捐款，捐款人或捐款单位均可免缴该部分款项的所得税。在有些州，捐赠还可以免缴遗产税）等相关税收优惠。

日本在利用税收优惠促进非营利科研机构发展的过程中，提出了一个特殊的政策，即规定科研机构为了筹集活动基金，可附带从事营利事业。所谓营利事业，是指《法人税法实施令》规定的商业销售、不动产、出版印刷、出租业、医疗保健、代理业等 33 种行业。这些机构的经营所实现的盈利，多数用于本机构所从事的公益事业。对于这些营利性事业，根据日本《法人税法》规定，政府只收27%的所得税，而一般企业的税率为 42%。另外，政府还免收非营利性机构营利事业之外的事业所得税以及清理财产所得税，免收银行存款利息所得税和分红所得税。

德国规定，凡依法登记注册为非营利性科研机构，包括以股份公司名义注册的非营利性科研机构和其他机构，均享受政府对非营利性科研机构的特殊税收政策——基本零税率。另外，德国规定，非营利性科研机构与政府签订科研合同时只计成本，没有利润，但与大企业签订的科研合同，允许其收费标准超出成本的5%~10%。

法国科研教育部建立了鼓励企业研发的税收优惠计划——“科研税收补偿机制”（CIR），该机制通过制订和实施优惠税收政策，将企业的研发服务和企业纳税环节有效结合，实行一种特殊的公共财政补偿机制。

（三）促进服务需求的财政税收政策

第一，通过政府采购促进新兴服务业发展。例如，为了促进节能环保产业的发展，瑞典政府部门和公共部门加大了采购和投资的力度，政府在市场上选购环境友善的商品和服务，选用新的环境技术，同时对环境开发项目和示范设备进行投资，促进了环境产业的发展。又如，印度强制政府机构购买 IT 产品，颁布政策鼓励公众购买，对新上岗的政府工作人员进行强制性 IT 培训，鼓励并实施电子商务，建议政府各部将 2%~3%的预算用于发展信息技术。这些措施在推动国家级信息中心和政府数据库建设的同时，也促进了印度国内软件市场的形成。

第二，通过各种手段促进服务消费。比较有特色的是法国的服务券政策。法国政府在全国范围内推行通用服务券，包括养老服务券、家政服务券等类型，该券通过财政支持有实力的公司发行预付定值消费税，实现使用者、服务供应商、服务券发行商的有机结合。为了鼓励企业、个人积极购买服务券，在每人 1830 欧元/年的限额内，企业可为员工购买养老服务券而免缴任何社会保障费；给予养老服务券总金额 25%的税收减免。减免额最高可达 50 万欧元。服务券政策一方面通过政府财政资金的投入和税收优惠政策，提高服务供应商参与家庭服务的积极性；另一方面通过引入市场机制，提高服务券领域的服务质量和服务供给，从而提高家庭服务业的规范化、市场化和标准化。

第三，通过税收抵免等办法促进特定服务行业发展。韩国政府还扩大了企业“文化招待费”的适用范围，即企业招待客户观看话剧、歌剧、展览会和体育比赛的费用满足一定条件的话可享受“追加费用”优惠，以振兴剧场文艺演出业。

（四）吸引服务业外商投资的优惠政策

各国也出台了一些政策，以利用税收优惠政策吸引外资投向服务业。例如，韩国政府对“能够对高附加值制造业等的发展提供巨大帮助”的 97 种服务业（几乎涵盖所有服务业领域）实行税收减免。具体规定是：前 7 年免交法人税、所得税和红利所得税（均为国税），后 3 年减半征收，所得税、财产税、综合土地税（均为地方税）减免期限至少 8 年（前 5 年全免，后 3 年减半）。地方政府可视情况在 8~15 年的范围内调整减免期限。

印度的“信息行动计划”规定，对软件采取零关税、零流通税、零服务税。在全国范围内建立“出口加工区”“100%出口导向型企业”“电子硬件技术园区”和“经济特区”等，进入园区的企业享受各种优惠政策，如免交进出口税、免征所得税等，以促进电子工业和软件产业的发展。

五、国外发展服务业的政策措施：发展环境支持政策

（一）服务标准化

服务业由于其无形性，使其标准化推进较慢，然而服务业的快速发展对标准的需求日益增强，因此，国际标准化组织（ISO）和发达国家的标准化研究机构越来越重视服务标准化工作。为了给各国提供指导，ISO 提出“服务标准化指南”，指出各国在制定服务标准时应主要考虑服务组织、服务人员、顾客、合同、支付方式、服务交付、服务结果等 12 个要素。2007 年以来，ISO 加强了服务领域的标准化工作，相继成立了若干新的工作机构。

在发达国家中，日本积极推行信息标准化。为了推动高度信息化社会的进程，日本政府首先在国内推行ISO制定的开放型系统互联标准，其次规定日本各数据库的互联均采取ISO标准。为了推进企业信息化进程，日本通产省采取了战略措施，积极鼓励发展“系统整体化”（SI）服务企业，为此建立“SI企业收录制度”，并对被认定的SI企业实行税收优惠政策，减免法人所得税、居民税等。

（二）制度环境政策

发展服务业的关键是有合格的人才与良好的制度环境。相对而言，发达国家市场经济制度比较完善，发展环境比较宽松与规范。即便如此，它们还是在不遗余力地改进发展环境，尽可能地为服务业发展创造适宜条件。比如，日本政府在2006年颁布的“新经济成长战略”中，提出要积极改善服务业发展环境，包括免费或者补贴人力资源培训、鼓励信息技术对服务业领域的运用、制定服务业标准等。新加坡针对服务业开展了一项定期法规审查制度，以确保其不妨碍服务业发展。具体措施有：拓展自由贸易区领域和范围、允许专业服务业与境外进行更多的合作等。韩国在2007年的“增强服务业竞争力综合对策”中，提出了要从各个方面改善服务业发展环境，最有意义也值得我国借鉴的一条就是撤销服务业与制造业的差别待遇，将服务业的土地开发负担金降低到与制造业同等的水平，把观光旅游等服务设施的电费价格与制造业拉平。还有韩国在促进服务业创新方面所进行的努力，为落实创造经济战略，韩国各地方政府与大企业联合，在韩国各大主要城市相继设立了多个创造经济革新中心，为风险企业提供资金支持、技术支援和海外推广等服务，其作用类似于企业孵化器。

为了积极扫除向服务业提供“软硬件”服务的产业或设施在发展中的障碍，大多数OECD国家通过各项举措，积极鼓励信息和通信技术（ICT）基础设施、互联网服务业的有效竞争和广泛应用，推动服务业的数字化进程，鼓励数字传输和内容数字化，降低运营企业成本。一方面，OECD国家强调好的市场准入条件的重要性，如风险资本需要健康市场的保障；另一方面，指出退出条件同样重要，并且有利于避免和减少市场僵化。

同时，各个国家加大了服务业领域的知识产权保护。随着服务业竞争的加剧，创新型服务公司亟须知识产权保护。日本政府把加强知识产权保护作为国家创新战略的重要内容，并将计算机程序、数据库纳入著作保护范围内，于2002年制定了《知识产权战略大纲》。丹麦的知识产权保护机制中强调，国家要为公共研究机构申请专利的活动进行拨款预算。

（三）人才支持政策

发达国家的教育高度发达，现代化程度高，人均教育水平高，即便如此，这些国家仍极其重视教育和人力资本投入。不过现在这种投入不是简单在升学率上做文章，而是强调教育的实用性，更加重视职业教育。它们的教育思路很清晰，学术化教育走规范、高端、前沿的道路，是教育金字塔，但追求接受这种学术教育的人相对是少数。相当多的高中毕业生甚至初中毕业生走上了职业教育的道路，职业教育的办学模式与学术教育截然不同，更加注重实训和针对性，让学生切实掌握基本的劳动技能和职业技能，与市场紧密结合。从事现代服务业的大量中低层管理人才和操作型人才基本上要通过各种职业资格证书的考试才能上岗，而从事现代服务业中高层管理人才则拥有较高的学历，受过良好的高等教育，真正做到了“人尽其用”。

同时，各国还在海外人才引进方面提供了更多的政策支持。例如，日本在出入境方面和居住制度方面，延长技术人员居留期限，扩大国际相互承认信息处理技术人员资格范围。

（四）服务业开放政策

在服务业发展方面，各国都强调服务业开放的重要性。开放分为两个方面：

一方面是降低服务业市场准入，减少进入服务业的障碍，鼓励市场竞争。例如，OECD 国家在 2005 年 OECD 委员会部长级会议上通过的《服务业增长：促进就业、生产力和创新》强调：一是加快国内服务业市场改革，提高服务企业竞争力。要进一步为服务生产企业放松市场规制，不断改革服务业市场体制，努力开发适应全球新兴服务需求的产品，加大政策举措促进服务业创新和提高生产率，以此扩大就业。二是要进一步采取市场手段推进服务业快速发展，如降低竞争型服务行业的公有制比重，着重处理专业服务市场非正当竞争行为，不断降低企业进入门槛等。2004 年，撤销了阻碍服务业市场竞争的 43 项政策限制后，2013 年 8 月，韩国国土交通部进一步推出“物流产业先进化方案”，提出纠正大企业偏向旗下物流企业的垄断行为，帮助物流企业和货主一同开发海外市场。自 2014 年开始，韩国还进一步开放了国内医疗、教育等社会服务领域。自 20 世纪 90 年代开始，日本也对民营企业开放了学校、医疗等公共服务领域。

另一方面是鼓励双边和多边的服务业合作和相互投资，促进服务贸易发展。例如，美国作为全球最大的服务贸易国，所采取的主要措施是加强对外谈判，扩大市场准入，通过签订税收协定促使其他国家开放服务市场，为其服务出口提供动力保障。美国一直积极推进北美自由贸易协议和亚太经合组织贸易自由化进程，与加拿大、墨西哥、智利、新加坡、澳大利亚等签订双边贸易协定，为服务业出口市场提供支持。又如，英国对服务贸易征收增值税，而对保险、邮政、金融及保健服务等领域实行服务出口“零税率”。英国规定外国旅游者以及进入英国境内采购商品的外国商人可享受出口零税率并申请出口退税，退税率为17.5%，同时实施便捷的出口退税手续。

日本为推进本国现代服务业发展，自20世纪90年代以来，不断消除服务业相关行业的壁垒，推进会计准则国际化，努力接轨国际市场。

从国际发展看，自2011年开始之后，一组自称为“服务的真正好朋友”的经济体（包括欧盟27国以及澳大利亚、加拿大、智利、中国台湾、哥伦比亚、哥斯达黎加、中国香港、冰岛、以色列、日本、韩国、墨西哥、新西兰、挪威、巴基斯坦、巴拿马、巴拉圭、秘鲁、瑞士、土耳其和美国等）开始着力推动新的诸边《服务贸易协定》（TISA）。TISA是一个雄心勃勃的服务贸易协定，一改GATS的“混合清单”开放模式，采用“负面清单”开放模式。因此，服务业开放国际规则的“升级”必将极大地推动有关经济体服务业的市场化、自由化和国际化。

六、国外发展服务业的政策措施：区域规划与集聚区支持政策

在国外，服务业发展形成了一个集聚发展的趋势。如美国服务业以金融、信息、创意等知识密集型行业为主，形成了纽约华尔街金融业、洛杉矶好莱坞电影业、加州硅谷电子业等完整的产业链区。欧盟各大都市将构建核心区域、形成产业集群作为发展服务业的主要策略。亚洲很多城市也高度重视服务业功能集聚，韩国首尔、日本东京、新加坡、中国香港等都形成了高端服务业集聚区。日本政府强调核心区服务业功能集聚的重要性，将东京定位于全球金融和商务中心，并

将东京及其附近地区发展成以知识和信息为基础的大型服务业集聚空间。

在服务业集聚发展过程中，各国政府主要出台了三个方面的政策措施：

（一）将服务业发展与城市空间扩张进行协调

国外很多服务业集聚的城市，由于发展历史较长，空间布局需要进行调整，而依托服务业集聚区的形成，可以使城市发展空间形成新的格局。如伦敦道克兰位于伦敦市区向东3公里，占地面积8.5平方公里，1980年前还是一个旧城，在道克兰重建计划的支持下，建设了地铁和轻轨，经过20余年的发展，已成为继伦敦市区、威斯敏斯特之后的第三个商务中心区，拥有众多高层写字楼，花旗银行等世界知名金融机构和一批有重要影响力的商务服务机构成为其主要租户。由于地处伦敦中心区外围，土地、建设等成本低于市区，又不受旧城保护限制，因而道克兰地区写字楼的租金低于市区，适宜成为大面积的总部办公场所。许多运作成功的物流服务业集聚区的一个重要经验是重视集聚区发展与城市规划的协调。德国汉堡明确了“以港兴市”的城市转型基调后，制订了港口物流集聚区发展、经济发展和城市重建三个具有层次性的分阶段发展计划。[①]

在协调过程中，涉及政府、企业、居民等各个方面复杂的利益关系，因此，需要制订较为周全的政策。例如，巴黎拉德芳斯副中心服务业集聚区在开发早期就建立了科学合理的土地开发和规划机制，成立了具有较强政府色彩和综合性职能的开发公司（EPAD），兼顾了政府在区域规划中的主导权和EPAD在土地收购、基础设施建设与出售方面的自主权，有效协调了政府主导和市场运作、政府利益与居民利益的关系。

（二）将服务业空间布局与旧城改造结合起来

许多国家的文化创意产业集聚区建设，是与旧城改造和城市空间转化结合进行的，甚至是为了挽救因传统工业衰落而转向萧条的城市中心发达区而发展起来的。还有一些城市将建设文化创意产业集聚区同建设创意城市相结合，或将建设文化创意产业集聚区同发展文化旅游结合起来，促进城市景观和空间结构从公共文化空间向文化经济空间转型，或从工业生产空间向文化消费空间转型，提升了城市的文化魅力、经济活力和可持续发展能力，如洛杉矶的好莱坞电影城。

① 类延辉：《伦敦道克兰地区城市更新发展经验研究》，《城市住宅》2017年第9期。

美国纽约为了振兴曼哈顿下城的商务服务业等现代服务业发展，出台了一项包括商业振兴项目和下曼哈顿能源项目两部分的经济振兴计划，提出对下曼哈顿地区符合条件的商务楼宇给予房地产和商业租税方面的减免优惠，并为下曼哈顿地区的商业企业和高技术企业提供最长达12年的电力成本折扣优惠。[①]

从20世纪90年代开始，纽约开始第二轮城市改造，打造“世界媒体中心”，纽约政府将新媒体作为该城市的战略产业，通过促进信息服务业的各项政策打造新媒体产业，以新媒体产业拉动信息服务业的发展。

（三）以服务业税收差异政策促进区域均衡发展

以佐治亚州为例，按宏观经济发展规划，将该州划分为四类地区，其中最不发达地区出台的鼓励措施也最优惠。投资于通信业、仓储分销业、研发、信息处理（如数据、信息、软件等）和旅游业的公司，所提供的每一个工作职位5年内可抵免750~4000美元的公司所得税。如投资于通信领域，经营3年以上且投资额超过5万美元的，可申请投资税收优惠，比例为投资额的1%~5%，用于抵免当年应缴纳的公司所得税。如投资方将公司总部或分公司设立于该州，投资项目创造至少50个工作岗位，投资金额超过100万美元，且支付当地雇员的工资超过当地平均工资两倍，则每个岗位每年可抵免5000美元该公司的所得税。该优惠期为5年，公司用于对雇员的部分再培训费用，可用于抵免当年该公司的公司所得税。另外，公司为雇员购买、建造合格的儿童看护设施和场地所支出的费用，也可用于抵免公司所得税。对于投资于欠发达地区并雇用当地居民的服务企业，可申请享受工资抵免、债券筹资免税等投资优惠。[②]

巴西政府为推动现代服务业发展，在特定区域（如马瑙斯自由区）设立免税商业中心，发展以信息技术、高科技为基础的产业、研究基地，吸引广大投资商兴办企业。自由区通过最高管理机构向自由区内的企业提供优惠政策，以达到吸引投资、优化资源配置、创造就业机会、合理分配财富和自给自足发展的目的，形成以自由区为龙头的现代服务业发展的良好格局。[③]

① 王德禄、张国亭：《国外服务业发展借鉴》，《商场现代化》2009年第11期。

② 佐治亚州官方网站，http：//www.georgia.org/。

③ 吕银春：《走出亚马逊森林——巴西马瑙斯自由贸易区的启示》，《中国经济周刊》2003年第43期。

七、经验启示

通过对国外服务业发展政策进行分析可以看出，国外服务业发展政策的确有很多独到之处值得借鉴。

（一）财税优惠具有较强的针对性与系统性

从分析可以看出，国外在促进服务业发展方面也广泛应用财税政策。这些政策在具体内容与实施方面与国内的相关政策均有一定的差异。

第一，针对某一特定行业适时推出优惠政策，提高税收优惠政策的适用性与针对性。例如，作为电子商务应用最广、普及率最高的国家，美国政府充分利用税收政策扶持电子商务的发展和壮大，从 1996 年开始美国就有步骤地推行电子商务国内交易零税收和国际交易零关税方案。韩国作为税收优惠政策较多的国家，税收优惠从部门倾向型向功能型转变，即优惠政策不局限于特定的部门，而是针对某个特定的行为或项目（如研发、教育），这样，使税收优惠更能落到实处。

第二，税收优惠政策具有系统性。国外税收优惠政策为了能够落到实处，大都具有系统性，尽量避免某一环节的税收优惠在另一个环节又被征收。这个值得我们在出台相关税收政策时深思。以非营利性科研机构为例，不但规定科研机构本身的营业收入免税，还规定向其进行捐赠也可以享受免税待遇，甚至进一步规定科研机构发行债券时，债券投资者的利息收入也可以免税。这样，就为科研机构筹集资金建立了一个完整的税收优惠架构。

第三，根据服务业中各个行业的不同特点采取不同形式的优惠。例如，旅游业是马来西亚的主导产业，为促进旅游业的发展，马来西亚对宾馆、旅游等从业人员的居住设施给予特殊的加速折旧优惠；金融业是新加坡经济发展的核心，为此，新加坡对金融业给予了较大的税收减免优惠，并且还设有投资津贴补偿。

第四，直接优惠与间接优惠相结合。各国对现代服务业的税收优惠政策，既采用优惠税率、税收减免等直接优惠方式，也采用费用扣除、税收抵免、加速折旧等间接优惠方式，而且发达国家以间接优惠方式为主。为了将间接优惠落到实处，还做了很多详细的规定。例如，美国规定很多服务行业可以实行加速折旧政策。为了让企业能够切实享受优惠政策，降低现代服务业的经营风险，美国政府还规定如果现代服务业发生净营业亏损，可以向前结转 2 年，如果亏损还有剩余，还可以向后结转 20 年。

（二）财政政策更注重需求侧与供给侧并重

近些年来，在全球一体化趋势日益加强和产业不断高度化演进的背景下，为了不断满足服务业的创新需求和创新能力，进而更好地促进服务业的全面系统性发展，许多国家在政策制定上呈现出明显的由单一向多元转变的重大变革趋势（见图 5–2），如由偏重供给侧激励的政策转为同时也关注需求侧的政策协同。

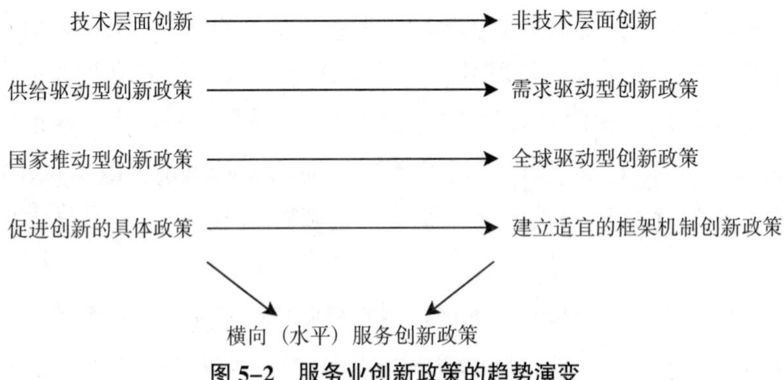

图 5–2　服务业创新政策的趋势演变

值得一提的是，国外在服务业需求侧政策方面所做的创新包括：

（1）大规模推进服务产品的政府采购，以政府采购推动服务产品的需求。这一点对于创新型的服务需求来说，尤其有价值。

（2）使用税收等手段推动服务需求发展。如韩国政府的“文化招待费”税前抵扣政策，对文化产业等相关产业发展起到了较好的促进作用。

（3）创新使用政策工具促进服务消费。如法国的“服务券”就是一个非常有价值的面向需求侧的政策工具。这个政策工具对促进服务业供给侧发展，促使家政、养老等传统服务业不断标准化、规范化、市场化也具有非常好的作用。

（三）注重服务业的科技创新

各国都认识到技术的进步和创新是产业发展的动力，因此都采取了不同的税收政策促进服务业的技术创新。美国对固定资产实行加速折旧，新加坡对研发费用实行双倍扣除，韩国给予国外技术开放人员个人所得税减免，马来西亚对于职业培训进行费用扣除，印度则是通过科技企业孵化器和技术创新中心的方式积极给予科技服务企业政策优惠。在制定这些税收优惠政策时，各个国家都更加注重产业引导和技术进步，而没有将这些优惠政策仅仅用于某一区域。优惠形式不同，侧重点也略有不同，目标却趋于一致，旨在鼓励研究开发，降低开发与研究成本，提高社会、企业人力资源开放和技术创新的积极性，全力推进服务业的技术进步。

为了支持科技创新，多元化的融资渠道已成为国外中小企业发展的重要资金来源。除了风险投资外，其他金融工具也被广泛地利用。其一，不同层次的商业银行也被吸引进产业园区为科技型中小企业服务。其二，担保融资包括政策担保、信用担保、集群互助担保等，也是科技型中小企业融资的主要渠道之一。其三，产业园区还积极利用其与政府的“特殊”关系，为中小企业创造“统借统还”等融资的机会。

在政策工具方面，“创新券”等新型政府工具被广泛应用作为服务创新支持的政策工具。近几年，欧洲的荷兰、意大利、比利时、爱尔兰、斯洛文尼亚、瑞典、瑞士、希腊、奥地利等国相继出台了创新券政策。所谓创新券（Innovation Vouchers）是针对本国中小企业经济实力不足、创新资源缺乏，以及大学和研发机构没有为中小企业服务的动力机制设计发行的一种“创新货币”。政府向企业发放创新券，企业用创新券向研发人员购买科研服务，科研服务人员持创新券到政府财政部门兑现。荷兰是最早实行创新券政策的国家，仅 2008 年至今已经发放了 2 万多张创新券。创新券是专门针对中小企业设立的，申请主体必须是中小企业，即雇员少于 50 人的企业。承接创新券项目的科研机构和大学一般仅限于公共或准公共科研机构与大学以及一些大公司的研发机构。

（四）促进高风险服务业的稳健发展

金融等高风险服务业的稳定从一定意义上决定了国家总体经济的稳定，而其本身风险性大，一旦出现危机将会快速蔓延，因此，很多国家都对这些风险性服务业实行了减免税的政策，通过免征企业和个人所得税降低税负，促进部分资本从其他行业流向金融等高风险服务业，推动其规模的扩大和繁荣。新加坡对高风险服务业创业的最初几年进行完全减税，并给予亏损者投资补偿；韩国、马来西亚给予风险投资所得税上的减免优惠。除了上述国家，世界其他各国也都制定了促进高风险服务业发展的税收优惠政策，如英国制定相关的风险投资信托计划，鼓励人们向风险较高的企业投资，在风险信托公司投资的个人可得到减税优惠，风险信托公司本身也可以根据其投资获得减税优惠。由此可见，各个国家都十分注重这些行业的发展，通过制定良好的税收政策，降低行业风险，为高风险服务业创建公平、轻松的环境，以确保其稳定“投入—退出—再投入”。对于产业园区来说，其对区内某一企业的成功孵化应该是该企业成功进入资本市场进行融资，并在其有能力后再投资于新兴的科技型中小企业。

（五）强调提高服务业从业人员的工作技能和劳动积极性

无论是劳动密集型的服务业（如服务外包），还是智慧型的知识型密集型服务业（如科技金融服务业），各国家的政策都不同程度地强调了要对从业人员积极性进行保护和激励，加快从业人员技能的培训。如英国积极通过福利基金会，创建了针对科技创新人员的“热心工程”，提供资金来支持“一揽子”旨在提升员工技能水平的计划。为了提高员工积极性，一方面，许多国家积极通过《就业保险法案》《人力资源开发部门法案》等法律法规切实保障服务业从业人员的权利；另一方面，降低较高的劳动税和提高低技术工作人员的薪资待遇。对于从事跨境服务业生产的人员，OECD 国家通过实施《OECD 示范公约的共同协议章程》来对其收入进行保障。在知识产权方面，严厉打击违法侵权行为，鼓励研发人员以其知识产品进行市场交易和股权融资，对其收益给予税收优惠。

（六）积极重视以低碳环保的方式实现服务业的可持续发展

近些年来，资源和环境问题越发受到人们的关注，为了积极推动经济、社会和环境的协调发展，各国政策制定者都极为关注产业发展过程中的能耗污染问题，通过产业政策积极鼓励发展方式的转变。英国作为低碳经济的提出者，充分认识到现代服务业“两低一高”（低污染、低消耗和高科技）的产业特征对低碳经济发展的积极带动作用。2003 年，英国推出了《我们的未来——创建低碳经济》白皮书，提出了英国的低碳发展之路。2005 年，日本政府制定的《综合物流施政大纲》突出强调，为了与解决诸如环保等社会课题相协调，除了构筑具有国际竞争力的社会化高效物流体系外，还要考虑实施以下对策：一是解决地球变暖问题的对策，如降低运输工具单位能耗；二是解决大气污染等环保问题的对策，如提高卡车运输效率、降低卡车废弃排放量等。

（七）促进服务业对内、对外双向开放

从整体看，降低服务业准入门槛，加快服务业对内对外双向开放已成为一种政策发展的趋势。

在对内开放方面，日本政府制定了新《公司法》，降低了公司设立门槛，减少了对公司经营活动的限制，提高了并购对价形式的灵活性，还对民营企业开放了学校、医疗等公共服务领域。在韩国，已出台政策重点吸引时尚、酒店管理、音乐等领域世界先进水平的外国著名教育机构；允许补习班等优秀教育机构发放签证，吸引更多外国留学生来韩就读。在医疗方面，韩国政府拟对外国医疗机构在济州岛和经济自由区设立营利性医院提供支持；制定《国际医疗特别法》（暂名），为韩国医疗机构进军海外市场提供援助；允许医疗机构之间在患者同意的前提下共享患者信息。

在对外开放方面，各国均致力于服务贸易自由化。2012 年，以美国为首的发达国家开启《国际服务贸易协定》（TiSA）谈判。《国际服务贸易协定》谈判以谈判参与方提交的文本为基础。欧盟提出了《诸边服务协定架构的模式路径》（*A Modular Approach to the Architecture of a Plurilateral Agreement on Services*）的概念性文本，同时提出了《核心文本和条款提议》和《金融服务附录提议》两份规划性建议。前者描述了 TiSA 协定的基本结构，后者阐明了欧盟关于金融服务谈判的建议，主要内容系《服务贸易总协定》（GATS）金融服务附录和 GATS关于金融服务承诺谅解的综合。TiSA 将一改 GATS 的“混合清单”开放模式，采用“负面清单”开放模式，这将使服务业开放进入一个新阶段。中国官方也提出加入《国际服务贸易协定》谈判，TiSA 成为中国官方唯一一个正式表态愿意加入谈判的高规格、新形式的自由贸易协议。

参考文献

[1] Dr. Jari Kuusisto, *Trends and Issues in the Evolving Service Innovation Policy*, Frontiers in service conference, 2008.

[2] 蒋琳：《现代服务业税收的国际比较与借鉴研究》，科学出版社 2012 年版。

[3] 安体富、刘翔：《促进现代服务业发展的税收政策研究：国际比较与借鉴》，《学习与实践》2011 年第 2 期。

[4] 吕欣彤：《现代服务业税收政策的国际比较与借鉴研究》，《经济研究导刊》2014 年第 5 期。

[5] 李建：《印度服务业政策演变轨迹及其启示》，《中国证券期货》2011 年第 1 期。

[6] 李勇坚、夏斐：《中韩服务业发展比较》，《中国国情国力》2013 年第 1 期。

[7] 邱灵：《服务业与制造业互动发展的国际比较与启示》，《经济纵横》2014 年第 2 期。

[8] 张少辉：《管制与生产服务业发展的国际经验——以 OECD 国家为例》，《财经研究》2015 年第 4 期。

（李勇坚、刘奕：中国社会科学院财经战略研究院）

第六章　中国服务业开放 40 年：渐进历程、经验总结与政策建议

摘　要： 中国服务业开放 40 年的历程大致分为“初始期、迅速发展期、全面开放过渡期、全面开放新格局时期”四个阶段。服务业开放 40 年来，不同领域、不同地区服务业的开放度差异较大。从中国服务业分行业开放度的角度看，分销服务对外开放程度最高，其次分别为商务服务、旅游服务、金融服务、通信服务、环境服务、运输服务、建筑服务、教育服务；从各地区服务业外商投资开放度的空间分析角度看，中国服务业外商投资开放度排名前五位的地区分别为江苏、广东、上海、浙江、辽宁；从各地区服务贸易开放度的空间分析角度看，中国贸易开放度排名前五位的地区分别为广东、江苏、上海、山东、浙江。中国服务业开放对经济社会发展产生了积极影响，对服务业发展、改革创新发挥了重要的推动作用，但也需防范其可能的风险。因此，应立足中国特色社会主义新时代的战略高度，形成服务业开放的新格局，提高服务业开放水平，助推中国产业攀升全球价值链。

1978 年 12 月，中共十一届三中全会在北京隆重召开，以此为标志，中国拉开了改革开放的序幕。服务业是现代产业体系的重要组成部分，中国服务业的发展正是在这 40 年波澜壮阔的改革开放大潮中逐渐地从小到大、由弱变强的。随着服务业在国民经济中的地位不断攀升，以及中国对全球经济治理的影响显著增强，服务业开放已经是中国对外开放战略的重中之重，是推动形成全面开放新格局的关键力量，是攀升全球价值链的主要动力。为此，本章以分析中国服务业开放历程为契机，对服务业开放度和绩效进行实证评估，总结服务业开放 40 年的主要经验，探索如何进一步扩大服务业开放和提升服务业开放水平。

一、渐进历程

渐进式改革和有序分步开放，是我国改革开放 40 年的重要经验。服务业的对外开放是一个渐进的过程。在改革开放初期，服务业开放相对“边缘化”，但随着中国“入世”，以及经济服务化趋势基本形成之后，服务业对外开放越来越受到关注，并已经成为改革开放的重点和焦点。就中国服务业对外开放 40 年的渐进历程看，大致可以划分为四个阶段。

第一阶段，初始期（1978~1990 年）。1978 年，中国拉开了改革开放的序幕。在当时的经济社会条件下，服务业和服务消费比重很低，对外开放主要针对货物贸易的进出口，中央政府批准在深圳、珠海、汕头以及厦门等地试办出口特区，主要是给予加工贸易等领域一些特殊政策。1979 年 1 月 17 日，邓小平在约见胡厥文、荣毅仁等五位老工商界代表人士时说道：“现在搞建设，门路要多一点，可以利用外国的资金和技术，华侨、华裔也可以回来办工厂。吸收外资可以采取补偿贸易的方法，也可以搞合营。先选资金周转快的行业做起。”1979 年，全国人大制定了《中外合资经营企业法》，开始了扩大开放的步伐，外资逐渐进入中国市场。1987 年底，原国家计委颁发了《指导吸收外商投资方向暂行规定》，明确了外商投资的方向和领域，把外资进入的项目或领域分为鼓励、允许、限制和禁止四大类，旨在鼓励外资投资制造业。受当时认知层面的影响，服务业的开放程度并不高，但在旅游、房地产和餐饮服务等领域对外资的限制相对较松。1979~1990 年利用外资的总量中，服务业超过了 1/3。这是因为，在 20 世纪 80 年代，国门初开，对宾馆建设、旅游服务等需求大增，外资在这些行业进入得较密集，从而出现了服务业利用外资的第一次高潮。尽管如此，这个阶段中国服务业对外开放总体滞后于制造业，开放程度较低，开放时间也较晚，受的限制也很多，处在服务业对外开放的初始阶段。当时中国服务业发展水平非常低，但政府已经开始认识到应重视服务业的发展、改革和对外开放，这无疑是一个很大的进步，也为之后更大力度和广度的服务业对外开放奠定了基础。

第二阶段，迅速发展期（1991~2001 年）。这段时期，服务业对外开放迅速推进，理论、政策和实践层面都从初始期的较多限制转向鼓励开放，外资进入中国市场热情较高，主体为制造业，但金融保险、交通运输、商贸流通、房地产也吸纳了不少外资。服务业开放发展迅猛，主要有两个重要原因：一是中共十四大正式确定“中国经济体制改革目标是建立社会主义市场经济体制”，中共十五大又提出了“有步骤地推进服务业的对外开放”。两次党代会的重要精神是鼓励服务业改革开放的行动指南，打破了服务业封闭运行的状况，使服务要素的国际流动开始活跃起来，境外资本纷纷试水中国市场。二是20世纪90年代初，在“乌拉圭回合谈判”之时，中国参与服务贸易谈判的全过程，积极申请恢复中国的GATT初始缔约国地位，而GATT初始缔约国地位的恢复，需要申请国递交服务业自由化初步承诺开价单并承诺开放大多数服务业部门。为此，中国政府出台了一系列服务业开放的政策文件和措施。例如，1995年颁布了《外商投资产业指导目录》（1997年修订）；2000年8月出台了《合资铁路与地方铁路行车安全管理办法》，对合资铁路和地方铁路进行监管；2000年9月出台了《外资电信管理规定》，允许外资以合资的方式进入中国电信业；2001年中国“入世”后，进一步修订完善了相关政策，颁布了新的《外商投资产业指导目录》和其他法规，进一步扩大了服务业开放，严格限制低水平、高消耗、高污染外资项目进入。“入世”后中国接受了《服务贸易总协定》，并做出了《服务具体承诺表》，承诺在“入世”后的3~5年内逐步开放服务业市场，放宽服务业的市场准入限制，并给予外国投资者国民待遇。这个时期，基于政府的政策激励和对中国市场前景的看好，外资进入中国市场的力度显著加大，进入服务业的领域明显拓宽。

第三阶段，全面开放过渡期（2002~2006年）：按照加入WTO协议，此阶段为全面开放的过渡阶段。这个时期，中国尝试打破服务业垄断和壁垒，逐步开放服务业市场，且开放的广度和深度逐年递增。2006年以后，中国“入世”谈判中服务业开放的承诺已全部履行，扩大开放的领域不仅包括金融、保险、贸易、零售商业、房地产等外资已经进入较多的行业，而且包括通信、会展、旅游、国际货运代理、专业商务服务（会计、审计、资产评估）等众多以往开放程度较低的行业。这个时期，中国服务业对外开放取得了突出的成绩，服务业利用外资的增长速度和占比明显提升，服务业外商直接投资流入额的增长速度超过了12%，占吸引外资总额的比重也从2001年的23.85%提高到2006年的31.6%。服务业开放带动了这一时期的服务业快速增长，提高了服务技术含量，优化了服务结构，也增强了服务出口能力。根据世贸组织统计数据，2004年中国服务业出口的世界排名为第 16 位，2005 年世界排名迅速上升为第 10 位，服务进口排名也由第 15 位上升为第 10 位。2005 年，中国服务业出口额达 812 亿美元，进口额达 853 亿美元，服务业进口居世界第 7 位，出口居世界第 8 位，上升速度罕见。但由于服务业发展基础差，再加上这个时期服务业外商直接投资过多地集中于房地产等利润较高的传统服务业，影响了服务业的知识含量，与发达国家和地区相比，中国服务业国际竞争力仍较弱。服务业外商直接投资规模增长较快是这一时期服务业开放的主要特征，如何推进服务业利用外资由量向质的根本转变，则是新的挑战。

第四阶段，全面开放新格局时期（2007 年至今）。这个时期，中国服务业开放迈入了新的阶段，服务业开放范围不断扩大，开放质量显著提升，服务业开放从过去的“配角”逐渐成为“主角”，且已经成为中国对外开放战略的关键支点。2007 年 3 月，国务院颁布《关于加快发展服务业的若干意见》，提出了中国服务业进一步扩大开放的战略任务和要求。中共十八届三中全会提出，要构建开放型经济新体制，着力推进金融、教育、文化、医疗等服务业领域有序开放，放开育幼养老、建筑设计、会计审计、商贸物流、电子商务等服务业领域外资准入限制。2007 年 12 月开始生效的《外商投资产业指导目录（2007 年修订）》明确，要进一步扩大服务业对外开放。2009 年，废止《中西部地区外商投资优势产业目录（2004 年修订）》，开始施行《中西部地区外商投资优势产业指导目录（2008 年修订）》。2010 年 7 月，财政部、国家税务总局、商务部联合印发《关于示范城市离岸服务外包业务免征营业税的通知》，为促进服务外包提供更多的优惠政策。2011 年，废止《外商投资产业指导目录（2007 年修订）》，施行《外商投资产业指导目录（2011 年修订）》，增加了鼓励类条目，减少了限制类和禁止类条目，对外商投资铁路货物运输公司，粮食收购和其他农产品批发、零售、配送以及普通高中教育机构等服务业进行了限制。2015 年 3 月，国家发改委与商务部公布《外商投资产业指导目录（2015 年修订）》，放宽了对外商投资房地产的限制，对此前关于外商投资房地产的全部限制类条款予以删除，从而拉开了中国取消房地产“限外令”的序幕。2017 年 3 月，国家发改委和商务部发布了 2016 年版《外商投资产业指导目录》，限制类数量减少了一半，并进一步放宽外资股比限制。2016 年版《外商投资产业指导目录》分为鼓励和外商投资准入负面清单两部分，其中外商投资准入负面清单分为限制外商投资产业和禁止外商投资两部分，未列入外商投资产业指导目录的为允许类项目。外商投资负面清单管理模式的实施，大幅提高了自贸试验区投资便利化和规范化的水平。2016年10月1日，中国开始实行“备案+负面清单”的管理模式。随着对外开放步伐的加快，中国开始建立市场准入负面清单制度和政府权力清单管理制度。自2017年7月28日起，施行《外商投资产业指导目录（2017年修订)》，积极主动扩大开放，提出外商投资准入负面清单、删除内外资一致的限制性措施。在中国对外直接投资增长迅速的背景下，2015年商务部出台了《对外投资合作国别（地区）指南（2015年版)》，为中国企业“走出去”提供了公共服务平台。2017年8月，商务部出台了《国务院关于促进外资增长若干措施的通知》，进一步减少了外资准入的限制，扩大开放，并在12个领域进一步放宽外资准入。在国家产业政策的支持、巨大的市场吸引以及信息技术进步的影响下，商品的跨国贸易或跨境流动更加便利，中国进入了“服务经济时代”。2011年，服务业利用外资占比首次超过制造业，占据中国利用外资规模的“半壁江山”，随后每年都以较大幅度提升，2016年和2017年服务业利用外资占比接近70%。

中共十九大以来，中国服务业对外开放步伐进一步加快。2017年10月，习近平总书记在十九大报告中强调：“推动形成全面开放新格局”“中国开放的大门不会关闭，只会越开越大”“中国坚持对外开放的基本国策，坚持打开国门搞建设”“实行高水平的贸易和投资便利化政策，全面实行准入前国民待遇加负面清单管理制度，大幅度放宽市场准入，扩大服务业对外开放，保护外商投资合法权益”“赋予自由贸易试验区更大改革自主权，探索建设自由贸易港。创新对外投资方式，促进国际产能合作，形成面向全球的贸易、投融资、生产、服务网络，加快培育国际经济合作和竞争新优势。”习总书记对外开放的重要思想，为中国服务业开放战略指明了发展方向，更加坚定了中国扩大服务业的开放力度和提升服务业开放水平的信心。中共十九大召开后不久，美国总统特朗普访问中国，中美就“积极推进金融市场领域的合作”“中美之间市场准入和贸易平衡”等问题进行了协商，达成了许多重要共识，包括在金融业市场准入方面中国将大幅放宽金融业的外资投资比例限制，包括近期中方决定将单个或多个外国投资者直接或间接投资证券、基金管理、期货公司的投资比例限制放宽至51%，并在3年后取消限制；中方将取消对中资银行和金融资产管理公司的外资单一持股不超过20%、合计持股不超过25%的持股比例限制，实施内外一致的银行业股权投资比例规则；中方3年后将单个或多个外国投资者投资设立经营人身保险业务的保险公司的投资比例放宽至51%，5年后投资比例不受限制，鼓励已进入中国市场的外资保险公司进入健康、养老、巨灾保险等业务领域，同时，进一步优化准入政策，吸引更多优秀的境外保险机构进入中国。

二、开放度评估

（一）中国服务业分行业开放度的实证分析

总结中国服务业开放 40 年的经验、评判服务业开放的绩效，必须先摸清事实，准确把握服务业的开放度。本章拟引入二级行业权重值和分贸易方式，分别计算服务业各行业在“入世”和完全履行承诺之后的开放度，并且改进具体承诺条款中的不同赋值，同时使用加权和未加权两种不同方法分别计算服务业分行业开放度，对影响服务业分行业不同开放度的主要因素进行具体分析。

1. 模型建立

本章在 Hoekman 和 Kostecki（1995）研究成果的基础上使用服务业自由化指标的方法测算中国服务业分行业对外开放度。

第一，确定表示服务贸易承诺自由化的分值。中国服务贸易的承诺减让是通过《中华人民共和国服务贸易具体承诺减让表》第二条最惠国豁免清单表现的。针对跨境交付、境外消费、商业存在、自然人流动四种服务提供方式，每一个服务活动或服务部门的限制和减让的具体内容都涉及“市场准入限制”“国民待遇限制”“其他承诺”，减让表中的承诺方式包括“没有限制”“有些限制”和“不作承诺”三种。Hoekman 和 Kostecki（1995）使用“频度分析法”度量服务业对外开放度时，“无限制”“有保留的承诺”“不做承诺”对应自由化分值分别为 1、0.5 和 0。本章结合实际情况，针对不同开放程度的承诺条款给予不同的具体分值，具体如下：承诺条款中的不做承诺对应自由化分值为 0，发放许可证的限制对应自由化分值为 0.1，审慎性的批准标准对应自由化分值为 0.2，小于 50%的外国资本建立限制对应自由化分值为 0.3，大于 50%的外国资本建立限制对应自由化分值为 0.4，业务范围的部分限制为 0.5，企业形式的部分限制为 0.6，地域范围的部分限制为 0.7，开放时间的阶段性限制为 0.8，其他程度较小的限制为 0.9，没有任何限制为 0。

第二，构造以下模型计算中国服务业各行业自由化指标：

$$M = \sum_{i}^{n} (o/b) w \tag{6-1}$$

其中，M 为自由化指标，o/b 为开放/约束因子或该行业具体承诺的自由化分值，w 为权重。将式（6-1）具体化为：

$$M = \sum_{i}^{n} (o/b) w/T \tag{6-2}$$

其中，T 为各行业子部门的数目。为了使中国服务贸易部门承诺的自由化指标更加真实地反映中国服务业真实开放度，本章使用针对不同开放程度的承诺条款给予不同具体分值的方法计算中国服务业对外开放度指数，公式如下：

$$O = \frac{M_{ma} + M_{nt}}{2} = \frac{[\sum_{i}^{n} (o/b)_{mai} w_{mai}]/T + [\sum_{i}^{n} (o/b)_{nti} w_{nti}]/T}{2} \tag{6-3}$$

其中，M_{ma} 为市场准入指数，M_{nt} 为国民待遇指数，n 为 m 部门做出承诺的各行业子部门数目，T 为 m 部门包含的子部门数目，w_{mai} 为 m 部门子部门 i 在市场准入条件下四种不同供应模式的权重，w_{nti} 为 m 部门子部门 i 在国民待遇条件下四种不同供应模式的权重，$(o/b)_{mai}$ 为市场准入条件下的开放/约束因子，$(o/b)_{nti}$ 为国民待遇条件下的开放/约束因子。

2. 中国服务业分行业自由化指标的数据处理与分析

（1）总体分析。按照世界贸易组织的分类标准，中国服务贸易部门分为 12 大类 155 个分部门，其中列入承诺表中服务业的部门共 9 大类 101 个分部门，金融服务 14 个，旅游服务 2 个，建筑及相关工程服务 5 个，分销服务 5 个，教育服务 5 个，环境服务 4 个，运输服务 12 个，通信服务 22 个，商务服务 32 个，合计 101 个。承诺比例达 63.13%，已超过一半，这一比重低于发达经济体，但大大高于发展中经济体。中国服务业各部门的限制情况如表 6-1 所示。

从中国服务业分部门承诺减让水平来看，被列入减让表中的建筑服务、分销服务、教育服务和环境服务的开放程度最高，占其部门总数比重均为 100%，娱乐服务、健康服务及其他服务等开放程度最低，未做任何承诺。同时可以看到，中国对商务服务做出了 70%的承诺，对旅游服务做出了一半的承诺，对运输服务的承诺最低，所占比重仅为 34%。中国对通信服务和金融两大敏感性服务业做出的部门减让承诺最多，所占比重达 91.67%和 82.35%。

（2）主要服务行业分析。我们在计算中国服务业分行业的贸易承诺自由化指标时，主要计算未加权自由化指标和加权后自由化指标两种。未加权自由化指标

表 6-1　中国服务业各部门的限制情况

		跨境交付			境外消费			商业存在			自然人流动		
		无限制	有保留	不做承诺	无限制	有保留	不做承诺	无限制	有保留	不做承诺	无限制	有保留	不做承诺
市场准入	金融服务（14/17）	20	80	0	80	20	0	20	80	0	0	100	0
	旅游服务（2/4）	100	0	0	100	0	0	0	100	0	0	100	0
	建筑服务（5/5）	0	0	100	100	0	0	0	100	0	0	100	0
	分销服务（5/5）	50	25	25	100	0	0	0	100	0	0	100	0
	教育服务（5/5）	0	0	100	100	0	0	0	100	0	0	100	0
	环境服务（4/4）	0	100	0	100	0	0	0	100	0	0	100	0
	运输服务（12/35）	30	30	40	100	0	0	0	80	20	0	100	0
	通信服务（22/24）	32.35	57.14	10.51	91.45	0	8.55	0	91.45	8.55	0	91.45	8.55
	商务服务（32/46）	67.48	11.2	21.32	73.92	4.76	21.32	17.12	61.56	21.32	0	78.68	21.32
	娱乐服务（0/5）	0	0	100	0	0	100	0	0	100	0	0	100
	健康服务（0/4）	0	0	100	0	0	100	0	0	100	0	0	100
	其他服务（0/1）	0	0	100	0	0	100	0	0	100	0	0	100

续表

		跨境交付			境外消费			商业存在			自然人流动		
		无限制	有保留	不做承诺	无限制	有保留	不做承诺	无限制	有保留	不做承诺	无限制	有保留	不做承诺
国民待遇	金融服务（14/17）	80	0	20	100	0	0	60	40	0	0	100	0
	旅游服务（2/4）	100	0	0	100	0	0	50	50	0	0	0	100
	建筑服务（5/5）	0	0	100	100	0	0	0	100	0	0	100	0
	分销服务（5/5）	50	25	25	100	0	0	50	50	0	0	100	0
	教育服务（5/5）	0	0	100	100	0	0	0	0	100	0	100	0
	环境服务（4/4）	100	0	0	100	0	0	100	0	0	0	100	0
	运输服务（12/35）	60	10	30	100	0	0	60	20	20	0	100	0
	通信服务（22/24）	100	0	0	100	0	0	100	0	0	0	100	0
	商务服务（32/46）	100	0	0	100	0	0	80.95	19.05	0	0	100	0
	娱乐服务（0/5）	0	0	100	0	0	100	0	0	100	0	0	100
	健康服务（0/4）	0	0	100	0	0	100	0	0	100	0	0	100
	其他服务（0/1）	0	0	100	0	0	100	0	0	100	0	0	100

注：计算结果截至2016年。表6-2同。

对各行业具体承诺的自由化分值取其算术平均数；加权后自由化指标针对不同行业及其子部门选择不同的权重，用不同行业四种供应模式的权重代替简单的算术平均。由于各行业实际情况差别很大，因此它们在具体操作过程中，对于跨境交付、境外消费、商业存在和自然人流动等模式选择的侧重点必然有所不同，针对旅游业对外开放，消费者关注境外消费居多，金融保险业、房地产业等行业侧重于商业存在，针对其他服务业的对外开放侧重点都有差异。对以上方面可以按改进后的方法计算未加权自由化指标和加权后自由化指标，并应用于计算中国服务业分行业的承诺开放度，对服务贸易部门 12 大行业在国民待遇和市场准入方面具体承诺的自由化指标的计算结果如表 6-2 所示。从表 6-2 可以看出，服务业各部门对外开放度有明显差别，服务业各部门的承诺情况差异明显。

表 6-2　分行业的贸易承诺自由化指标

行业名称	未加权			加权后			完全履行承诺		
	市场准入	国民待遇	总体	市场准入	国民待遇	总体	市场准入	国民待遇	总体
金融服务	0.2176	0.2745	0.2461	0.1482	0.2176	0.1829	0.1853	0.2465	0.2159
旅游服务	0.4250	0.4833	0.4542	0.1950	0.2300	0.2125	0.2600	0.2300	0.2450
建筑服务	0.1067	0.1000	0.1033	0.0600	0.0460	0.0530	0.0600	0.1440	0.1020
分销服务	0.6800	0.7067	0.6933	0.5520	0.6080	0.5800	0.6360	0.6640	0.6500
教育服务	0.1067	0.1267	0.1167	0.0600	0.0180	0.0390	0.0600	0.0180	0.0390
环境服务	0.1500	0.2667	0.2083	0.0850	0.2300	0.1575	0.0850	0.2300	0.1575
运输服务	0.1857	0.2429	0.2143	0.0857	0.1829	0.1343	0.1277	0.1829	0.1553
通信服务	0.1986	0.3111	0.2549	0.0988	0.2683	0.1835	0.1192	0.2683	0.1938
商务服务	0.3899	0.4725	0.4312	0.2439	0.3896	0.3167	0.3078	0.3896	0.3487
算术平均值	0.2734	0.3316	0.3025	0.1698	0.2434	0.2066	0.2046	0.2637	0.2341

注：本表没有列举表 6-1 的娱乐服务、健康服务及其他服务，是因为这三类服务业对外开放 100%未做承诺。因此，在计算分行业的贸易承诺自由化指标时，可以不考虑它们。

根据表 6-2 计算结果，可以得出如下结论：

分销服务对外开放程度最高，该部门总体加权后自由化指标高达 0.058，子部门也有不同程度的承诺。完全履行承诺后分销服务开放度可达到 0.065。在市场准入方面，该行业承诺开放度由未完全履行承诺的 0.5520 增长为完全履行承诺的 0.6360；在国民待遇方面，由 0.6080 增长为 0.6640。

商务服务对外开放程度次之，该行业总体加权后自由化指标为0.3167，完全履行承诺后该行业开放度达到0.3487。在市场准入方面，商务服务承诺开放度由未完全履行承诺的0.2439增长为完全履行承诺的0.3078。

加权后旅游服务的自由化指标迅速下降，该行业的总体自由化指标由未加权的0.4542变为加权后的0.2125，完全履行承诺后该行业开放度达到0.2450。同时，在市场准入方面，该行业承诺开放度由未完全履行承诺的0.1950增长为完全履行承诺的0.2600。

通信服务和金融服务是中国加入WTO后最为敏感的行业，两者加权后的自由化指标分别为0.1835和0.1829，完全履行承诺后开放度分别达到0.1938和0.2159。在市场准入方面，通信服务和金融服务的承诺开放度由未完全履行承诺的0.0988和0.1482分别增长为完全履行承诺的0.1192和0.1853。国民待遇方面，金融服务由0.2176增长为0.2465；通信服务没有变化，一直是0.2683。

环境服务对外开放程度也较高，该行业总体加权后自由化指标为0.1575。建筑服务总体加权后自由化指标仅为0.0530。笔者认为，这是对中国建筑服务对外开放度的明显低估。中国加入世界贸易组织已经16年，在市场准入和国民待遇下建筑业“有保留的承诺”中的大多数已经转换为“无限制”，建筑服务自由化指标实际上已经提高。

教育服务对外开放度最低，该部门总体加权后自由化指标仅为0.0390。

从市场准入和国民待遇两个角度分析，目前中国服务业的承诺开放水平并不高，但完全履行承诺后服务业开放水平明显提升。同时，可以看到中国绝大多数服务业在市场准入方面的承诺开放度小于国民待遇方面，这主要是因为发展中国家在选择服务贸易开放承诺时，往往在国民待遇方面做出让步，以在市场准入方面争取有利条件，从而促进国内服务业健康快速发展。

（二）中国服务业开放度的空间分析

1. 服务业外商投资开放度的空间分析

本章使用各省（自治区、直辖市）通过服务业外商投资获得的国外资本存量计算它们的服务业外商投资开放度。首先，计算t期全国层面通过外商投资获得的国外研发资本存量$SFDI_t$，即：

$$SFDI_t = \sum_{j=1}^{10}(FDI_{jt}/GDP_{jt})RD_{jt} \tag{6-4}$$

其中，j = 1，2，…，10，为本章选择的对中国实际投资前十位的经济体，包括中国香港、中国台湾、韩国、新加坡、日本、美国、德国、法国、沙特阿拉伯、英国。FDI_{jt} 为 j 国对中国的 FDI 存量总规模，GDP_{jt} 为 t 期 j 国的 GDP，RD_{jt} 为 t 期 j 国国内研发资本存量，RD_{jt} 的计算方法和国内研发资本存量（RD_{it}）计算方法相同。

其次，计算 i 省 t 期通过服务业对外直接投资获得的国外研发资本存量 FDI_{it}：

$$FDI_{it} = (FDI_{it}/FDI_{t})SFDI_{t} \tag{6-5}$$

其中，i = 1，2，…，30，为中国各省（自治区、直辖市），FDI_t 为 t 期服务业 FDI 存量总规模。

数据来源于各省、自治区和直辖市各年统计年鉴，由于数据的可获得性限制，仅能得到 2004~2014 年各省级单位服务业外商投资额数据，因此计算 2004~2014 年各省（自治区、直辖市）服务业外商投资开放度（见表 6-3）。中国服务业外商投资开放度排名前 10 位的分别为江苏、广东、上海、浙江、辽宁、山东、福建、北京、天津、四川，而中国服务业外商投资开放度居后 10 名的分别为陕西、山西、内蒙古、黑龙江、云南、贵州、甘肃、新疆、宁夏、青海。

2. 服务业对外直接投资开放度的空间分析

本章使用各省（自治区、直辖市）通过服务业对外直接投资获得的国外资本存量计算它们的服务业对外直接投资开放度。

首先，借鉴 LP 的方法计算 t 期全国层面通过服务业 OFDI 获得的国外研发资本存量 $SOFDIR_t$，即：

$$SOFDIR_t = \sum_{j=1}^{34}(a_j OFDI_{jt}/GDP_{jt})RDO_{jt} \tag{6-6}$$

其中，j = 1，2，…，34，是指占中国 OFDI 总存量最多的 34 个国家，根据最新数据，占中国 OFDI 总存量最多的 34 国包括美国、加拿大、德国、法国、瑞典、巴基斯坦、意大利、捷克、澳大利亚、爱尔兰、比利时、波兰、荷兰、英国、匈牙利、西班牙、韩国、哈萨克斯坦、马来西亚、阿根廷、蒙古、泰国、新加坡、伊朗、印度、印度尼西亚、墨西哥、南非、俄罗斯、巴西、赞比亚、哥伦比亚、日本、土耳其。计算通过服务业对外直接投资获得的国外研发资本存量有两个步骤，第一，计算全国层面通过服务业 OFDI 获得的国外研发资本存量，再计算各省通过服务业 OFDI 获得的国外研发资本存量。计算全国层面通过服务业 OFDI 获得的国外研发资本存量时必须得到我国分别对 34 国的服务业 OFDI。

表 6–3　2004~2014 年省（自治区、直辖市）服务业外商投资开放度

省份＼年份	2004	2005	2006	2007	2008	2009	2010	2011	2012	2013	2014	均值
北京	4.40E+09	5.40E+09	5.00E+09	4.50E+09	4.40E+09	5.40E+09	5.30E+09	6.10E+09	8.30E+09	1.10E+10	9.90E+09	6.34E+09
天津	3.90E+09	5.00E+09	5.00E+09	4.20E+09	4.20E+09	5.00E+09	4.80E+09	5.20E+09	6.60E+09	7.80E+09	7.10E+09	5.35E+09
河北	1.70E+09	1.90E+09	1.80E+09	1.50E+09	1.50E+09	1.90E+09	1.80E+09	2.10E+09	2.70E+09	3.30E+09	3.10E+09	2.12E+09
山西	5.80E+08	6.80E+08	8.00E+08	9.10E+08	8.10E+08	1.00E+09	1.00E+09	1.40E+09	1.80E+09	2.10E+09	1.90E+09	1.18E+09
内蒙古	9.00E+08	1.10E+09	1.10E+09	8.70E+08	1.00E+09	1.20E+09	1.00E+09	1.20E+09	1.40E+09	1.40E+09	1.30E+09	1.13E+09
辽宁	5.70E+09	7.20E+09	6.80E+09	5.50E+09	5.60E+09	6.70E+09	6.50E+09	7.50E+09	1.00E+10	1.10E+10	9.80E+09	7.48E+09
吉林	1.60E+09	1.80E+09	2.20E+09	1.60E+09	7.90E+08	9.80E+08	9.80E+08	1.10E+09	1.30E+09	2.00E+09	1.60E+09	1.45E+09
黑龙江	7.90E+08	9.70E+08	9.90E+08	7.40E+08	7.30E+08	9.10E+08	8.70E+08	9.50E+08	1.20E+09	1.40E+09	1.20E+09	9.77E+08
上海	1.40E+10	1.80E+10	1.60E+10	1.30E+10	1.30E+10	1.60E+10	1.50E+10	1.70E+10	2.30E+10	2.80E+10	2.60E+10	1.81E+10
江苏	1.80E+10	2.40E+10	2.30E+10	1.90E+10	1.90E+10	2.30E+10	2.20E+10	2.60E+10	3.50E+10	4.10E+10	3.60E+10	2.60E+10
浙江	7.00E+09	9.00E+09	9.10E+09	7.40E+09	7.20E+09	8.30E+09	8.10E+09	9.10E+09	1.20E+10	1.50E+10	1.30E+10	9.56E+09
安徽	1.10E+09	1.40E+09	1.30E+09	1.20E+09	1.20E+09	1.40E+09	1.30E+09	1.50E+09	2.20E+09	2.60E+09	2.40E+09	1.60E+09
福建	5.70E+09	6.70E+09	6.40E+09	5.20E+09	5.10E+09	6.00E+09	5.50E+09	6.20E+09	8.10E+09	9.60E+09	8.60E+09	6.65E+09
江西	1.40E+09	1.60E+09	1.70E+09	1.50E+09	1.50E+09	1.90E+09	1.90E+09	2.20E+09	3.00E+09	3.60E+09	3.30E+09	2.15E+09
山东	5.80E+09	7.00E+09	6.40E+09	4.90E+09	4.60E+09	5.70E+09	5.50E+09	6.50E+09	8.80E+09	1.10E+10	9.90E+09	6.92E+09
河南	1.20E+09	1.80E+09	1.70E+09	1.30E+09	1.30E+09	1.80E+09	1.70E+09	1.90E+09	2.60E+09	2.90E+09	2.90E+09	1.92E+09
湖北	1.90E+09	2.30E+09	2.00E+09	1.60E+09	1.50E+09	1.90E+09	1.90E+09	2.40E+09	3.20E+09	4.00E+09	3.80E+09	2.41E+09
湖南	9.90E+08	1.40E+09	1.50E+09	1.20E+09	1.20E+09	1.40E+09	1.40E+09	1.60E+09	2.10E+09	2.50E+09	2.30E+09	1.60E+09
广东	2.20E+10	2.60E+10	2.30E+10	1.80E+10	1.70E+10	2.00E+10	1.90E+10	2.10E+10	2.70E+10	3.10E+10	2.80E+10	2.29E+10

续表

年份 省份	2004	2005	2006	2007	2008	2009	2010	2011	2012	2013	2014	均值
广西	1.10E+09	1.30E+09	1.30E+09	1.10E+09	1.20E+09	1.40E+09	1.20E+09	1.40E+09	1.70E+09	2.00E+09	1.90E+09	1.42E+09
海南	7.20E+08	8.20E+08	8.50E+08	4.80E+09	4.40E+09	4.60E+09	1.10E+09	1.00E+09	1.50E+09	1.70E+09	1.40E+09	2.08E+09
重庆	6.00E+08	7.10E+08	6.70E+08	1.00E+09	1.10E+09	1.40E+09	1.50E+09	2.00E+09	3.00E+09	3.60E+09	3.30E+09	1.72E+09
四川	1.20E+09	1.50E+09	1.40E+09	1.40E+09	1.90E+09	2.30E+09	2.40E+09	2.60E+09	3.60E+09	4.40E+09	4.10E+09	2.44E+09
贵州	1.90E+08	2.10E+08	1.90E+08	1.40E+08	1.50E+08	1.80E+08	1.80E+08	2.60E+08	4.30E+08	7.30E+08	7.70E+08	3.12E+08
云南	6.60E+08	7.50E+08	7.70E+08	6.00E+08	6.40E+08	8.10E+08	7.90E+08	9.40E+08	1.30E+09	1.50E+09	1.20E+09	9.05E+08
陕西	1.00E+09	1.20E+09	1.10E+09	8.40E+08	6.20E+08	8.20E+08	8.00E+08	9.00E+08	1.70E+09	2.20E+09	2.20E+09	1.22E+09
甘肃	2.60E+08	2.80E+08	2.00E+08	1.60E+08	1.70E+08	2.50E+08	2.80E+08	2.90E+08	3.90E+08	4.00E+08	3.30E+08	2.74E+08
青海	8.00E+07	6.20E+07	1.40E+08	1.20E+08	1.50E+08	1.40E+08	1.00E+08	1.40E+08	1.60E+08	1.80E+08	1.50E+08	1.29E+08
宁夏	3.40E+08	4.00E+08	3.20E+08	1.10E+08	1.10E+08	1.30E+08	1.80E+08	2.00E+08	1.70E+08	2.20E+08	2.60E+08	2.22E+08
新疆	1.20E+08	1.60E+08	1.90E+08	1.60E+08	2.10E+08	2.40E+08	2.30E+08	2.50E+08	3.70E+08	4.00E+08	3.80E+08	2.46E+08

注：由于版面有限，本章采取科学记数法，例如：20181700000000=2.01817×10^{13}。计算器或电脑表达10的幂时一般用E，因此20181700000000=2.01817E+13。表6-4、表6-5同。

资料来源：笔者计算得出。

$OFDI_{jt}$ 为中国对 j 国的 OFDI 存量总规模，a_j 为中国对各国服务业 OFDI 所占比重，该数据不可得，因此分别使用中国对各大洲服务业 OFDI 所占比重来代替。GDP_{jt} 为 t 期 j 国的 GDP，RDO_{jt} 为 t 期 j 国国内研发资本存量，RDO_{jt} 的计算方法和国内研发资本存量（RDO_{it}）的计算方法相同。第二，计算 i 省（自治区、直辖市）t 期通过服务业对外直接投资获得的国外研发资本存量 $SOFDIR_{it}$：

$$SOFDIR_{it} = (OFDI_{it} \times \varepsilon_i / OFDI_t) SOFDIR_t \tag{6-7}$$

其中，$SOFDIR_{it}$ 为 i 省 t 期通过对 34 国服务业 OFDI 获得的国外研发资本存量。$OFDI_{it}$ 为 i 省 t 期对外直接投资存量，由于各省服务业 OFDI 数据不可得，本章根据商务部公布的 1980 年至今中国对外投资企业名录中的各省（自治区、直辖市）境内投资主体在各国的境外投资企业名录，计算截至 2014 年末 i 省（自治区、直辖市）服务业对外投资企业数目所占比重 ε_i，即各省（自治区、直辖市）服务业对外投资企业数目所占比重，$OFDI_t$ 为全国对外直接投资存量规模。中国对外直接投资存量数据来源于《中国对外直接投资统计公报》，其他数据来源于世界银行。

2004~2014 年各省（自治区、直辖市）服务业对外直接投资开放度如表 6-4 所示。中国服务业对外直接投资开放度排名前 10 位的分别为广东、浙江、江苏、北京、上海、山东、辽宁、天津、湖南、福建，而中国服务业对外直接投资开放度居后十名的分别为湖北、海南、江西、广西、内蒙古、甘肃、山西、宁夏、贵州、青海。

3. 服务贸易开放度的空间分析

本章使用各省（自治区、直辖市）通过进口获得的国外资本存量计算它们的服务业进口开放度。首先，计算 t 期全国层面通过进口获得的国外研发资本存量 $SIMP_t$，即：

$$SIMP_t = \sum_{j=1}^{10} (IMP_{jt}/GDP_{jt}) RD_{jt} \tag{6-8}$$

其中，j = 1，2，…，10，为前文提到的 10 国，IMP_{jt} 为 t 期中国从 j 国的进口存量总规模。

其次，计算 i 省 t 期通过进口获得的研发资本存量 FDI_{it}：

$$FDI_{it} = (IMP_{it}/IMP_t) SIMP_t \tag{6-9}$$

其中，IMP_{it} 为 i 省（自治区、直辖市）t 期服务业进口贸易额，i = 1，2，…，30，为中国各省（自治区、直辖市），IMP_t 为 t 年服务业进口总规模。

表 6-4　2004~2014 年省（自治区、直辖市）服务业对外直接投资开放度

省份＼年份	2004	2005	2006	2007	2008	2009	2010	2011	2012	2013	2014	均值
北京	7.28E+05	1.00E+06	1.20E+06	3.10E+06	4.60E+06	8.00E+06	1.10E+07	1.60E+07	2.60E+07	4.50E+07	1.10E+08	2.06E+07
天津	8.84E+03	2.71E+04	7.89E+04	1.95E+05	2.33E+05	4.87E+05	8.57E+05	1.40E+06	2.90E+06	5.00E+06	1.40E+07	2.29E+06
河北	5.07E+04	8.40E+04	1.17E+05	2.12E+05	2.74E+05	5.35E+05	8.78E+05	1.50E+06	2.30E+06	3.50E+06	4.90E+06	1.30E+06
山西	3.98E+03	7.22E+03	1.69E+04	3.83E+04	2.40E+04	8.15E+04	1.03E+05	1.56E+05	2.63E+05	3.88E+05	4.68E+05	1.41E+05
内蒙古	1.47E+03	4.60E+03	1.10E+04	2.70E+04	3.70E+04	8.40E+04	1.04E+05	1.46E+05	4.16E+05	5.81E+05	9.00E+05	2.10E+05
辽宁	2.26E+04	2.61E+04	9.86E+04	2.44E+05	3.12E+05	8.89E+05	2.10E+06	3.20E+06	6.70E+06	7.60E+06	9.90E+06	2.83E+06
吉林	1.02E+04	1.32E+04	1.98E+04	6.17E+04	1.02E+05	2.20E+05	2.96E+05	4.28E+05	7.34E+05	1.10E+06	1.40E+06	3.99E+05
黑龙江	2.46E+04	6.70E+04	1.37E+05	2.52E+05	3.31E+05	4.09E+05	5.21E+05	8.20E+05	1.60E+06	2.10E+06	2.80E+06	8.24E+05
上海	1.30E+06	1.80E+06	2.80E+06	5.00E+06	3.40E+06	6.40E+06	1.20E+07	1.40E+07	4.00E+07	5.30E+07	8.20E+07	2.02E+07
江苏	4.07E+05	6.32E+05	1.10E+06	3.30E+06	4.50E+06	7.60E+06	1.20E+07	2.10E+07	3.90E+07	5.60E+07	8.50E+07	2.10E+07
浙江	3.04E+05	6.90E+05	1.30E+06	3.40E+06	4.30E+06	9.40E+06	2.00E+07	2.80E+07	4.40E+07	5.80E+07	8.80E+07	2.34E+07
安徽	3.31E+03	6.70E+03	1.79E+04	4.25E+04	5.30E+04	8.29E+04	3.52E+05	6.13E+05	1.20E+06	1.90E+06	2.30E+06	5.97E+05
福建	4.65E+04	5.48E+04	1.53E+05	4.16E+05	4.83E+05	7.83E+05	1.00E+06	1.50E+06	2.60E+06	3.20E+06	4.30E+06	1.32E+06
江西	1.16E+03	1.83E+03	4.66E+03	1.97E+04	3.08E+04	5.03E+04	9.13E+04	1.91E+05	5.00E+05	7.67E+05	1.40E+06	2.78E+05
山东	3.45E+05	5.20E+05	9.41E+05	2.10E+06	2.60E+06	3.80E+06	7.60E+06	1.50E+07	2.80E+07	3.80E+07	5.10E+07	1.36E+07
河南	1.22E+04	4.15E+04	2.26E+04	8.83E+04	1.26E+05	2.54E+05	3.30E+05	5.30E+05	1.00E+06	1.40E+06	2.00E+06	5.28E+05
湖北	2.71E+03	4.47E+03	8.73E+03	1.68E+04	1.77E+04	3.66E+04	6.88E+04	3.99E+05	8.17E+05	1.00E+06	1.50E+06	3.52E+05
湖南	2.60E+03	1.36E+04	4.48E+04	1.98E+05	4.28E+05	1.50E+06	2.10E+06	3.00E+06	4.90E+06	5.50E+06	7.30E+06	2.27E+06
广东	1.90E+06	2.90E+06	4.20E+06	1.10E+07	1.30E+07	1.60E+07	2.10E+07	3.80E+07	6.90E+07	9.60E+07	1.50E+08	3.85E+07

续表

省份＼年份	2004	2005	2006	2007	2008	2009	2010	2011	2012	2013	2014	均值
广西	2.90E+03	1.02E+04	9.56E+03	3.23E+04	4.34E+04	1.10E+05	2.02E+05	3.08E+05	5.13E+05	6.38E+05	9.66E+05	2.58E+05
海南	8.65E+02	9.44E+02	1.24E+03	6.05E+03	5.79E+03	1.70E+04	5.37E+04	3.08E+05	8.17E+05	8.57E+05	1.00E+06	2.79E+05
重庆	1.76E+04	9.98E+03	1.31E+04	4.40E+04	7.12E+04	9.01E+04	2.06E+05	4.05E+05	8.25E+05	9.52E+05	1.40E+06	3.67E+05
四川	8.48E+03	2.78E+04	5.07E+04	2.44E+05	2.06E+05	3.20E+05	7.92E+05	1.40E+06	2.20E+06	2.60E+06	3.80E+06	1.06E+06
贵州	5.56E+01	1.23E+02	6.70E+01	2.39E+02	9.43E+02	1.30E+03	1.26E+03	3.57E+03	8.29E+03	3.15E+04	3.58E+04	7.57E+03
云南	3.02E+03	1.03E+04	2.23E+04	8.76E+04	1.80E+05	3.45E+05	5.99E+05	8.21E+05	1.70E+06	2.30E+06	3.40E+06	8.61E+05
陕西	1.40E+03	2.40E+03	5.60E+03	1.72E+04	5.51E+04	1.37E+05	2.43E+05	4.63E+05	9.61E+05	1.10E+06	1.50E+06	4.08E+05
甘肃	8.53E+02	2.73E+03	4.15E+03	1.94E+04	4.41E+04	5.25E+04	6.46E+04	1.42E+05	3.75E+05	4.48E+05	4.94E+05	1.50E+05
青海	1.81E+01	3.90E+01	6.04E+01	1.13E+02	1.54E+02	2.71E+02	3.39E+02	5.80E+02	1.84E+03	5.40E+03	6.56E+03	1.40E+03
宁夏	4.02E+01	3.45E+02	9.54E+02	1.34E+03	1.77E+03	2.19E+03	2.72E+03	4.04E+03	1.07E+04	1.78E+04	4.91E+04	8.27E+03
新疆	2.90E+03	7.48E+03	1.74E+04	4.27E+04	1.09E+05	1.68E+05	2.38E+05	4.16E+05	7.71E+05	9.43E+05	1.40E+06	3.74E+05

资料来源：笔者计算得出。

当前只有各省（自治区、直辖市）进口额和出口额，缺失服务业进口额和出口额的数据，因此，只能计算各省（自治区、直辖市）通过进口获得的国外研发资本存量。2004~2014 年各省（自治区、直辖市）贸易开放度如表 6-5 所示。中国贸易开放度排名前 10 的省份分别为广东、江苏、上海、山东、浙江、北京、天津、辽宁、福建、河北，中国贸易开放度居后五名的分别为云南、甘肃、贵州、宁夏、青海。

三、经验总结

改革开放初期，服务业开放的力度比农业、制造业要弱一些，但随着中国“入世”和融入经济全球化进程步伐的加快，服务业开放的作用日益突出，已经成为中国开放型经济新体制和形成全面开放新格局的战略重点。如何总结服务业开放 40 年的经验，实施积极有效的政策措施，推动服务业高质量开放有着极为重要的意义。

（一）坚持遵循渐进开放、由易到难的原则

中国的改革开放选择了“渐进式改革”的方式，这个选择适合中国特色的社会主义发展道路和中国现状，与中国经济社会发展状况、时代背景是契合的。这条道路的一大特点就是先在局部领域或者地区进行试点，通过实践积累足够的经验后再根据实际效果和社会需要，不断深化和扩大改革开放范围，避免对国内产业造成过大冲击，降低系统性风险。服务业开放是一个系统工程，还受到复杂的国际环境等因素的影响，有些领域还涉及国家利益、国家安全以及民众的心理承受能力。因此，中国服务业开放只能走分步渐进、由易到难的道路。一般来说，服务业的开放可以直接或间接地增强东道国的经济效率和技术水平、提高东道国的总体福利水平。但是，发展中国家在推进服务业尤其是现代服务业开放的过程中也是有代价的，如果没有把握好对外开放的度，还会对国家经济社会发展与安全造成冲击。因此，需要充分权衡对外开放的成本和风险，坚持由易到难、循序渐进。中国服务业开放在履行加入 WTO 承诺后逐渐加大力度和扩大范围，充分考虑国家经济安全和外国文化对国内的冲击与影响等要素，因势利导，有序开

表 6-5 2004~2014 年各省（自治区、直辖市）贸易开放度

省份＼年份	2004	2005	2006	2007	2008	2009	2010	2011	2012	2013	2014	均值
北京	4.00E+09	4.50E+09	5.90E+09	6.60E+09	7.40E+09	7.90E+09	1.00E+10	1.10E+10	1.10E+10	1.20E+10	1.50E+10	8.66E+09
天津	3.00E+09	3.70E+09	4.50E+09	4.80E+09	5.60E+09	5.70E+09	6.80E+09	7.80E+09	8.60E+09	1.00E+10	1.20E+10	6.59E+09
河北	7.40E+08	9.30E+08	1.10E+09	1.60E+09	2.70E+09	2.90E+09	4.30E+09	5.70E+09	5.30E+09	6.00E+09	5.90E+09	3.38E+09
山西	2.50E+08	3.60E+08	4.00E+08	7.10E+08	7.20E+08	7.10E+08	9.00E+08	1.00E+09	9.50E+08	9.00E+08	9.00E+08	7.09E+08
内蒙古	3.30E+08	3.90E+08	4.40E+08	6.70E+08	7.20E+08	7.70E+08	9.30E+08	1.00E+09	1.00E+09	1.10E+09	1.20E+09	7.77E+08
辽宁	2.70E+09	2.90E+09	3.10E+09	3.80E+09	4.90E+09	5.10E+09	6.70E+09	7.30E+09	7.70E+09	8.30E+09	9.10E+09	5.60E+09
吉林	7.40E+08	5.90E+08	7.30E+08	9.20E+08	1.10E+09	1.20E+09	1.60E+09	2.10E+09	2.20E+09	2.40E+09	2.70E+09	1.48E+09
黑龙江	4.60E+08	6.00E+08	9.20E+08	1.10E+09	1.40E+09	9.60E+08	1.20E+09	2.00E+09	2.10E+09	1.80E+09	2.30E+09	1.35E+09
上海	1.20E+10	1.20E+10	1.50E+10	1.70E+10	1.90E+10	1.90E+10	2.40E+10	2.80E+10	2.80E+10	3.00E+10	3.40E+10	2.16E+10
江苏	1.20E+10	1.50E+10	1.80E+10	2.10E+10	2.30E+10	2.20E+10	2.80E+10	3.00E+10	3.00E+10	3.20E+10	3.40E+10	2.41E+10
浙江	4.50E+09	5.40E+09	6.80E+09	7.90E+09	9.40E+09	8.60E+09	1.10E+10	1.30E+10	1.20E+10	1.30E+10	1.30E+10	9.51E+09
安徽	4.60E+08	5.30E+08	7.30E+08	9.20E+08	1.10E+09	9.90E+08	1.60E+09	1.70E+09	1.40E+09	2.00E+09	2.20E+09	1.24E+09
福建	2.60E+09	2.70E+09	3.00E+09	3.30E+09	3.80E+09	4.10E+09	5.60E+09	6.30E+09	6.70E+09	7.30E+09	8.70E+09	4.92E+09
江西	3.00E+08	2.90E+08	4.30E+08	6.20E+08	8.90E+08	8.50E+08	1.20E+09	1.30E+09	1.20E+09	1.30E+09	1.60E+09	9.07E+08
山东	4.30E+09	5.30E+09	6.50E+09	8.00E+09	1.10E+10	1.10E+10	1.50E+10	1.80E+10	1.90E+10	2.10E+10	2.30E+10	1.29E+10
河南	4.00E+08	4.40E+08	4.90E+08	6.50E+08	9.20E+08	8.60E+08	9.90E+08	1.60E+09	2.60E+09	2.90E+09	3.40E+09	1.39E+09
湖北	5.80E+08	7.40E+08	8.10E+08	9.30E+08	1.20E+09	1.10E+09	1.50E+09	1.70E+09	1.60E+09	1.80E+09	2.20E+09	1.29E+09
湖南	3.90E+08	4.00E+08	3.60E+08	4.60E+08	5.90E+08	7.30E+08	8.90E+08	1.10E+09	1.10E+09	1.20E+09	1.50E+09	7.93E+08
广东	2.30E+10	2.50E+10	3.10E+10	3.50E+10	3.80E+10	3.70E+10	4.70E+10	5.20E+10	5.60E+10	6.70E+10	6.50E+10	4.33E+10

续表

年份 省份	2004	2005	2006	2007	2008	2009	2010	2011	2012	2013	2014	均值
广西	3.40E+08	3.70E+08	4.90E+08	7.10E+08	9.90E+08	1.20E+09	1.70E+09	2.80E+09	3.70E+09	3.60E+09	4.20E+09	1.83E+09
海南	2.80E+08	1.60E+08	3.00E+08	6.90E+08	9.70E+08	9.20E+08	1.00E+09	1.30E+09	1.40E+09	1.40E+09	1.70E+09	9.20E+08
重庆	2.50E+08	2.30E+08	2.90E+08	3.70E+08	4.60E+08	4.90E+08	6.10E+08	1.10E+09	1.70E+09	2.50E+09	4.00E+09	1.09E+09
四川	4.30E+08	4.60E+08	6.50E+08	8.00E+08	1.10E+09	1.40E+09	1.80E+09	2.20E+09	2.40E+09	2.70E+09	3.20E+09	1.56E+09
贵州	1.50E+08	1.20E+08	1.10E+08	1.50E+08	2.50E+08	1.60E+08	1.80E+08	2.70E+08	2.20E+08	1.90E+08	2.00E+08	1.82E+08
云南	2.30E+08	3.30E+08	4.30E+08	5.70E+08	6.00E+08	5.20E+08	6.60E+08	7.10E+08	7.80E+08	8.60E+08	1.20E+09	6.26E+08
陕西	2.60E+08	2.90E+08	3.30E+08	3.70E+08	4.50E+08	6.30E+08	7.70E+08	8.60E+08	7.80E+08	1.20E+09	1.80E+09	7.04E+08
甘肃	1.20E+08	2.40E+08	3.70E+08	5.30E+08	5.90E+08	5.00E+08	7.80E+08	7.30E+08	6.20E+08	6.60E+08	4.20E+08	5.05E+08
青海	2.50E+07	2.30E+07	5.50E+07	5.00E+07	5.00E+07	7.10E+07	6.40E+07	5.00E+07	4.50E+07	6.10E+07	4.00E+07	4.85E+07
宁夏	5.30E+07	4.80E+07	6.70E+07	7.80E+07	1.10E+08	1.30E+08	1.30E+08	9.30E+07	9.30E+07	9.80E+07	1.80E+08	9.82E+07
新疆	4.10E+08	4.20E+08	4.20E+08	6.00E+08	8.00E+08	7.10E+08	1.10E+09	1.90E+09	2.30E+09	2.60E+09	2.80E+09	1.28E+09

资料来源：笔者计算得出。

放，遵循如下的步骤：第一步，逐步放松对服务市场的直接管制，开放服务产品市场，减少服务产品领域非关税壁垒；第二步，逐步开放服务要素市场，减少无形产品贸易壁垒和投资进入壁垒；第三步，大幅度放宽市场准入，除了关系到国家安全的服务业都要尽可能放开，金融、教育、文化、医疗等服务正在有序开放，健康养老、建筑设计、会计审计、商贸物流、电子商务等服务领域的外资准入限制正在大幅削减，还要不断扩大自贸区试点范围，探索建设自由港。

（二）坚持以开放促发展、推改革的原则

40年的改革开放经历告诉我们：发展、改革、开放是相辅相成的，需要正确处理好三者之间的关系。发展是硬道理，是中国共产党执政兴国的第一要务。发展是经济社会进步、民生福祉改善、深化改革开放的物质基础。改革是经济增长的动力，是事关新时代中国特色社会各项事业推进的关键因素。中国正处在改革的深水区和攻坚阶段，改革的深刻性、复杂性、艰巨性前所未有，改革的迫切性和紧迫性亦前所未有。继续全面深化改革、高举改革大旗，是贯穿于社会主义现代化建设始终的重要方略。开放是国家繁荣发展的必由之路，以开放促改革、促发展，是现代化建设不断取得新成就的重要法宝。

改革开放40年来，在“扩大对外开放”“发展更高层次的开放型经济”的战略引领下，服务业开放从无到有、从局部开放到形成全面开放新格局，取得了非凡的成就。这种成就不仅体现在服务业自身的迅速发展，而且通过境外资本、高端服务业人才、各类服务要素进入，以及对服务贸易国际规则的遵循和适用，对中国经济增长、技术进步、经济结构优化、高质量就业、借鉴国际经验推动相关领域改革、优化营商环境、促进贸易和投资自由化便利化、带动中国对外投资和实施“走出去”战略都发挥了极为重要的作用。全球服务业规模已经是世界经济总量的2/3，经济全球化的一个重要特征就是服务全球化，中国利用外资总量的70%在服务业领域，国际产业转移和国际资本流动已经从以制造业为主转向以服务业为主。在这种背景下，我们更要扩大服务业开放，更加坚定以服务业开放促发展、推改革的原则，充分释放服务业开放的“红利”。

（三）坚持“引进来”和“走出去”相结合的原则

对外开放是“引进来”和“走出去”的有机统一，两者不可偏废。服务业“引进来”的成绩斐然，而且从过去单纯地引资转向引资、引智、引技三者并举，

不仅带动了服务业水平的提升，而且带动了相关企业攀升全球产业链、价值链和创造链。服务业“走出去”是我们的短板，一是中国服务业竞争力较低，二是中国服务业开放相对起步较晚，中国既有的政策法规与国际投资和国际服务贸易规则尚存差异。可见，“走出去”存在制度政策性障碍。但我们也应该看到，改革开放 40 年来，特别是近几年“一带一路”倡议由理念转化为行动，服务业“走出去”也有了长足的进步，越来越多的服务业企业开始大踏步走向国际市场，参与国际竞争，商品和服务跨境交易越来越普遍。要弥补服务企业“走出去”这个短板，既需要企业提高自身竞争力和对国际市场的适应能力，更需要政府利用财政税收、信用担保、金融支持、法律维权等手段助推服务企业积极参与国际市场竞争。自由贸易区建设是中国对外开放战略的一个重要支点，也是服务业开放的重要载体和平台。正确且充分利用自由贸易区平台，既可加快与其他国家在服务业领域的互惠开放，又可促进中国服务业抓住更多机会、更高质量地“走出去”。

（四）坚持对外、对内双向开放的原则

完整意义上的服务业开放既包括对外开放，又包括对内开放，两者必须兼顾，不能“厚外薄内”，即凡是对外资开放的，也要同步对内对等开放，在降低相关行业垄断的同时，避免外资企业享有超国民待遇。从中国服务业发展、改革和开放的历程看，在改革开放的初期，国内缺资本、缺技术、缺资金、缺管理经验，在这种背景下，地方政府在引进外资时竞相开出优惠条件，给予外资超国民待遇，是当时务实的选择。改革开放深入到一定阶段，各类市场主体更具平等公正竞争的意识，要素成本也明显上升了，各地区引进外资也更加注重质量和产业的适应性，不再以超国民待遇来吸引外资。2007 年，《国务院关于加快发展服务业若干意见》（国发〔2007〕7 号）就明确规定：“凡是法律法规没有明令禁入的服务业领域，都要向社会资本开放；凡是向外资开放的领域，都要向内资开放。”自此以后，中国按照这一原则不断对内资放开一些过去被视为“禁地”或“限制”的服务业领域，切实贯彻“非禁即入”的政策，较大力度地推进垄断行业改革，取消对非国有资本或者非本地要素的不平等做法，形成了政府投资、民间投资、利用外资等多元化投融资机制。

四、政策建议

（一）推动服务业供给侧结构性改革，提高服务业发展水平，夯实服务业开放基础

服务业快速高质发展是提升中国服务业国际竞争力、建设服务业强国的根本出路，也是扩大服务业开放的前提和基础。近些年，中国服务业发展进步显著，但服务业整体发展水平和西方发达国家相比还有较大差距，面临着诸多问题和挑战。例如，行业附加值率偏低，以劳动密集型服务业为主，传统服务业比重偏高，附加值高的知识密集型服务业和专业服务业严重滞后；制造业和生产性服务业发展严重脱节，生产性服务业对制造业转型升级的推动不足；服务业领域竞争不够充分，服务业管制过多，监管与治理不能适应新经济、新服务的发展；等等。积极推进服务业领域的供给侧结构性改革，补齐发展短板，提高服务业供给水平，增加服务业知识含量和附加值，推动服务业高质发展，是摆脱高端服务业被发达国家和跨国巨头掌控局面、扭转服务贸易低端锁定的根本出路。因此，要从加大政策扶持、吸引外资、培养人才、推进跨界融合等角度等做大服务业体量，鼓励制造业企业服务化、生产性服务业和高端服务业发展，夯实服务业开放的发展根基。

（二）确立“服务先行”的对外贸易战略

从对外贸易的发展历程来看，中国虽然早已制定了较为完善的对外贸易发展战略，但对服务出口的重视程度还不够。在服务贸易领域，缺乏一个全国性的纲领性发展规划。笔者建议基于中国服务贸易逆差不断扩大的严峻形势，应把发展服务贸易放在整个对外贸易的优先地位，制定“服务先行”战略，对服务贸易发展战略目标、基本方针、基本原则、重要任务、支撑保障等予以明确。全面提升全社会对服务贸易的关注程度，完善各项机制，激活社会活力，给服务贸易大发展插上腾飞的翅膀，最终实现服务贸易与货物贸易的平衡发展。鉴于中国服务贸易创新能力不足、国际竞争力较弱的现状，建议政府设立服务贸易创新发展基

金，发挥财政资金杠杆的引领作用，鼓励风险投资基金和天使投资进入服务贸易领域，甚至在必要条件下，鼓励地方国资控股企业对服务业创投企业进行战略投资，扶持创新创业类服务企业发展。

（三）健全服务业开放的相关法律制度

当前中国服务业相关法律法规还不够健全，尤其是部分“入世”时承诺开放的部门尚未立法，因此，亟须根据服务业相关部门的重要性，结合时刻表的进度，早日健全中国服务业的相关法制制度。探索服务业利用外资新模式，在外国企业和外资项目投资过程的所有环节实行完全的国民待遇。同时，应放宽银行类金融机构、证券公司、证券投资基金管理公司、期货公司、保险机构、保险中介机构外资准入限制，放开会计审计、建筑设计、评级服务等领域外资准入限制，推进电信、互联网、文化、教育、交通运输等领域的有序开放。

（四）增强外资企业与国内购买方和服务供应商之间的关联度

中国服务业发展和开放相对滞后，一个重要原因是在中国境内投资的制造业企业与本地的生产性服务业缺乏强关联度，这在很大程度上抑制了中国服务业，特别是高端服务业的发展和开放。为此，应在以下两个方面有所突破：一是要通过各级政府的引导和扶持，广泛开展，积极联动，发展面向产业集群的生产性服务业。二是推动企业创新，促进企业快速成长，制定政策，构建服务业科技进步平台，提高企业研发投入，由当前中国单纯参与全球价值链向建立并主导全球价值链转变，在对外开放进程中逐渐提升国际贸易竞争力，同时推动中国不同区域服务业差异化开放。

（五）加大对“一带一路”沿线国家的对外直接投资，提升企业对外投资逆向技术溢出效应

一是深化双边经贸合作，加快劳动密集型产业向南亚和东南亚等发展中国家转移。加强与印度尼西亚、菲律宾、文莱等国在远洋渔业、水产品加工、海洋生物制药、海水养殖、海洋工程和海上旅游等海洋经济领域的投资与合作，通过市场寻求型和资源寻求型对外投资，显著提高中国对外投资企业的利润。二是增强对发达国家的技术寻求型投资，同时利用中欧和东欧劳动力素质高和背靠欧盟市场的优势，优先在该地区开拓高铁、航空、核电、钢铁、新能源等领域的战略投

资合作。三是推动“互联网+服务业开放合作”融合发展，各地区应制定促进“互联网+”发展的相关政策，抓住发展机遇，加强与“一带一路”沿线国家交流合作，促进服务业开放，支持互联网企业“走出去”，发挥互联网企业已有优势，参与国际竞争，赢得市场主导权。

参考文献

[1] 吴跃农：《1979 年邓小平请荣毅仁等工商界五老吃火锅》，《党史纵横》2006 年第 1 期。

[2] 李勇坚、夏杰长：《我国利用外资进入“服务经济时代”》，《中国日报》2012 年 1 月 6 日。

[3] 李西林：《开放与第三产业》，《社会科学》1985 年第 5 期。

[4] 胡乃武：《GATS 与中国服务业开放承诺》，《浙江经济》2002 年第 11期。

[5] 沈玉良、汤海燕：《新一轮服务业开放的政策选择》，《国际贸易》2007 年第 11 期。

[6] 张平：《开放经济视野下的中国服务业发展研究》，中国经济出版社 2016 年版。

[7] 杨荣珍：《中印服务业市场开放比较》，《世界贸易组织动态与研究》2007 年第 2 期。

[8] 夏杰长、姚战琪：《服务业外商投资与经济结构调整：基于中国的实证研究》，《南京大学学报》（哲学社会科学版）2013 年第 3 期。

[9] 习近平：《决胜全面建成小康社会，夺取新时代中国特色社会主义伟大胜利——在中国共产党第十九次全国代表大会上的报告》，人民出版社 2017 年版。

[10] 朱光耀：《详解中美经济领域合作成果：互利共赢　影响深远》，http：//economy.caijing.com.cn/20171110/4358846.shtml，2017 年 11 月 10 日。

[11] Hoekman，Kostecki，*The Political Economy of the World Trading System from GATT to WTO*，Oxford：Oxford University Press，1995.

[12] 汪洋：《推动形成全面开放新格局》，《人民日报》2017 年 11 月 10 日。

[13] 夏杰长、刘奕、李勇坚：《“十二五”时期我国服务业发展总体思路研究》，《经济学动态》2010 年第 12 期。

（夏杰长、姚战琪：中国社会科学院财经战略研究院）

第七章　服务业外商投资与经济结构调整

摘　要：服务业外商直接投资、非传统服务业增加值和我国第二、第三产业增加值三者之间的内在关系，除了体现为服务业外商直接投资和非传统服务业分别对第二、第三产业增加值的直接影响之外，还通过服务业外商直接投资与非传统服务业增加值之间的交互影响从而对我国第二、第三产业增长产生间接影响，因此三变量之间存在极为密切的联系。在服务业外商投资存量、非传统服务业增加值、第二和第三产业增加值三变量的因果检验中，非传统服务业增加值是第二、第三产业增加值变动的 Granger 因，但第二、第三产业增加值不是非传统服务业增加值变动的 Granger 因，这表明非传统服务业增加值与第二、第三产业增加值存在一个单向因果关系。虽然服务业外商投资是第二、第三产业增加值变动的 Granger 因，但第二、第三产业增加值不是服务业外商投资流量变动的 Granger 因，同时，非传统服务业增加值也不是服务业外商投资流量变动的 Granger 因。

一、文献综述

服务业外商投资对东道国市场结构变动产生的影响成为经济学家关注的重大问题之一。Dubin（1975）的研究结果认为，不同进入方式的外商直接投资对东道国市场集中度的影响不同，而外资企业对东道国市场集中度的具体影响需根据东道国原有行业的市场竞争格局而定。部分学者认为，服务业外商投资对东道国服务业直接产生"软技术"溢出效应。Miroudout（2006）认为，服务业国际投资及对外开放对从发达国家到发展中国家的技术转让和技术扩散产生积极影响，认为服务贸易增加了接触外国技术的机会，开放服务市场可以降低技术转让成本。

服务业外商投资促进本地服务质量提高也得到了国际学术界的认可。Dunning（1989）将基于制造业的“国际生产折衷论”应用于服务业对外直接投资，认为服务业对外直接投资的优势在于对诸如管理或营销技巧等无形资产的所有权，因此相对于本土企业，服务业跨国公司在技术、管理及营销等方面具有明显优势。

服务业国际投资和服务贸易作为推动服务全球化的主要力量，有力地推动了中国深入参与全球产业分工体系，尤其是服务业外商投资成为促进产业结构升级、提升我国经济综合竞争力和服务贸易竞争力的重要因素之一。笔者对外商直接投资与中国经济增长之间关系的实证研究表明，服务业增加值与国内生产总值保持双向的 Granger 因果关系，同时，服务业外商投资流量是引起国内生产总值增长的 Granger 原因，但国内生产总值不是服务业外商直接投资的 Granger 因。近年来，我国学术界围绕着服务业开放与经济增长的互动关系进行了比较深入的研究。王小平（2005）对我国服务业利用外资的实证研究表明，我国服务业利用外资与服务业经济增加值、服务业就业、服务贸易等指标虽保持直接相关性，但相关性较弱，服务业利用外资的作用主要体现在促进和带动服务业体制改革、管理创新、技术进步、产业带动与服务业的外向型发展等方面。唐忠（2001）等分析了影响中国服务业外商直接投资的因素，并进行服务业外商投资与服务贸易关系的实证研究。刘燕（2012）对服务业 FDI 对中国生产率增长的影响进行的实证分析结果表明，服务业 FDI 显著地促进了服务行业的全要素生产率增长、技术效率和技术进步。目前，学术界缺乏对服务业外商投资与我国经济结构调整之间长期关系进行理论分析和实证检验的研究成果。本章从服务业外商投资促进经济增长与经济结构调整以及非传统服务业与经济结构调整推动服务业外商投资两个角度，研究 20 世纪 80 年代以来，中国第二和第三产业增加值、非传统服务业增加值与服务业外商直接投资之间的互动关系和内在影响机制。

二、模型及研究方法

（一）研究方法

现有的理论研究表明，服务业外商直接投资、非传统服务业增加值对我国第

二、第三产业增加值的影响，除了服务业外商直接投资和非传统服务业分别对第二、第三产业增加值的直接影响之外，还通过服务业外商直接投资与非传统服务业增加值之间的交互影响从而对我国第二、第三产业增长产生的间接影响，因此三变量之间存在极为密切的联系。向量自回归模型（VAR）依托经济理论分析框架，以系统中每一个内生变量作为系统中所有内生变量的滞后值的函数来构造模型，更多的是依据数据自身的内在特征探讨经济变量之间的关系，克服了传统经济计量方法不足等问题。基于此，本章采用向量自回归模型的分析方法，设定基本模型为：

$$\begin{pmatrix} HSGDP \\ SFDI \\ TSGDP \end{pmatrix} = \alpha_1 \begin{pmatrix} HSGDP_{t-1} \\ SFDI_{t-1} \\ TSGDP_{t-1} \end{pmatrix} + \alpha_2 \begin{pmatrix} HSGDP_{t-2} \\ SFDI_{t-2} \\ TSGDP_{t-2} \end{pmatrix} + \alpha_3 \begin{pmatrix} HSGDP_{t-3} \\ SFDI_{t-3} \\ TSGDP_{t-3} \end{pmatrix} + \cdots + \begin{pmatrix} e_{1t} \\ e_{2t} \\ e_{3t} \end{pmatrix},\ t = 1,\ 2,\ \cdots,\ T \tag{7-1}$$

其中，LHSGDP 为各年非传统服务业国内生产总值，LSFDI 为服务业外商直接投资，LTSGDP 为第二、第三产业增加值。本章采用向量自回归模型的分析方法，具体包括时间序列平稳性检验、协整检验、向量误差修正模型等多种方法。

（二）数据来源

非传统服务业国内生产总值、第二和第三产业增加值、服务业外商投资总额数据来自《中国统计年鉴》《中国对外经济贸易年鉴》《中国商务年鉴》等相关各期，时间跨度为 1983~2016 年。为了消除时间变量数据存在的异方差性，并考虑到对各时间序列数据取对数形式之后不会改变它们之间的计量关系，因此，对所有变量采取对数形式。各变量具体表示如下：LHSGDP 为各年非传统服务业国内生产总值，LSFDI 为服务业外商直接投资，LTSGDP 为第二、第三产业增加值，LSFDIS 为服务业外商投资存量。DLHSGDP、DLTSGDP、DLSFDI、DLSFDIS 分别是非传统服务业增加值、第二和第三产业增加值、服务业外商投资流量、外商投资存量的一阶差分变量。作为反映服务产业结构升级的指标，我国传统服务业主要包含交通运输、仓储、邮政业、住宿、批发和零售业五个部门。

笔者借鉴袁永娜（2007）提供的折旧率，使用固定资产永续盘存法计算服务业外商投资存量：

$$K_i(t) = I_i(t) + (1-\alpha)K_i(t-1) \tag{7-2}$$

其中，K(t) 为待估计的、t 期服务业外商投资存量，K(t-1) 为 t-1 期的外商投资存量，I(t) 为当期外商投资额，α 为折旧率。

三、服务业外商投资与我国经济结构调整的实证研究

（一）描述性分析

1983~2016 年，我国非传统服务业增加值、服务业外商直接投资流量、外商投资存量、第二和第三产业增加值四个时间序列都处于上升趋势。第二、第三产业增加值与非传统服务业增加值两个变量上升趋势尤为明显，基本保持同步变动趋势，表明两个变量相关性较强。同时可以看到，服务业外商投资流量波动幅度较大，经历了以 1985 年和 1993 年为代表的高峰期与以 1989 年和 1999 年为代表的低谷期。1989 年，国内发生的政治风波导致外商投资急剧减少，不但工业行业外商投资迅速降低，也使服务业外商直接投资同步降低。1997 年以来，我国经济开始受到通货紧缩的困扰，东亚金融危机的爆发也使 1999 年我国实际利用外资下降 11.3%，服务业外商直接投资合同额降幅达 27%。1990 年以后，随着中国宏观经济环境的改善，中国服务业外商投资开始得到较快增长。从发展趋势看，1993 年服务业吸引外商直接投资合同金额达到最高值，为 551 亿美元。按照 1983 年不变价计算，1990~2010 年，我国服务业外商直接投资年平均增长 68.76%，显著高于 1983~1990 年的 48.38%，总体增长速度达 65.31%。同时，服务业增加值也以较快速度增长，1983~1990 年平均增长速度为 12.11%，1990~2010 年为 10.31%，总体增长速度为 11.07%。

（二）单位根检验

为了防止时间序列数据出现伪回归，在使用传统计量经济学方法之前必须通过单位根检验数据的平稳性。从服务业外商直接投资流量、外商投资存量、非传统服务业增加值、第二和第三产业增加值四个时间序列的单位根检验可以看出，

服务业外商直接投资、非传统服务业增加值、外商投资存量三个时间序列在 5%的显著水平上不平稳，但一阶差分序列即 dLSFDI、dLHSGDP 和 dLSFDIS 转变为平稳序列。从表 7-1 可以看出，第二和第三产业增加值指标的原值在 5%的显著水平上为平稳序列，因此有必要分析服务业外商直接投资、非传统服务业增加值、第二和第三产业增加值三个非同阶平稳的时间序列的线性组合是否存在协整关系。

表 7-1　非传统服务业增加值、服务业外商直接投资流量、外商投资存量、第二和第三产业增加值的单位根检验结果

变量	ADF统计量	检验方程形式	临界值			AIC 值	SC 值
			1%	5%	10%		
LSFDI	-3.4441371	(C，T，1)	-4.273277	-3.557759	-3.212361	1.1931599	1.376376
dLSFDI	-4.067390	(C，0，2)	-3.661661	-2.960411	-2.619160	1.340105	1.478878
LHSGDP	-3.583533	(C，T，0)	-4.273277	-3.557759	-3.212361	-5.294240	-5.111023
dLHSGDP	-4.548020	(C，0，1)	-3.661661	-2.960411	-2.619160	-5.178751	-5.039978
LTSGDP	-2.589119	(C，T，1)	-4.2627357	-3.552973	-3.209642	-4.217544	-4.081497
dLTSGDP	-4.892105	(C，0，1)	-3.661661	-2.960411	-2.619160	-4.566862	-4.428089
LSFDIS	-1.84068511	(C，T，2)	-4.2845801	-3.562882	-3.215267	0.289745	0.521034
dLSFDIS	-4.093127	(C，0，1)	-3.661661	-2.960411	-2.619160	0.323887	0.462660

注：检验方程形式（C，T，d）中，C 表明检验方程带有常数项，T 表明带有趋势项；d 为滞后期数，选择标准是 AIC 和 SC 准则。

（三）协整检验

本章使用基于 VAR 模型的 Johanson 协整方法对各数据序列进行实证分析（Johansen & Juselius，1990）。本章分别检验两组协整关系：非传统服务业增加值、服务业外商直接投资流量、第二和第三产业增加值；非传统服务业增加值、服务业外商直接投资存量、第二和第三产业增加值。确定 VAR 协整检验的滞后阶数是进行协整检验的前提，我们进行了滞后长度判别检验，同时考虑到有效估计的残差应具有的正态分布特征，对第一组协整关系选择 VAR 模型的最佳滞后期为 2，对第二组协整关系选择最佳滞后期为 3。对于每一组协整关系，首先，在三个时间序列之间，每两个进行检验，发现服务业外商直接投资与第二和第三产业增加值以及非传统服务业增加值与第二和第三产业增加值之间均存在协整关系，但非传统服务业增加值与服务业外商直接投资两变量之间不存在协整关系。其次，检验 3 个时间序列是否存在唯一的协整关系，分别对 LHSGDP、LSFDI、LTSGDP 和 LHSGDP、LSFDIS、LTSGDP 两组数据进行检验，具体协整检验结果如表 7–2 和表 7–3 所示。

表 7–2　非传统服务业增加值、服务业外商直接投资流量、第二和第三产业增加值三变量协整检验结果

原假设	迹统计量	迹统计临界值		最大特征值	最大特征值统计	
协整方程的数目		0.05	P 值		0.05	P 值
没有	60.120770	29.797070	0	51.865480	21.131620	0
至多一个	8.255292	15.494710	0.4385	7.011139	14.264600	0.4878
至多两个	1.244153	3.841466	0.2647	1.244153	3.841466	0.2647

表 7–3　非传统服务业增加值、服务业外商直接投资存量、第二和第三产业增加值三变量协整检验结果

原假设	迹统计量	迹统计临界值		最大特征值	最大特征值统计	
协整方程的数目		0.05	P 值		0.05	P 值
没有	35.400180	29.797070	0.0102	29.145440	21.131620	0.0030
至多一个	6.254734	15.494710	0.6654	4.780796	14.264600	0.7692
至多两个	1.473938	3.841466	0.2247	1.473938	3.841466	0.2247

迹检验和最大特征值等统计结果表明，我国第二和第三产业增加值、服务业外商直接投资流量、非传统服务业三变量之间在 5%的显著水平上存在一个协整方程，最终正规化后的协整方程为（括号中数字为标准误）：

$$LTSGDP = 0.032575 \times LSFDI + 1.049429 \times LHSGDP$$

$$\quad (0.00211) \qquad\qquad (0.00496) \tag{7-3}$$

第二和第三产业增加值、服务业外商直接投资存量、非传统服务业增加值三变量最终正规化后的协整方程为（括号中数字为标准误）：

$$LTSGDP = 0.030506 \times LSFDIS + 1.048505 \times LHSGDP$$

$$\quad (0.00233) \qquad\qquad (0.00585) \tag{7-4}$$

从协整方程估计系数的结果可以看出，服务业外商直接投资、非传统服务业增加值均与第二和第三产业增加值正相关。非传统服务业增加值增长 1%，第二和第三产业增加值增长 1.05%；服务业外商投资增长 1%，第二和第三产业增加值增长 0.03%。非传统服务业与第二和第三产业增加值的相关系数远远大于服务业外商直接投资与第二和第三产业增加值的相关系数，即非传统服务业对第二和第三产业增加值的促进和推动作用远远大于服务业外商投资对第二和第三产业增加值的影响。同时，根据笔者计算的 t 检验值，非传统服务业增加值与第二和第三产业增加值之间的系数估计值的 t 值远远大于服务业外商直接投资与第二和第三产业增加值之间的 t 统计值，表明非传统服务业增加值与第二和第三产业增加值两变量之间的关系具有更强的统计上的显著性。

（四）向量误差修正模型

向量误差修正模型是 Engle 和 Granger 建立的通过将协整与误差模型相结合的方法来反映变量之间短期动态关系的实证检验方法。本章在非传统服务业增加值、服务业外商直接投资流量（存量）、第二和第三产业增加值三个变量之间存在协整关系的基础上，确定差分形式的向量误差修正模型方程如下：

$$dLTSGDP_t = \beta_1 + \sum_{i=1}^{k} \alpha_{1i} dLSFDI_{t-i} + \sum_{i=1}^{k} \alpha_{2i} dLHSGDP_{t-i} + \delta VECM_{t-1} + \varepsilon_t$$

$$dLHSGDP_t = \beta_2 + \sum_{i=1}^{k} \eta_{1i} dLSFDI_{t-i} + \sum_{i=1}^{k} \eta_{2i} dLTSGDP_{t-i} + \gamma VECM_{t-1} + \lambda_t$$

$$dLSFDI_t = \beta_3 + \sum_{i=1}^{k} \chi_{1i} dLTSGDP_{t-i} + \sum_{i=1}^{k} \chi_{2i} dLHSGDP_{t-i} + \varphi VECM_{t-1} + \zeta_t \tag{7-5}$$

参考调整后的可决系数、AIC、SC 等标准，确定本章向量误差修正模型的最优滞后阶数为 3，并指定存在一个协整关系，得到结果如表 7-4 和表 7-5 所示。

表 7-4　中国服务业外商直接投资流量、非传统服务业增加值与第二和第三产业增加值的误差修正模型估计结果

Error Correction	dLHSGDP	dLSFDI	dLTSGDP
CointEq1	0.321854 [0.80494]	19.60783 [2.10263]	0.776735 [1.73271]
dLHSGDP（-1）	1.109858 [1.22034]	-6.085338 [-0.28690]	1.370902 [1.34451]
dLHSGDP（-2）	0.115955 [0.17622]	25.98351 [1.69310]	-0.188486 [-0.25550]

续表

Error Correction	dLHSGDP	dLSFDI	dLTSGDP
dLHSGDP（-3）	0.708938 [1.24712]	-1.687377 [-0.12727]	0.68879 [1.08077]
dLSFDI（-1）	0.008782 [0.60889]	-0.263989 [-0.78481]	0.001473 [0.09111]
dLSFDI（-2）	0.008179 [0.92211]	0.061757 [0.29852]	0.01084 [1.09009]
dLSFDI（-3）	0.015702 [1.98576]	0.255289 [1.38431]	0.017905 [2.01973]
dLTSGDP（-1）	-0.6626 [-0.85942]	-6.403228 [-0.35610]	-0.853358 [-0.98725]
dLTSGDP（-2）	-0.614056 [-1.28933]	-31.24286 [-2.81276]	-0.687045 [-1.28673]
dTSGDP（-3）	-0.512894 [-1.58569]	-13.27062 [-1.75917]	-0.579263 [-1.59739]
C	0.099415 [2.16705]	4.015148 [3.75271]	0.154183 [2.99777]
Adj. R-squared	0.681795	0.723386	0.765306
F-statistic	7.21363	8.583916	10.45649
Log likelihood	95.63492	1.152448	92.20493
Akaike AIC	-5.642328	0.656503	-5.413662
Schwarz SC	-5.128556	1.170276	-4.89989

表 7-5　中国服务业外商直接投资存量、非传统服务业增加值与第二和第三产业增加值的误差修正模型估计结果

Error Correction	dLHSGDP	dLSFDIS	dLTSGDP
CointEq1	-0.617766 [-1.65795]	5.166952 [0.98890]	-0.375412 [-0.84626]
dLHSGDP（-1）	0.928021 [0.99495]	-9.64364 [-0.73732]	1.271312 [1.14483]
dLHSGDP（-2）	0.308259 [0.38671]	32.9574 [2.94846]	0.178486 [0.18807]
dLHSGDP（-3）	0.486952 [0.83706]	-3.028073 [-0.37120]	0.592679 [0.85573]
dLSFDIS（-1）	0.048913 [2.84397]	0.612039 [2.53778]	0.054881 [2.68024]

续表

Error Correction	dLHSGDP	dLSFDIS	dLTSGDP
dLSFDIS (-2)	0.02958 [2.33915]	0.123029 [0.69382]	0.041639 [2.76575]
dLSFDIS (-3)	0.031788 [2.26049]	0.456514 [2.31508]	0.037705 [2.25212]
dLTSGDP (-1)	-0.618936 [-0.81557]	4.236094 [0.39807]	-0.816918 [-0.90416]
dLTSGDP (-2)	-0.914773 [-1.60180]	-31.06697 [-3.87941]	-1.138704 [-1.67476]
dLTSGDP (-3)	-0.335576 [-0.93893]	-4.874905 [-0.97270]	-0.45003 [-1.05762]
C	0.109942 [4.32943]	1.46583 [4.11646]	0.144525 [4.78035]
R-squared	0.790896	0.83407	0.826078
F-statistic	7.186396	9.550587	9.024446
Log likelihood	95.59003	16.36997	90.35725
Akaike AIC	-5.639335	-0.357998	-5.290483
Schwarz SC	-5.125563	0.155774	-4.776711

首先，从 LHSGDP、LSFDI、LTSGDP 三变量间的误差修正模型可以看出，服务业外商投资流量促进了非传统服务业，并且显著程度逐渐提高，同时也发现，随着滞后期的延长，外商投资流量对非传统服务业增加值的推动作用逐渐增强。

我们从对服务业外商投资与第二和第三产业增加值的向量误差修正模型分析中发现，服务业外商投资流量短期波动对第二和第三产业增加值的短期变化具有负面影响，但这种影响随着时间的延长迅速增长，从第二期开始具有积极的影响。这是由于我们选择的外商投资流量指标，短期内容易受到诸多因素的影响，表现出一定的波动性，但随着滞后期的延长，外商投资对第二和第三产业具有逐渐增强的促进作用。

从表 7-4 可以看出，第二和第三产业增加值对服务业外商投资流量具有负面影响。虽然服务业外商直接投资对第二和第三产业增加值具有积极影响，但第二和第三产业增加值对服务业外商直接投资具有负面影响，主要是由于服务业外商直接投资为我国国内生产总值增长的外生变量。

如表 7–4 所示，第二和第三产业增加值对非传统服务业增加值具有负面影响，主要是因为推动我国第二和第三产业快速增长的因素较多，尽管在短期内非传统服务业是推动经济增长的重要因素，但非传统服务业增加值与第二和第三产业增加值的关系是单向的。

其次，建立非传统服务业增加值分别与服务业外商投资存量、第二和第三产业增加值关系的 VECM 模型。从三变量间的误差修正模型可以看出，服务业外商投资存量滞后各期对第二和第三产业增加值影响为正，这表明服务业外商投资存量对我国第二和第三产业增加值有较明显的促进作用。

从表 7–5 可以看出，第二和第三产业增加值滞后一期对服务业外商投资存量影响为正，但是从滞后两期开始，第二和第三产业增加值对外商投资存量的影响为负，并且随着时间的延长，负作用逐渐变小，这表明由于服务业外商投资存量作为第二和第三产业增加值的外生变量，后者对前者的影响呈现更显著的波动性特征。

此外，从表 7–4 和表 7–5 均可以看出，由于服务业外商投资为我国非传统服务业的外生变量，导致非传统服务业增加值对服务业外商投资流量（存量）的影响呈现出反复波动特征。

（五）Granger 因果检验

根据上述协整检验结果，我国非传统服务业增加值、第二和第三产业增加值与外商直接投资流量以及外商直接投资存量之间均存在长期均衡关系，但这种均衡关系是否构成因果关系还需进一步验证。本章对非传统服务业增加值、第二和第三产业增加值和外商直接投资三个变量之间是否存在因果关系进行检验，检验结果如表 7–6 所示。

表 7–6 服务业外商投资流量、非传统服务业增加值、第二和第三产业增加值的 Granger 因果关系检验结果

	原假设	χ^2 统计量	自由度	P 值
LHSGDP 方程	LSFDI 不能引起 LHSGDP	18.52838	2	0.0001
	LTSGDP 不能引起 LHSGDP	3.714003	2	0.1561
	LSFDI、LTSGDP 不能同时引起 LHSGDP	19.34132	4	0.0007
LSFDI 方程	LHSGDP 不能引起 LSFDI	0.974566	2	0.6143
	LTSGDP 不能引起 LSFDI	0.459995	2	0.7945
	LHSGDP、LTSGDP 不能同时引起 LSFDI	17.01757	4	0.0019

续表

	原假设	χ^2 统计量	自由度	P 值
LTSGDP 方程	LHSGDP 不能引起 LTSGDP	6.110516	2	0.0471
	LSFDI 不能引起 LTSGDP	21.27565	2	0
	LHSGDP、LSFDI 不能同时引起 LTSGDP	26.08199	4	0

Granger 因果检验结果表明，服务业外商投资是非传统服务业增加值增长的 Granger 因。改革开放后，服务业外商直接投资过多地集中于商务服务，尤其是房地产等利润较高的非传统服务业，例如，2002~2016 年，从实际使用外资金额看，平均有 46%的服务业外商投资流向房地产，因此，服务业外商投资对非传统服务业的较大需求推动了我国非传统服务业的增长。

表 7-6 的统计结果表明，服务业外商投资流量与我国第二和第三产业增加值、非传统服务业增加值不存在双向的 Granger 因果关系。虽然服务业外商投资是第二和第三产业增加值变动的 Granger 因，但第二和第三产业增加值不是服务业外商投资流量变动的 Granger 因，其 P 值为 0.795。同时，非传统服务业增加值不是服务业外商投资流量变动的 Granger 因，这是与服务业外商投资流量波动的特殊性相吻合的，可将外商直接投资视为我国国内生产总值增长不可缺少的动力之一，但是服务业外商直接投资仍为我国经济增长的外生变量。

在服务业外商投资存量、非传统服务业增加值、第二和第三产业增加值三变量的因果检验中（见表 7-7），非传统服务业增加值是第二和第三产业增加值变动的 Granger 因，但第二和第三产业增加值不是非传统服务业增加值变动的 Granger 因，这表明非传统服务业增加值与第二和第三产业增加值之间存在一个单向因果关系，这与前文所述的非传统服务业增加值与第二和第三产业增加值的误差修正模型估计结果相吻合。

表 7-7 服务业外商投资存量、非传统服务业增加值、第二和第三产业增机值的 Granger 因果关系检验结果

	原假设	χ^2 统计量	自由度	P 值
LHSGDP 方程	LSFDIS 不能引起 LHSGDP	9.621653	3	0.0221
	LTSGDP 不能引起 LHSGDP	2.792771	3	0.4247
	LSFDIS、LTSGDP 不能同时引起 LHSGDP	12.14625	6	0.0588

续表

	原假设	χ^2统计量	自由度	P值
LSFDIS方程	LHSGDP不能引起LSFDIS	0.95822	3	0.8114
	LTSGDP不能引起LSFDIS	1.754424	3	0.6249
	LHSGDP、LTSGDP不能同时引起LSFDIS	13.05137	6	0.0422
LTSGDP方程	LHSGDP不能引起LTSGDP	10.44528	3	0.0151
	LSFDIS不能引起LTSGDP	14.62239	3	0.0022
	LHSGDP、LSFDIS不能同时引起LTSGDP	23.57063	6	0.0006

四、结论和政策建议

本章通过对服务业外商直接投资、非传统服务业增加值与第二和第三产业增加值的协整关系研究，发现服务业外商直接投资、非传统服务业增加值均与第二和第三产业增加值正相关。协整方程的统计结果显示，非传统服务业与第二和第三产业增加值的相关系数远远大于服务业外商直接投资与第二和第三产业增加值的相关系数，即非传统服务业对第二和第三产业增加值的促进和推动作用远远大于服务业外商投资对第二和第三产业增加值的影响。

服务业外商投资是非传统服务业增加值增长的Granger因，但非传统服务业增加值不是外商投资增长的Granger因，二者不存在双向因果关系的根源在于服务业外商投资重点主要集中于利润率较高的商务服务业。虽然“入世”后我国服务业吸收外资广泛分布在商业服务业、通信服务业、建筑业、分销服务、教育服务、金融服务、社会服务、旅游服务、娱乐体育服务以及运输服务等产业，但房地产业一直是我国服务业吸收外商投资的主导产业，其实际外资金额占服务业外商直接投资总额平均比重将近一半（聂平香，2011）。因此，在促进我国服务业外商直接投资规模增长的同时，需不断推进利用外资由量向质的根本转变。

本章针对服务业外商投资存量、非传统服务业增加值、第二和第三产业增机值三变量的因果检验显示，非传统服务业务是引起我国第二和第三产业增长的Granger因，但第二和第三产业增加值不是非传统服务业增长的Granger因，这表明加快发展非传统服务业，改造提升传统服务业，推动产业结构调整和升级具有重要意义。第一，着力推动服务业高端发展。加快服务业发展提速、质量提高、结构提升。突出发展生产性服务业，增强服务业对产业升级的支撑作用。第二，加快发展家政、养老、健身、社区服务等生活性服务业，推进规模化、品牌化、网络化经营。优化房地产开发布局，促进房地产业健康发展。第三，推动传统服务业改造提升。

参考文献

[1] 刘艳：《服务业 FDI 的技术溢出与中国服务业生产率增长》，《国际商务研究》2012 年第 1 期。

[2] 聂平香：《入世十周年我国服务业吸收外商投资评析及对策》，商务部国际贸易经济合作研究院，http：//www.caitec.org.cn/c/cn/news/2012-04/06/news_3209.html，2012 年 4 月 6 日。

[3] 姚战琪：《服务业外商直接投资对经济增长的影响：基于中国的实证研究》，《财贸经济》2012 年第 6 期。

[4] 夏杰长、张晓兵：《中国服务业对外开放的战略思考》，《中国发展观察》2012 年第 3 期。

[5] 袁永娜：《外商直接投资与中国服务贸易关系的实证分析》，《世界经济研究》2007 年第 9 期。

[6] Dubin M., *Foreign Acquisitions and the Spread of the Multinational Firm*, D. B. A. Thesis: Harvard Business University, 1975.

[7] Dunning J. H., "The Eclectic Paradigm of International Production: A Restatement and Some Possible Extensions", *Journal of International Business Studies*, 1989, No.19.

[8] Johansen S. & K. Juselius, "Maximum Likelihood Estimation and Inference on Cointegration with Applications to the Demand for Money", *Oxford Bulletin of Economics and Statistics*, 1990, No.52, pp.162-210.

[9] Mirodout S., "The Linkages between Open Serv-ices Markets and Technology Transfer", OECD Trade Policy Working Paper, No.29, 2006.

（夏杰长、姚战琪：中国社会科学院财经战略研究院）

第八章　中国服务业开放的现状与趋势

摘　要：以中国产业国际竞争力进一步提升为核心，不断促进服务贸易与货物贸易的互动发展，推动中国服务业更好地“走出去”，使服务业利用外资的质量和水平逐步提升，是我国服务业对外开放的重要目标。提升我国服务业国际竞争力，既需要更大力度的对外开放，更需要转向促进内资服务业快速发展，特别是生产性服务业快速发展。在中国特色社会主义建设过程中，要大力推动服务贸易出口增长以及减少服务贸易逆差，不断优化服务业对外投资结构，紧密结合“一带一路”倡议和全球经济治理新体系，更加科学务实地实施服务业开放，提高服务业开放水平。

一、基本背景

中共十九大报告做出了中国特色社会主义进入新时代的重大政治判断。第一，中共十九大报告明确回答了中国特色社会主义的新时代“走什么路”的问题，这是对改革开放40年来的各项事业的概括和总结。中共十九大报告指出：“我们党团结带领人民进行改革开放新的伟大革命，破除阻碍国家和民族发展的一切思想和体制障碍，开辟了中国特色社会主义道路，使中国大踏步赶上时代。”第二，中共十九大报告再次强调了坚持对外开放的基本国策。中共十九大报告指出，“主动参与和推动经济全球化进程，发展更高层次的开放型经济，不断壮大中国经济实力和综合国力”“开放带来进步，封闭必然落后”“推动形成全面开放新格局”“中国开放的大门不会关闭，只会越开越大”“中国坚持对外开放的基本国策，坚持打开国门搞建设”“发展更高层次的开放型经济”。第三，中共十九大为经济全球化开出“新药方”。中共十九大报告提出：“实行高水平的贸易和投资自由化便利化政策，全面实行准入前国民待遇加负面清单管理制度，大幅度放宽市场准入，扩大服务业对外开放，保护外商投资合法权益。凡是在我国境内注册的企业，都要一视同仁、平等对待”。第四，中共十九大报告强调要发挥“一带一路”的开放引领作用。中共十九大报告提到，“要以‘一带一路’建设为重点，坚持‘引进来’和‘走出去’并重，遵循共商共建共享原则，加强创新能力开放合作，形成陆海内外联动、东西双向互济的开放格局”。准确把握中共十九大报告的关键词“新时代”具有重要意义。首先，我们进入新时代的物质基础已经建立。其次，我们进入新时代生产力发展的客观标志和要求，即一个大数据互联网时代已经来到。大数据互联网新时代是一个开放时代，在互联网时代，数据、信息分布式、碎片化、实时、海量产生，把世界联结成了一个无边无际的大网。再次，新时代物质生产方式将发生根本变革，即生产与消费一体化的时代即将到来。生产与消费一体化的新时代将把传统的生产主导模式转变为消费主导模式，并且体验式、“粉丝”营销与服务模式将替代传统中介商人的主导。最后，我们进入新时代后我国社会主要矛盾也发生了根本转变。

中共十九大后，汪洋副总理提出的推动形成全面开放新格局意义重大，任务艰巨。首先，汪洋副总理提到要深刻认识我国对外开放面临的新形势。其次，汪洋副总理提到了要准确把握全面开放的基本内涵。“坚持‘引进来’与‘走出去’更好结合”“坚持沿海开放与内陆沿边开放更好结合”“坚持制造领域开放与服务领域开放更好结合”“坚持向发达国家开放与向发展中国家开放更好结合”“坚持多边开放与区域开放更好结合”。再次，汪洋副总理重申了中国服务业发展和对外开放滞后的事实，并开出了促进中国服务业开放的药方。“中国服务业对外开放相对滞后，产业整体竞争力不强，仍是经济发展和结构升级的‘短板’，因此要在深化制造业开放的同时，重点推进金融、教育、文化、医疗等服务业领域有序开放，放开育幼养老、建筑设计、会计审计、商贸物流、电子商务等服务业领域外资准入限制”。最后，汪洋副总理提出了推动形成全面开放新格局的主要任务和重大举措。

当前，我国进入全面建成小康社会、启动新一轮改革、实现中华民族伟大复兴“中国梦”的关键时期。改革开放后，中国服务业开放进程不断推进，从而推动产业国际竞争力不断提升，中国服务业国际竞争力不断增强。服务业开放度不断提升将直接影响我国服务业的国际竞争力。完全履行“入世”承诺后，中国服务业开放水平明显提升。近些年来，我国服务业发展改革和对外开放都取得了重大突破。自 2013 年起，我国服务业利用外资占比首次超过了 51%，利用外资规模连续 3 年超过了制造业，服务业吸收外商投资持续增长。2016 年，服务业实际利用外商直接投资金额占实际利用外商直接投资总额的比重为 66.58%，利用外资已经名副其实地进入了“服务经济时代”。服务业不但成为我国利用外资的主体，而且成为我国企业“走出去”的第一大产业，2016 年，中国服务业对外直接投资净额占我国对外直接投资净额的比重达 78.49%。中国对外直接投资逐渐向服务业集聚，当前中国服务业对外投资规模超过制造业，已突破了传统的对外投资动机。另外，我国的服务贸易迅速发展，服务贸易进出口总额已居世界第三位。服务业开放度的提升会显著提升中国服务贸易竞争力，服务业对外开放也会明显提升中国服务业市场化程度，推动中国攀升全球价值链，发达国家在中国的外商直接投资将使中国获得显著的技术溢出效应，中国对发达国家 OFDI 将使中国获得明显的逆向技术溢出效应，服务出口和外商投资将显著促进中国就业增长。因此，服务业在我国对外开放中发挥着越来越重要的作用，对推进中国服务业深度开放具有重要意义。

从国际上看，复杂局势中蕴含新机遇。虽然当前全球经济复苏不稳定，世界经济环境仍然比较复杂，2008 年金融危机以来我国实施的积极主动的服务业对外开放战略受到巨大的冲击和影响，全球经济增长引擎存在失速风险，国际直接投资和国际贸易也处于波动区间，中国服务业对外开放仍面临一个不稳定的外部环境（迟福林，2015），但在较长时期内和平和发展仍是国际社会的主流，软件和信息技术服务业等现代服务业可能成为推动全球经济走向复苏的重要力量，既有斗争又有合作的大趋势不会改变，我国发展的重要战略机遇期仍存在（姚战琪，2015；戴斌，2014；陈雨露，2015；胡鞍钢、周绍杰，2015）。在经济新常态背景下，中国面临前所未有的进行全球布局和大开放的发展机遇。一是中国对外投资迅速增长，海外并购突飞猛进；二是“一带一路”打造对外开放新格局；三是亚投行的成立打破美欧一统国际金融的格局；四是由于美元、欧元不再可靠，人民币会成为填补这个空缺的全球货币。

当前全球贸易竞争焦点开始向服务业转移，服务业已成为中国企业“走出去”的第一大产业，而我国正处于提升服务业国际竞争力的关键期。2014 年 12 月底，中国加入 WTO 保护期结束，2015 年，中国拟全面放开外资准入。中国服务业必须也只能在开放的环境下发展，相应地，政府及服务业管理部门必须也只能以创新思维，包括自我改革在内的系统变革的勇气来引导“十三五”新时期服务业发展。2015 年 2 月 14 日，国务院发布的《国务院关于加快发展服务贸易的若干意见》，对新形势下加快发展服务贸易做出了总体战略部署。另外，2015 年 4 月 10 日开始实施新版《外商投资产业指导目录（2015 年修订)》，鼓励外商投资现代服务业等领域，承接高端产业转移，为“十三五”时期服务业发展提供了重要指导。自上海自贸试验区设立后，“负面清单”不断调整，虽然 2014 年的“负面清单”有 190 项条目，但 2017 年版的“负面清单”保留并修改至 95 项，中国服务业有很大的开放空间。

因此，以扩大开放促进服务业升级的空间巨大，应正确认识当前我国服务业对外开放的现状和存在的突出问题，制定新时代我国服务业开放的目标，认清我国服务业开放的基本趋势，推动我国服务业高质量发展。

二、现状与问题

（一）改革开放后中国对世界服务贸易贡献度不断提升，但中国服务贸易开放度仍较低

1978 年以后，中国服务贸易增长较快，但自 1992 年后中国服务贸易处于逆差状态，并且服务贸易逆差绝对额不断扩大，2008~2016 年中国服务贸易逆差分别达 115 亿美元、295.07 亿美元、220 亿美元、545 亿美元、896 亿美元、1184.6 亿美元、1599.2 亿美元、1366.2 亿美元、2601 亿美元，2016 年出现改革开放以来的逆差最大值，中国成为世界第一大服务贸易逆差国，同时，旅游、运输、特许权转让和专利等技术交易三项为主要服务贸易逆差行业。表 8–1 为 2016 年各国服务贸易开放度和竞争力对比。

表 8–1　2016 年各国服务贸易开放度和竞争力对比

	服务贸易开放度（%）	出口市场占有率（%）	TC 指数
中国	5.90	4.5	–0.230
巴西	5.60	0.9	–0.381

续表

	服务贸易开放度（%）	出口市场占有率（%）	TC 指数
韩国	19.83	2.7	0.031
印度	15.60	3.3	0.08
美国	7.02	14.7	0.201
欧盟	21.11	42.1	0.087

资料来源：根据 UNCTAD 网站数据计算。

各国服务贸易开放度的度量方法主要是服务贸易依存度，即服务贸易开放度 = (该国服务贸易出口额 + 该国服务贸易进口额)/该国 GDP；同时，使用服务贸易竞争力指数衡量该国服务贸易国际竞争力，服务贸易竞争力指数 = (服务贸易出口 - 服务贸易进口)/(服务贸易出口 + 服务贸易进口)；使用服务贸易出口依存度和服务贸易进口依存度分别衡量服务贸易出口和进口国际竞争力，服务贸易出口依存度（即出口开放度）= 该国服务贸易出口额/GDP，服务贸易进口依存度(即进口开放度) = 该国服务贸易进口额/GDP。通过各国服务贸易开放度和竞争力横向对比可以发现，虽然中国服务贸易开放度略高于巴西，但远远小于欧盟、美国、印度、韩国等国家和地区。

通过对中国服务业贸易竞争力指数进行分析可以发现，从 1992 年开始，我国服务贸易总体的贸易竞争力指数为负（见表 8-2），表明我国服务贸易国际竞争力始终较弱。根据笔者的一项研究，制造业贸易竞争力指数均值为 0.02 左右，服务贸易竞争力指数平均值（0.002）远远小于制造业，这与我国制造业已深入地参与全球分工并具有较强的国际竞争优势的发展事实完全相符。由此可见，虽然中国服务贸易增长较快，但服务贸易全球化指数较低。

（二）中国的服务业 FDI 规模不断增长，但服务业外商投资对我国经济增长和结构调整的促进作用十分有限

本章使用以下方法计算中国服务业外资开放度：服务业 FDI 流入依存度=服务业 FDI 流入额/第三产业 GDP，服务业 FDI 流出依存度 = 服务业 FDI 流出额/第三产业 GDP，服务业 FDI 依存度 = (FDI 流出额 + FDI 流入额)/第三产业 GDP。

中国服务业 FDI 流入占服务业 GDP 比重、FDI 净流出占 GDP 比重、FDI 净流入占 GDP 比重情况如表 8-3所示。可以看到，中国服务业 FDI 流入额占服务业 GDP 比重不断下降，由 1997 年的 3.58%下降为 2016 年的 1.45%，这表明随着服

表 8–2 中国服务贸易竞争力指数

年份	2000	2005	2006	2007	2008	2009	2010	2011	2012	2013	2014	2015	2016
服务贸易出口（亿美元）	301	739	914	1217	1464	1286	1702	1820	1904	2105	1842	2882	2083
服务贸易进口（亿美元）	359	832	1003	1293	1580	1581	1922	2365	2801	3290	3813	4248	4492
差额（亿美元）	–58	–93	–89	–76	–116	–295	–220	–545	–897	–1185	–1971	–1366	–2409
服务贸易竞争力指数（%）	–0.08	–0.05	–0.04	–0.03	–0.03	–0.10	–0.06	–0.13	–0.19	–0.22	–0.35	–0.19	–0.37
中国服务贸易开放度（%）	5.48	6.92	7.02	7.12	6.67	5.67	6.00	5.58	5.56	5.68	5.46	6.56	5.87
中国服务业出口开放度（%）	2.50	3.26	3.35	3.45	3.21	2.54	2.82	2.43	2.25	2.22	1.78	2.65	1.86
中国服务业进口开放度（%）	2.98	3.67	3.67	3.67	3.46	3.12	3.18	3.16	3.31	3.47	3.68	3.91	4.01

务业国际资本的大规模进入，虽然进入中国的服务业外商投资规模不断增长，但其对我国服务业经济增长和结构调整的促进作用十分有限。同时还可以看到，FDI 净流入占 GDP 比重反复波动，FDI 净流出占 GDP 比重稳中有升，这说明中国在吸引大量国际资本进入的同时，FDI 流出规模也在不断增长，但 FDI 流入依存度大大高于 FDI 流出依存度，表明 FDI 对我国开放度的贡献主要体现在中国吸引外资对经济增长的贡献上。

表 8–3　中国服务业 FDI 依存度

单位：%

年份	服务业 FDI 流入占服务业 GDP 比重	FDI 净流入占 GDP 比重	FDI 净流出占 GDP 比重
1997	3.58	4.72	
1998	3.54	4.43	
1999	2.80	3.70	
2000	2.17	3.38	
2001	2.03	3.52	
2002	1.97	3.61	
2003	1.91	3.24	
2004	1.74	3.12	
2005	1.58	4.93	0.92
2006	1.73	4.91	1.22
2007	2.03	4.85	0.87
2008	1.93	4.13	1.59
2009	1.70	3.35	1.60
2010	1.86	4.60	1.47
2011	1.74	4.53	1.36
2012	1.47	3.59	1.45
2013	1.48	3.76	1.76
2014	1.48	4.23	1.71
2015	1.46	4.26	1.77
2016	1.45	4.30	1.88

资料来源：World Bank WDI Database.

(三) 中国服务贸易规模迅速增长，但服务贸易开放度指数仍不高

通过对中国、韩国、中国香港、印度等国家和地区服务贸易显示性比较优势指数进行对比（见表 8-4）可以发现：第一，韩国、中国香港、印度等国家和地区服务贸易显示性比较优势指数大于中国，中国服务贸易 RCA 指数始终处于 0.8 之下，表明中国服务竞争力弱；而在多数年份，其他国家服务贸易 RCA 指数始终处于 0.8 之上，说明该国服务业具有较强的国际竞争力。例如，韩国的 RCA 总体指数在 0.4~0.8，中国 RCA 指数在 0.4~0.6，这表明从服务贸易显示性比较优势指数对比角度进行分析，韩国、中国香港、印度等国家和地区服务贸易国际竞

表 8-4　中国与其他国家和地区服务贸易显示性比较优势指数

年份	中国	韩国	中国香港	印度	墨西哥	年份	中国	韩国	中国香港	印度	墨西哥
1980	—	0.79	1.45	1.64	1.29	1999	0.58	0.38	0.86	1.44	0.40
1981	—	0.76	1.42	1.54	1.07	2000	0.58	0.40	0.89	1.47	0.40
1982	0.62	0.83	1.44	1.43	0.84	2001	0.57	0.42	0.92	1.45	0.38
1983	0.59	0.77	1.29	1.52	0.75	2002	0.55	0.38	0.92	1.42	0.37
1984	0.61	0.71	1.27	1.52	0.85	2003	0.49	0.72	0.87	1.47	0.36
1985	0.60	0.64	1.25	1.61	0.87	2004	0.49	0.71	0.89	1.71	0.37
1986	0.56	0.72	1.16	1.44	0.92	2005	0.46	0.70	0.94	1.87	0.33
1987	0.52	0.68	1.00	1.29	0.87	2006	0.46	0.69	0.99	2.05	0.32
1988	0.45	0.67	1.05	1.26	0.87	2007	0.48	0.74	1.00	2.00	—
1989	0.46	0.68	1.03	1.17	0.88	2008	0.50	0.79	1.01	1.95	—
1990	0.46	0.67	0.98	1.11	0.82	2009	0.52	0.84	1.02	1.90	—
1991	0.49	0.63	0.91	1.14	0.82	2010	0.54	0.89	1.03	1.85	—
1992	0.54	0.61	0.86	1.01	0.81	2011	0.52	0.94	1.04	1.80	—
1993	0.62	0.66	0.85	0.95	0.69	2012	0.54	0.99	1.05	1.75	—
1994	0.60	0.75	0.88	1.01	0.74	2013	0.55	1.04	1.06	1.70	—
1995	0.45	0.81	0.89	0.98	0.58	2014	0.55	1.01	1.04	1.71	—
1996	0.62	0.79	0.93	0.94	0.52	2015	0.54	1.03	1.03	1.69	—
1997	0.59	0.83	0.90	1.07	0.48	2016	0.54	1.02	1.01	1.69	—
1998	0.60	0.37	0.83	1.27	0.46						

资料来源：笔者根据世界贸易组织网站相关数据计算得出。

争力高于中国。第二，中国、韩国、墨西哥三国服务贸易 RCA 指数仍小于 1，表明该国仍以劳动和自然资源密集型的传统服务贸易为主，但是中国、韩国等国的服务贸易都有向知识技术密集型方向发展的趋势。

（四）中国生产性服务业开放度较低

中国生产性服务业发展滞后，国际竞争力不足。在全球价值链视角下，由于生产性服务业发展滞后、制造业与生产性服务业出现不良互动发展的特点，生产性服务业对中国企业国际竞争力的促进作用仍较弱，同时我国制造业和农业对生产性服务业需求较少。中国生产性服务业发展滞后和国际竞争力薄弱是导致我国企业“走出去”存在诸多问题的根本原因之一。1982 年以来的多数年份，中国生产性服务业基本保持逆差状态，中国生产性服务业的大多数行业贸易竞争力指数长期为负，并且反复波动，表明我国生产性服务贸易国际竞争力较弱。通过分析中国生产性服务业贸易竞争力指数可以发现，我国生产性服务业的大多数行业 TC 指数为负，表明我国生产性服务贸易国际竞争力较弱。同时，中国生产性服务业贸易竞争力指数具有长期波动和长期为负的特征。除了广告宣传业具有一定竞争优势以外，通信服务、金融业和保险业、运输业、专有权利使用费和特许费都是我国具有明显竞争劣势的生产性服务业。另外，笔者计算了 2002~2016 年中国生产性服务业细分行业显示性比较优势指数（见表 8–5），可以发现我国生产性服务业 RCA 指数为 0.2，因此我国生产性服务业国际竞争力较弱。在中国生产性服务业中，金融服务、保险、通信服务、运输、计算机和信息服务、专利许可等产业 RCA 指数均小于 0.72，表明中国生产性服务业国际竞争力较低。

表 8–5　中国生产性服务业细分行业显示性比较优势指数

年份	商业服务（不含政府服务）	运输	通信服务	保险	金融服务	计算机和信息服务	专利许可
2002	0.380	0.210	0.720	0.050	0.020	0.120	0.020
2003	0.310	0.200	0.100	0.070	0.010	0.110	0.020
2004	0.270	0.180	0.160	0.060	0.010	0.100	0.010
2005	0.250	0.190	0.150	0.090	0.010	0.140	0.010
2006	0.280	0.240	0.100	0.080	0.010	0.160	0.020
2007	0.250	0.230	0.070	0.080	0.010	0.130	0.010
2008	0.270	0.270	0.090	0.080	0.010	0.170	0.010

续表

年份	商业服务（不含政府服务）	运输	通信服务	保险	金融服务	计算机和信息服务	专利许可
2009	0.370	0.470	0.130	0.100	0.010	0.230	0.020
2010	0.370	0.460	0.160	0.140	0.010	0.280	0.020
2011	0.290	0.260	0.110	0.160	0.010	0.250	0.010
2012	0.330	0.340	0.100	0.150	0.040	0.320	0.030
2013	0.386	0.306	0.098	0.157	0.076	0.365	0.021
2014	0.386	0.257	0.095	0.184	0.095	0.417	0.022
2015	0.364	0.340	0.093	0.202	0.120	0.474	0.023
2016	0.337	0.302	0.091	0.225	0.154	0.542	0.024
均值	0.323	0.284	0.151	0.122	0.040	0.254	0.018

（五）“走出去”的中国服务业企业规模不断增长，但仍存在对外投资不足等突出问题

改革开放后，中国服务业对外投资逐年显著增加，在总的对外直接投资中服务业所占比重逐年攀升，2016 年中国服务业对外直接投资存量占中国对外直接投资存量的比重达 75.64%，当前服务业已成为中国对外投资的主体。在对外开放进程中，服务业更好地“走出去”对不断提高我国参与全球价值链的广度和深度具有非常重要的意义。虽然东道国服务业发展水平显著促进中国对外直接投资，中国服务业对外直接投资显著促进了我国就业，中国生产性服务业进口显著促进中国全要素生产率提高和制造业技术进步，但中国服务业“走出去”存在以下不容忽视的突出问题：

第一，近年来中国对外投资迅速增长，但中国境外投资存在投资不足而非投资过度，并且投资不足程度极其明显。首先，中国在各洲间投资不足的严重程度不同（乔晶、胡兵，2014），对欧洲投资不足程度大大高于对北美投资（见表 8-6），中国境外投资东道国（地区）主要是美国和新加坡等，对欧洲投资不足程度较明显。其次，中国对技术水平和制度质量较高的国家和地区、发达国家和地区的投资不足程度比对发展中国家和地区的投资不足程度更严重。

表 8-6　2017 年中国境外投资指数国家和地区排名

排名	国家和地区	2017 年排名	2016 年排名
1	新加坡	1	2
2	美国	2	1
3	中国香港	3	7
4	马来西亚	4	20
5	澳大利亚	5	3
6	瑞士	6	5
7	韩国	7	8
8	加拿大	8	4
9	智利	9	29
10	俄罗斯	10	24

资料来源：经济学人智库《中国海外投资指数 2017》，http：//toutiao.manqian.cn/wz_8pIC6RQTgd.html。

第二，生产率对中国企业“走出去”投资于服务业和制造业决策的影响程度不同，“走出去”投资于服务业的企业生产率大大低于“走出去”投资于制造业的企业生产率。当前，我国各省份“走出去”与未“走出去”的企业之间差异主要表现为：“走出去”的制造业企业生产率高于未“走出去”的制造业企业生产率，而与制造业不同，未“走出去”的服务业企业生产率高于“走出去”的服务业企业生产率。这是因为实际上我国“走出去”的大部分企业主要在国外设立分支机构从事批发零售以及贸易中介等服务，其主要目的是提升出口市场份额和能力，而多数出口企业的生产率要低于国内非出口企业或出口企业及未出口企业的生产率均值并无明显差异，“走出去”的大部分企业的主要动机是拓展市场份额而投资于贸易中介以及批发零售等服务，因此“走出去”的服务业企业生产率低于未“走出去”的服务业企业生产率。

第三，当前在中国“走出去”的进程中，建设全球销售网络和经营自主品牌的目标仍未实现。当前中国服务业“走出去”主要集中在租赁和商务服务业、批发和零售业等劳动密集型服务业，而信息传输、计算机服务和软件业、科学研究、技术服务和地质勘查业、金融业等生产者服务业规模极小。同时，在我国企业“走出去”的进程中，即在我国制造业承接生产者服务业国际外包的进程中，全球价值链的每一个环节，即产品概念、研发设计、生产制造、销售和售后服务都需要生产性服务业，而在我国制造业升级进程中，全球领导厂商将创造概念、树立品牌和产品开发、创建品牌、建立销售渠道等核心生产者服务业留在其内部，而我国企业仅承接生产制造、原料采购、加工装备技术等低端生产者服务业，虽然我国生产能力大大增强，竞争力提升，但是我国企业仍然需要依靠全球领导厂商。

第四，东道国的高技术出口贸易规模对中国服务业对外直接投资具有显著的替代效应，尤其是发达国家高技术出口额对中国服务业直接投资替代效应更强。同时 2008 年金融危机爆发以来，发达国家实施的贸易保护主义对中国出口贸易的负影响较大，美国和西欧制定的贸易保护主义措施对中国出口规模的冲击较明显。

三、基本趋势

中国服务业将快速增长，成为拉动经济增长的"新引擎"，中国服务业对外开放将迎来全新的格局。2020 年前后是我国从工业化中后期走向工业化后期的关键时期，服务业对外开放对实现我国中长期的公平可持续的发展目标产生决定性影响。总的来说，在全面决胜建成小康社会的关键阶段，中国服务业的对外开放呈现出如下几种趋势：

（一）提升我国服务业国际竞争力需要对外开放和促进内资服务业快速高质发展双向发力

针对不同时期我国服务业开放度对中国国际竞争力的影响程度可发现，若不考虑中国加入 WTO，服务业真实开放度对中国服务业竞争力的影响是正向的，促进中国服务业显示性比较优势指数增长，促进了中国服务贸易增长。据测算，改革开放后中国服务业真实开放度提高了 1 个百分点，中国服务贸易竞争力平均提高了 0.35 个百分点，但是加入 WTO 以后，服务业真实开放度提高了 1 个百分点，服务贸易竞争力平均下降了 0.17 个百分点。这表明中国加入 WTO 以后，服务业开放度的提升对中国服务贸易竞争力的促进作用显著下降。

但也要看到"入世"给我国贸易竞争力带来的不利影响，尤其是对我国具有明显比较优势的传统产业产生较大冲击，我国企业不但面临更激烈的国内市场竞争环境，尤其是成本较高、管理落后、技术水平低的企业面临严峻的挑战，而且外商投资非国民待遇对内资企业具有明显的冲击。同时可以看到，加入WTO以后除了中国制造业比较优势显著提升以外，中国服务业和农产品比较优势仍处于弱势地位。加入WTO以后，中国服务贸易竞争力也处于弱势地位。因此，加入WTO后，中国服务业开放度的提升对中国服务贸易竞争力的促进作用较弱的事实不容忽视，要尽快制定政策，促进国内服务业快速发展。在服务业对外开放背景下，要通过建立透明、公平、规范的市场准入标准和鼓励民间资本投资服务业，推动我国服务业国际竞争力提升；要消除和着力解决当前行业垄断、部门分割和地区封锁等突出问题，逐步形成统一、开放、竞争、有序的服务业市场；要逐渐消除制约民营经济发展的制度性障碍，制定政策，促进民营经济快速发展，全面落实促进民营经济发展的政策措施，凡是对外资开放的领域将全部对民营资本开放，尽快向社会资本尤其是民营资本开放服务业。

（二）国际产业转移逐步向高科技化、服务化方向发展

发达国家的金融、保险、房地产、商务服务业等生产性服务业的转移已经成为服务业的主要国际投资主体。随着我国投资环境的日益改善，服务业对外开放领域的进一步扩大，生产性服务业仍将成为我国吸引外资、承接国际产业转移的新热点。从现实情况看，推进服务业发展和产业升级的突出矛盾仍是生产性服务业占服务业比重太低。为此，应加快发展现代生产性服务业，重点发展金融服务、保险、通信服务、运输、计算机和信息服务、专利许可等生产性服务业，提高我国生产性服务业国际竞争力。首先，进一步扩大生产性服务业领域的对外开放，制定政策鼓励外资积极参与软件开发、跨境外包、技术研发、物流服务等领域的合作与交流。其次，为了防止服务业外商投资对我国现代服务业的低端化锁定，要鼓励外资企业与国内购买方和服务供应商之间建立广泛的联系，同时，要间接地扩大制造业整体对国内生产性服务业的需求范围，不断提高本土生产性服务业为外商制造业企业提供生产性服务的能力。再次，鼓励民间资本和国外资本投向生产性服务业，促进投资主体多元化。最后，要抓住我国服务领域对外开放的机遇，加快对外开放的步伐，大力引进国际知名服务机构进驻中西部地区，带动整个生产性服务业经营理念和管理技术等各个层面的提升。

（三）服务贸易规模继续增长的同时，服务贸易出口将稳步增长，服务贸易逆差可能逐年降低

根据国家统计局提供的数据，2016年中国服务贸易逆差为2601亿美元，针对中国服务贸易逆差较大和增速较快的现实，我国应推动服务贸易出口增速快于进口增速，推动中国服务贸易出口增速在多数年份超过服务进口增速，并且大力推动服务贸易逆差增幅保持大幅收窄趋势。笔者估计在大力推动服务贸易出口快速增长的情形下，到2020年，中国服务贸易出口将增长到6320亿~6325亿美元，服务贸易进口将增长到7741亿~7746亿美元，服务贸易累计逆差增幅将有所收窄，并且中国服务贸易逆差增幅将不断降低；2018~2020年，中国服务贸易逆差增幅将分别为14%~16%、12%~14%、10%~12%，服务贸易逆差的严峻现实将有所改善，不断增强我国服务贸易的国际竞争力。为了实现以上目标，要大力支持通信、计算机和信息、咨询等知识、技术密集型服务业快速发展，不断提升其国际竞争力。适应国际服务贸易发展的新趋势，以建筑和运输服务为代表的我国传统服务业在世界服务贸易中的比重将不断下降，以我国金融服务和信息服务为代表的现代服务业在国际服务贸易的比重将不断提升。

（四）服务业对外投资规模将继续增长，中国对外投资的产业结构将进一步优化

中国对外投资仍将处于快速上升时期，我国对外投资规模将超过吸收外资规模。根据笔者测算，2018~2020年中国累计实现非金融类对外直接投资将分别为201708512万美元、262221065万美元、340887384万美元；2018~2020年，中国非金融类外商投资规模将分别为195822210万美元、225195541万美元、258974872万美元。自2015年开始，中国对外投资规模明显超过吸收外资规模，并且中国对外投资规模和吸收外资规模之间的差额逐年增长。从微观层面看，改革开放后中国企业在电子信息等多种服务行业有国际竞争力，该行业对外投资快速增长，在金融服务业、租赁和商务服务业、批发和零售业等服务业保持竞争优势。因此，我们认为，我国对外投资将进一步集中在租赁和商务服务业、金融业、采矿业、批发和零售业、制造业五大行业中，占我国对外直接投资存量总额的比重将保持在九成以上。中国服务业对外直接投资将继续增长，结构进一步优化。在租赁和商务服务业、批发和零售服务业等劳动密集型产业的对外投资继续

增长的同时，将加大信息传输计算机服务和软件业、科学研究技术服务和地质勘查业等技术密集型行业对外投资增长速度。在对外投资进程中，我国企业将注重加大技术获取型对外投资力度，尤其是要加大对研发资本存量丰富的国家进行直接投资，通过各种投资方式获取国外丰富的研发资源。同时将制定政策，鼓励企业在研发资本存量丰富的国家和地区建立研发基地，为企业“走出去”提供全方位服务。

（五）现代服务业和高科技产业的跨国转移呈快速增长之势，我国将在更高层次上承接国际产业转移

在外资来源方面，随着“一带一路”倡议的推进，中国今后对外开放的重要区域将是亚洲地区，来自亚洲地区的外商投资规模将较快增长，而来自北美、欧洲的外商投资额将快速下降，服务业外商投资更是如此。制造业外商投资将继续保持负增长，而其他三大行业，即房地产、批发零售、租赁和商务服务业等三大服务业外商投资占比都将继续提高，其中房地产业外商投资仍将增长最快。建设服务贸易强国，关键在于尽快打破服务贸易壁垒，并且实行更加开放的服务贸易市场准入机制。中国必须尽快落实“负面清单”管理制度和外商投资准入前国民待遇，只要是国家法律法规未明令禁止的服务业领域，都要全部向外资开放，并保障内外地、内外资企业享受同等待遇。中国在市场准入方面的限制已显著减少，在国民待遇方面的自由化发展程度更高，近年来我国服务贸易的国际地位有了显著提升，但仍将放宽外资在股权比例、经营范围、注册资本等方面的限制。

（六）外贸结构转换加快，服务贸易与货物贸易呈现出协同发展态势

随着外贸结构有序转换，我国将不断发挥服务贸易高附加值的优势，逐渐提高货物贸易的附加值和技术含量，延长货物贸易价值链。当前货物贸易与服务贸易之间的互动发展还不是很理想，但在国家政策的大力支持下，我国货物贸易与服务贸易之间将日渐表现出互相促进的关系，我国服务贸易结构将加速调整。这几年是中国服务贸易增长的关键期，若中国服务贸易继续保持10%的增长速度，2020 年服务贸易总额将达到 1 万亿美元以上，占外贸总额的比重将达到 20%。中国知识密集型服务进出口贸易快速增长（知识密集型服务业包括通信服务、建筑服务、保险服务、金融服务、计算机和信息服务、专有权利使用费和特许费、

咨询、广告和宣传、电影和音像及其他商业服务），知识密集型服务进出口贸易已由 2001 年的 266 亿美元增加到 2014 年的 2180 亿美元，增加了 8.2 倍。我们的初步预算结果表明，未来 5 年中国知识密集型服务贸易将保持年均实际增长 16%，知识密集型服务贸易将由 2014 年的 2180 亿美元增加到 2020 年的 5370.18 亿美元，增加 1.5 倍。

四、政策建议

（一）进一步完善关于服务业对外开放方面的法律法规

我国服务业方面的相关法律法规还很不健全，尤其是部分加入 WTO 时所承诺的部门目前仍然尚未立法，因此，急需根据服务业相关部门的重要性，结合时刻表的进度，早日健全我国服务业的相关法制建设。早在 20 世纪五六十年代，发达国家就颁布了关于服务业对外开放方面的法律法规，而我国加入 WTO 后，仍然在不断完善服务业法律法规体系，扩大服务业开放。随着 2015 年中国服务业开放的承诺已全面履行，作为一个发展中国家，中国必须采取渐进的开放政策，彻底厘清我国现行有关服务业开放的法律、法规，使其尽快符合 WTO 的要求，避免引起贸易争端。

（二）进一步推动中国服务贸易与货物贸易互动发展

目前，我国政府在制定服务贸易和货物贸易发展战略时，不仅要看到货物贸易和服务贸易对我国经济增长的促进作用，还要注意到我国货物贸易条件恶化带来的福利损失，应坚持积极稳妥的原则，采取逐步开放和参与的战略，推动中国服务贸易与货物贸易互相促进、互动发展。考虑到通信、建筑和咨询这三类服务业的净出口对提高我国货物出口产品的生产率具有正向作用，以及计算机和信息服务、电影音像的净出口对我国货物贸易条件改善具有积极的促进作用，因此，当前应优先发展通信、建筑、咨询、计算机和信息服务、电影音像五大类服务出口贸易，制定鼓励措施优先促进此类服务贸易出口，积极发挥其对改善我国货物贸易条件的促进作用。

（三）进一步推动我国服务业产业结构转型

要使中国的服务贸易取得长足的发展，运输业等传统服务业必须尽快向现代服务业转型，而发展现代服务业最重要的投入就是人力资本。因此，各地区都要建立专门的科研机构和培训机构，逐渐提高我国服务贸易的技术含量；要加强人力资本投入，加大对高等教育的投资力度，培养适应现代服务业发展要求、精通国际商法、国际运输的复合型专业人才；要加大教育投资，促进教育机构调整，建立和完善产学研一体化发展流程。

（四）进一步制定能协调服务业各部门出口、外商投资和“走出去”的对外开放政策

在《服务贸易具体承诺减让表》中，我国在海运服务等的市场准入方面存在部分限制，海运服务外资不得超过合资企业注册资本的49%，董事会主席和总经理由中方任命，合营企业可享受国民待遇，即我国在海运服务市场准入方面作了较广泛的承诺，同时也基本给予了国民待遇。“十三五”期间要采取措施，我国航运企业要坚持以可持续发展为目标，遵循逐步自由化原则，贯彻透明度原则。

（五）进一步扩大金融服务业开放，提升中国金融服务业国际竞争力

金融服务业作为我国加入WTO后最为敏感的行业，其开放应采取“三步走”的发展战略：第一阶段，建立准入前国民待遇和“负面清单”管理模式，同时清除“玻璃门”或“弹簧门”的限制；第二阶段，逐步缩短“负面清单”，用审慎监管代替准入要求；第三阶段，将金融业整体从“负面清单”中移除。

（六）进一步加强服务贸易相关产业的协调与支持

充分利用政府和市场两个力量，加强和完善基础设施，积极发展基础产业，推动相关产业的协调配合。政府要制定相应的融资、税收等优惠政策和产业倾斜政策，鼓励知识技术密集型服务业的发展，并引导人们对旅游、信息、房地产、金融、保险等行业的需求，大力促进服务贸易发展，培育服务业出口竞争力和提高对外投资竞争力，刺激服务业总体竞争力的提高。

参考文献

［1］迟福林：《走向服务业大国——2020：中国经济转型升级的大趋势》，《经济体制改革》2015 年第 1 期。

［2］姚战琪：《中国服务业真实开放度测算：1978~2013》，《经济纵横》2015 年第 5 期。

［3］戴斌：《我国旅游业“十三五”发展思路探讨》，《旅游学刊》2014 年第 10 期。

［4］陈雨露：《新常态下中国经济发展的七大机遇》，《光明日报》2015 年 3 月 19 日。

［5］胡鞍钢、周绍杰：《“十三五”：经济结构调整升级与远景目标》，《国家行政学院学报》2015 年第 2 期。

［6］来有为、陈红娜：《以扩大开放提高我国服务业发展质量和国际竞争力》，《管理世界》2017 年第 5 期。

［7］张建云：《我们进入了一个什么样的新时代？——十九大报告“新时代”思想的深层解读》，中国社会科学院党校第 43 期处室干部进修班毕业论文，2013 年。

［8］汪洋：《推动形成全面开放新格局》，《人民日报》2017 年 11 月 10 日。

［9］戴翔：《中国企业“走出去”的生产率悖论及其解释——基于行业面板数据的实证分析》，《南开经济研究》2013 年第 2 期。

［10］Hoekman Bernard，*Liberalizing Trade in Services*，Word Bank Discussion Papers，1995.

［11］Hoekman B.，Karsenty G.，“Econmic Development and International Transaction in Services”，*Development Policy Review*，1992，Vol.10，No.3，pp.62–66.

（姚战琪、刘奕：中国社会科学院财经战略研究院）

第九章　中国制造业与服务业对外投资关系

摘　要：通过构建中国制造业和服务业 OFDI 的逆向技术溢出对我国产业结构优化影响的模型得出：我国从各国的进口贸易获得的国际研发资本存量显著促进了我国产业结构合理化的提高；通过外商投资获得的国外研发资本存量不利于中国产业结构高级化；我国通过国内研发支出占比消化吸收后的制造业 OFDI 技术溢出对产业结构高级化存在积极影响；通过服务业对外投资获得的国外研发资本存量对我国产业结构高级化的促进作用显著为负。

一、引　言

从 20 世纪 80 年代开始，中国对外直接投资快速增长，2015 年实现历史性突破，流量首次位列全球第二，并超过同期吸收外资水平。中国对外直接投资逆向技术溢出对于促进中国经济增长、促进产业结构优化具有重要作用。

已有研究发现，中国 OFDI 逆向技术溢出效应显著，有助于自主创新的提升。肖黎明、赵刚（2013）的实证研究结果发现，中国 OFDI 存在逆向技术溢出效应，能够促进我国的技术进步。王志超（2014）的研究结果对中国各产业 OFDI 外国研发溢出与各产业生产率指数的灰色关联度进行排名，制造业排在第一位，交通运输、仓储和邮政业排在第六位，信息传输、计算机服务和软件业排在第九位，批发和零售业排在第四位，租赁和商务服务业排在第三位，科学研究、技术服务和地质勘查业排在第二位。

部分研究成果发现，中国 OFDI 逆向技术溢出效应能促进中国产业结构优化。姚战琪（2016）构建“一带一路”沿线国家 OFDI 的逆向技术溢出对我国产业结构优化影响的模型发现，发现我国从“一带一路”沿线各国的进口贸易获得的国际研发资本存量显著促进了我国产业结构合理化的提高。王志超（2014）发现第一产业整体、第三产业中高新技术产业和高端服务业的逆向技术溢出效应较弱，第二产业中制造业OFDI产生的逆向技术溢出作用相对较强。但该成果未分析中国各产业OFDI逆向技术溢出对产业结构优化的影响。赵刚（2012）以中国对外直接投资存量为被解释变量，发现中国产业结构的优化对OFDI的影响虽然为负，但未通过显著性检验，同时该成果也未把OFDI研发溢出存量作为被解释变量，分析中国OFDI对中国产业结构优化的影响。

从现有研究来看，第一，目前在学术界关于我国全球价值链背景下中国制造业与服务业对外投资关系的研究成果很少，学术界主要直接研究OFDI对我国产业结构的影响，而本章分别研究中国制造业对外投资获得的国外研发资本存量和服务业对外投资获得的国外研发资本存量是否促进了产业结构高级化。第二，本章使用国内研发投入、人力资本变量等变量与中国通过制造业对外直接投资和服务业对外直接投资获得的国外研发资本存量的交互项作为解释变量，检验通过制造业和服务业对外直接投资获得的国外研发资本存量对我国产业结构升级的影响。

二、理论分析与研究假设

（一）通过制造业对外投资和服务业对外投资获得的国外研发资本存量与中国产业结构高级化

雷蒙德·维农（R. Vernon）最早提出“产品生命周期理论”，揭示了发达国家跨国公司一般在产品生命周期处于标准化阶段或成熟阶段时，就开始进行OFDI，为了给母公司让出更多的资源和市场进行新产品和新技术研发，必然会不断推动跨国公司的生产结构优化、产品更新和技术进步。阿瑟·刘易斯（W. A. Lewis）提出的发达国家OFDI“劳动密集型产业转移论”认为，第二次世界大战后，由于劳动力成本上升，发达国家通过OFDI将其某些劳动密集型产业转移到发展中国家的同时，相应地也加快了其国内产业结构升级的步伐。希里（Hiley，1999）、洛姆特拉特（Blomstrom，1994）等选取韩国和日本数据实证分析了OFDI的产业升级效应，认为作为两个战后复兴经济体，韩国和日本通过开展海外直接投资转移了在国内处于落后位势的比较劣势产业，在保持海外市场份额的同时推进了国内产业升级换代。因此，本章提出以下假设：

H1：在不考虑通过制造业对外投资获得的国外研发资本存量与研发投资占比的交叉项和通过服务业对外投资获得的国外研发资本存量与人力资本的交叉项的情形下，中国制造业对外投资和服务业对外投资获得的国外研发资本存量对我国产业结构高级化的促进作用较弱。

（二）在考虑国内研发投资占比情形下，通过制造业OFDI获得的研发资本存量与中国产业结构高级化

冯春晓（2009）通过构建测度制造业产业结构合理化与高度化的指标，分析了制造业OFDI对我国制造业内部产业结构优化的影响。结果发现，我国制造业OFDI与我国制造业内部产业结构优化存在正相关关系，其中OFDI与制造业产业结构合理化存在着长期稳定关系。但该成果没有分析中国通过制造业OFDI获得的研发资本存量对中国产业结构高级化的影响。王英、刘思峰（2008）通过计算中国OFDI存量的行业结构与国内产业结构的灰色绝对关联度、相对关联度和综合关联度后发现，我国OFDI的行业结构与我国国内产业结构密切相关，OFDI促进了我国产业结构的优化升级，其中制造业的OFDI对产业结构优化升级有着更为重要的促进作用。方明媚（2008）的研究结果发现，我国企业在进行OFDI时，应有层次、有重点、有步骤地选择投资地区，中国对外投资应加强对发展中国家的制造业OFDI，逐步建立制造业的国际生产体系，应在资源丰富的发展中国家和地区重点投资资源密集型产业，创建资源开发国际化体系。因此，本章提出以下假设：

H2：通过国内研发投资占比的调节作用，中国通过制造业对外直接投资获得的国外研发资本存量能促进我国产业结构高级化。

（三）在考虑人力资本情形下，通过服务业OFDI获得的研发资本存量与中国产业结构高级化

从20世纪70年代开始，对外投资逐渐转向服务业，世界服务业OFDI已超过制造业OFDI。可见，服务业对外直接投资在国际经济领域的作用日益凸显。

但在学术界关于服务业 OFDI 获得的研发资本存量对中国产业结构高级化影响的研究成果很少。孟萍莉、董相町（2017）使用灰色关联分析方法，认为生产性服务业 FDI、OFDI 与制造业产业结构调整存在着紧密的联系，我国生产性服务业 FDI、OFDI 行业结构对制造业产业升级起到了积极的推进作用。我们认为，我国服务业 OFDI 主要流向国为 34 国，34 国的主体为发达国家，而流向高技术密集型国家的 OFDI 并不会带来积极的逆向技术溢出效应。姜欢（2016）也认为，我国服务业流向低技术密集型国家的 OFDI 能够带来显著的逆向技术溢出效应，而流向高技术密集型国家的 OFDI 并没有带来积极的逆向技术溢出效应，因此，本章提出以下假设：

H3：我国通过服务业对外直接投资获得的国外研发资本存量不利于中国产业结构高级化，中国服务业对外直接投资不存在逆向技术输出，中国服务业 OFDI 的正向技术输出总额通过人力资本分摊部分回收，因此，中国服务业对外投资所产生的技术输出对我国产业结构高级化存在阻碍作用。

（四）各省通过进口获得的国外研发资本存量与中国产业结构高级化

学术界主要从进口贸易的技术溢出效应、进口贸易的产业发展效应、进口贸易的经济增长效应三个角度分析服务业进口的影响。谢建国、周露昭（2009）研究了国际 R&D 通过进口贸易对中国省份的技术溢出效果，认为国际 R&D 通过进口贸易对中国的全要素生产率有显著的影响。胡小娟、龙敏捷（2016）采用我国 1997~2012 年工业面板统计数据，分别从工业总体和行业两个视角检验了中间产品进口对我国技术进步的影响。研究结果发现，从工业总体看，中间产品进口有利于我国技术进步。徐光耀（2016）认为，从总体上看，在中国加入世贸组织前后的进口服务贸易均对中国第三产业的发展起到了较为稳定的、正向的促进作用，但这种稳定的促进作用是以部分第三产业的快速发展和一部分第三产业受到巨大冲击为代价的。因此，本章提出以下假设：

H4：通过进口获得的国外研发资本存量有利于中国产业结构高级化

（五）各省通过 FDI 获得的国外研发资本存量与中国产业结构高级化

唐慧（2016）认为，FDI 与产业结构优化之间存在着协整关系以及双向的 Granger 因果关系，FDI 对产业结构优化有显著的正向影响，但该成果未使用通过外商投资获得的国外研发资本存量代替 FDI 变量。王静（2013）等研究人员也直接使用 FDI 变量研究外商直接投资对我国产业结构优化的影响，认为 FDI 显著促进中国产业结构优化，此外，通过促进国内 R&D 投入，外商投资对我国产业结构优化也有间接的促进作用，该成果也未从通过外商投资获得的国外研发资本存量的角度研究 FDI 对我国产业结构高级化的影响。李平、苏文喆（2014）以我国的 OFDI 为研究对象，考察 OFDI 对母国技术创新的影响，发现通过 FDI 溢出的国外研发存量对以专利申请授权数表示的我国技术创新的影响显著为负，但没有研究通过 FDI 溢出的国外研发存量对我国产业结构高级化的影响。霍忻（2016）研究了通过国内研发、进口贸易、外商投资和对外直接投资四种途径获取的国内外研发资本存量对我国产业结构高级化的影响，发现通过国内研发、进口贸易、外商投资和对外直接投资获取的国内外研发资本存量与我国产业结构高级化变量存在正向的相关关系，但该文计算通过外商投资获得的国外研发资本存量的方法与本章不同，该文计算通过外商投资获得的国外研发资本存量时仅计算通过各国流入我国的外商直接投资获得的国外研发资本存量，没有计算通过流入我国各省的外商直接投资获得的国外研发资本存量。因此，本章提出以下假设：

H5：通过外商投资获得的国外研发资本存量不利于中国产业结构高级化。

三、研究设计

（一）模型建立

考虑到制造业 OFDI 对中国产业结构高级化的影响依赖于中国研发投资占 GDP 比重，服务业 OFDI 对中国产业结构高级化的影响可能依赖于中国人力资本，因此，将各省研发投资与 GDP 之比与通过制造业 OFDI 获得的国外研发资本存量的交叉项、各省人力资本存量与通过服务业 OFDI 获得的国外研发资本存量的交叉项的回归方程设定为：

$$INS_{it} = C + \beta_{11}\ln RDC_{it} + \beta_{12}FDIR_{it} + \beta_{13}IMR_{it} + \beta_{14}RDGDP_{it} \times \ln MOFDIR_{it} + \beta_{15}HU_{it} \times \ln SOFDIR_{it} + \varepsilon_{it} \tag{9-1}$$

具体考察制造业 OFDI 对中国产业结构高级化的影响，将中国制造业 OFDI 国别差异与母国产业结构升级的回归方程设定为：

$$INS_{it} = C + \beta_{21}\ln RDC_{it} + \beta_{22}\ln MOFDIR_{it} + \beta_{23}FDIR_{it} + \beta_{24}IMR_{it} + \beta_{25}RDGDP_{it} \times \ln MOFDIR_{it} + \varepsilon_{it} \quad (9\text{–}2)$$

进一步分析服务业 OFDI 对中国产业结构高级化的影响，将中国服务业 OFDI 与母国产业结构升级的回归方程设定为：

$$INS_{it} = C + \beta_{31}\ln RDC_{it} + \beta_{32}\ln SOFDIR_{it} + \beta_{33}FDIR_{it} + \beta_{34}IMR_{it} + \beta_{35}HU_{it} \times \ln MOFDIR_{it} + \varepsilon_{it} \quad (9\text{–}3)$$

被解释变量为产业结构高级化（INS_{it}），解释变量为各省研发资本存量（RDC_{it}）、各省通过外商投资获得的国外研发资本存量（$FDIR_{it}$）、各省通过进口获得的国外研发资本存量（IMR_{it}）、通过服务业 OFDI 获得的国外研发资本存量（$SOFDIR_{it}$）、通过制造业 OFDI 获得的国外研发资本存量（$MOFDIR_{it}$）、各省研发投资与国内生产总值之比（$RDGDP_{it}$）与通过制造业 OFDI 获得的国外研发资本存量的交叉项、各省人力资本存量（HU_{it}）与通过服务业 OFDI 获得的国外研发资本存量的交叉项。

本章选取 2003~2015 年我国 30 个省市自治区（不包括西藏和港澳台地区）面板数据，构建我国产业结构高级化与通过 OFDI 获得的国外研发资本存量的计量模型并进行实证研究。选取的 34 国包括：捷克、匈牙利、美国、日本、澳大利亚、德国、加拿大、英国、法国、意大利、瑞典、爱尔兰、比利时、波兰、荷兰、西班牙、新加坡、韩国、巴基斯坦、蒙古、马来西亚、泰国、伊朗、印度、印度尼西亚、南非、巴西、哥伦比亚、阿根廷、土耳其、墨西哥、赞比亚、俄罗斯、哈萨克斯坦，34 国是我国主要的 FDI 来源国、国际贸易进口国。截至 2015 年末，我国对上述国家 OFDI 存量占总存量的比重接近 80%，34 国进口占比为 63.05%，获得的 FDI 占比为 61.11%，因此，以上 34 国是我国主要的 OFDI 流向国、国际贸易进口国和 FDI 来源国。

（二）变量选取

$SOFDIR_{it}$ 为 i 省 t 期通过 34 国服务业 OFDI 获得的国外研发资本存量。首先，借鉴 LP 的方法计算 t 期全国层面通过服务业 OFDI 获得的国外研发资本存量，即 $SOFDIR_t = \sum_{j=1}^{34}(a_j OFDI_{jt}/GDP_{jt})RDO_{jt}$，其中 j = 1，2，…，34，$OFDI_{jt}$ 为我国对 j 国的 OFDI 存量总规模，a_j 为中国对各国服务业 OFDI 所占比重，该数据不可得，因此分别使用中国对各大洲服务业 OFDI 所占比重来代替。GDP_{jt} 为 t 期 j 国的 GDP，RDO_{jt} 为 t 时期 j 国国内研发资本存量，RDO_{jt} 的计算方法和国内研发资本存量（RDC_{it}）的计算方法相同。其次，计算 i 省 t 期通过对服务业直接投资获得的研发资本存量，$SOFDIR_{it} = (OFDI_{it} \times \varepsilon_i / OFDI_t) SOFDIR_t$，其中 $OFDI_{it}$ 为 i 省 t 期对外直接投资存量，由于各省服务业 OFDI 数据无法得到，本章根据商务部公布的 1980 年至今中国对外投资企业名录中的各省境内投资主体在各国的境外投资企业名录，计算截止到 2015 年末 i 省在服务业对外投资企业数目所占比重 ε_i，即各省服务业对外投资企业数目所占比重，$OFDI_t$ 为全国对外直接投资存量规模。中国对外直接投资存量数据来源于《中国对外直接投资统计公报》，其他数据来源于世界银行。

$MOFDIR_{it}$ 为 i 省 t 期 34 国制造业 OFDI 获得的国外研发资本存量。首先，借鉴 LP 的方法计算 t 期全国层面通过制造业 OFDI 获得的国外研发资本存量，即 $MOFDIR_t = \sum_{j=1}^{34} (\beta_j OFDI_{jt} / GDP_{jt}) RDO_{jt}$，其中 j = 1，2，…，34，$OFDI_{jt}$ 为我国对 j 国的 OFDI 存量总规模，β_j 为中国对各国制造业 OFDI 所占比重，该数据也不可得，因此分别使用中国对各大洲制造业 OFDI 所占比重来代替。其次，计算 i 省 t 期通过对制造业直接投资获得的研发资本存量，$MOFDIR_{it} = (OFDI_{it} \times \gamma_i / OFDI_t) MOFDIR_t$，由于各省制造业 OFDI 数据无法得到，本章根据商务部公布的 1980 年至今中国对外投资企业名录中的各省境内投资主体在各国的境外投资企业名录，计算截止到 2015 年末 i 省在制造业对外投资企业数目所占比重 γ_i，即各省在制造业对外投资企业数目所占比重。

各省产业结构高级化。$INS = \sum_{i=1}^{n} \sum_{j=1}^{i} T(j)$，即对中国各省三次产业所占比重（$T_j$）进行加权求和，并按三次产业层次高低依次赋权，INS 值越小，该地区结构层系数越小，表明产业结构高级化程度越低。其中，$T_i (i = 1, 2, 3)$ 分别表示 i 地区三次产业产值比重三维向量与由低层次向高层次排序的向量 $X_i = (1, 0, 0)$、$X_2 = (0, 1, 0)$、$X_3 = (0, 0, 1)$ 之间的夹角。

用姚战琪（2017）使用的永续盘存法计算各省研发资本存量（RDC_{it}）和占我国引进 FDI 主体的 34 国研发资本存量（RDO_{jt}）。

IMR_{it} 表示 i 省 t 期从 34 国进口贸易获得的国外研发资本存量。$IMR_{it} = (IM_{it}/$

$IM_t)RE_t^{IP}$，$RE_t^{IP}=\sum_{j=1}^{34}(IM_{jt}/GDP_{jt})RDO_{jt}$。其中，$IM_{jt}$ 为 t 期我国从 j 国进口总额，IM_{it}/IM_t 为 t 期 i 省进口额占我国进口额的比重。

使用以下方法计算各省通过外商投资获得的国外研发资本存量（$FDIR_{it}$）：$FDIR_{it}=(FDI_{it}/FDI_t)RE_t^{FDI}$，$RE_t^{FDI}=\sum_{j=1}^{34}(FDI_{jt}/GDP_{jt})RDO_{jt}$。其中，$FDI_{it}/FDI_t$ 为 t 期 i 省 FDI 占我国 FDI 总额的比重，FDI_{jt} 为占我国引进 FDI 主体的 34 国 FDI，GDP_{jt} 为占我国引进 FDI 主体的 34 国 GDP。

使用以下方法计算各省人力资本存量（HU_{it}），即 HU_{it} = 各省小学比重 × 6 + 初中比重 × 9 + 高中比重 × 12 + 大专及以上比重 × 16，资料来源于《中国劳动统计年鉴》。

$RDGDP_{it}$ 为 i 省 t 时期研发投资与国内生产总值之比，即各省研发投资与该地区 GDP 之比。各变量含义如表 9–1 所示。

表 9–1 变量含义

变量类型	变量简写	变量含义
被解释变量	INS_{it}	各省产业结构高级化
解释变量	$MOFDIR_{it}$	通过制造业 OFDI 获得的国外研发资本存量
解释变量	$SOFDIR_{it}$	通过服务业 OFDI 获得的国外研发资本存量
解释变量	RDC_{it}	各省研发资本存量
控制变量	IMR_{it}	各省通过进口获得的国外研发资本存量
控制变量	$FDIR_{it}$	各省通过外商投资获得的国外研发资本存量
控制变量	$RDGDP_{it}$	各省研发投资与 GDP 之比
控制变量	HU_{it}	各省人力资本存量

（三）资料来源

中国对外直接投资存量资料来源于《中国对外直接投资统计公报》，各省就业人员受教育程度比重来源于《中国劳动统计年鉴》，其他资料来源于世界银行、国际货币基金组织。

四、样本说明及相关性检验

表 9-2 为各变量描述性统计分解。可以看到，东部地区通过服务业 OFDI 获得的国外研发资本存量、通过制造业 OFDI 获得的国外研发资本存量、产业结构高级化、研发资本存量、通过外商投资获得的国外研发资本存量、通过进口获得国外研发资本存量、各省人力资本、各省研发投资与 GDP 之比分别是中西部地区的 27.58 倍、8.95 倍、1.01 倍、4.28 倍、8.37 倍、13.74 倍、1.14 倍、2.04 倍，尤其是东部地区服务业 OFDI 和制造业 OFDI 获得的国外研发资本存量、通过进口获得的国外研发资本存量、通过外商投资获得的国外研发资本存量明显优于中西部地区。

表 9-2　各变量描述性统计分解

		SOFDIR	MOFDIR	INS	RDC	FDIR	IMR	HU	RDGDP
中西部地区	Mean	478599.9	1021043	5.459291	3.83E+10	1.23E+09	9.39E+08	863.6639	0.007903
	p50	71195.1	100962	5.45912	2.40E+10	1.20E+09	7.20E+08	874.372	0.0074
	N	209	209	209	209	209	209	209	209
	Sum	1.00E+08	2.13E+08	1140.992	8.01E+12	2.56E+11	1.96E+11	180505.8	1.651671
	max	7300000	1.90E+07	5.53617	1.90E+11	4.40E+09	4.20E+09	1055.09	0.025307
	min	18.0508	8.86604	5.37456	1.10E+09	6.20E+07	2.30E+07	635.444	0.002324
	Sd	948421	2667205	0.034263	3.99E+10	8.99E+08	8.25E+08	92.70803	0.003697
	se（mean）	65603.65	184494.4	0.00237	2.76E+09	6.22E+07	5.71E+07	6.412749	0.000256
	skewness	3.749202	4.424072	−0.1164	1.681372	1.008901	1.52213	−0.41053	1.425331
	kurtosis	21.1302	24.27519	2.332954	5.53237	4.059127	5.320133	2.601808	6.185975
东部地区	Mean	1.32E+07	9137601	5.50259	1.64E+11	1.03E+10	1.29E+10	985.5055	0.016149
	p50	2600000	1600000	5.50093	1.10E+11	7.00E+09	7.90E+09	963.688	0.013975
	N	121	121	121	121	121	121	121	121
	Sum	1.60E+09	1.11E+09	665.8134	1.98E+13	1.25E+12	1.56E+12	119246.2	1.954069
	max	1.50E+08	1.10E+08	5.62475	6.30E+11	4.10E+10	6.70E+10	1331.04	0.051833
	min	865.428	507.19	5.35529	5.60E+08	7.20E+08	1.60E+08	808.579	0.001685

续表

		SOFDIR	MOFDIR	INS	RDC	FDIR	IMR	HU	RDGDP
东部地区	Sd	2.54E+07	1.80E+07	0.052773	1.53E+11	8.55E+09	1.33E+10	123.7078	0.011294
	se（mean）	2306855	1632317	0.004798	1.39E+10	7.77E+08	1.21E+09	11.24616	0.001027
	skewness	2.872048	3.082009	−0.19879	1.259754	1.334977	1.902695	0.748607	1.63306
	kurtosis	12.00484	13.56542	4.417231	3.920512	4.244695	6.887379	2.8416	5.461677

表 9–3 为各变量的相关性检验，可以看到，各地区通过服务业 OFDI 获得的国外研发资本存量与通过制造业 OFDI 获得的国外研发资本存量、产业结构高级化、研发资本存量、通过外商投资获得的国外研发资本存量、通过进口获得的国外研发资本存量、各省人力资本、各省研发投资与 GDP 之比各变量显著正相关，并且通过服务业 OFDI 获得的国外研发资本存量与通过制造业 OFDI 获得的国外研发资本存量、各省研发资本存量的相关系数大于其他变量，表明通过制造业 OFDI 获得的国外研发资本存量规模越大的地区对服务业 OFDI 逆向技术溢出效应的促进作用越显著，研发资本存量规模越大的地区对服务业 OFDI 逆向技术溢出效应的促进作用也越显著。通过变量间的两两相关系数可以发现变量间相关系数的绝对值最大为 0.8952，出现此情况是变量选择后出现的必然结果，模型 1~模型 9 的 VIF 检验值均小于 10（见表 9–5 至表 9–7），因此不存在多重共线性问题。

表 9–3　各变量相关性检验

	SOFDIR	MOFDIR	INS	RDC	FDIR	IMR	HU	RDGDP
SOFDIR	1.0000	0.8952*	0.2995*	0.8198*	0.6471*	0.7302*	0.3915*	0.3686*
MOFDIR	0.8952*	1.0000	0.1915*	0.7913*	0.6303*	0.7332*	0.3221*	0.2563*
INS	0.2995*	0.1915*	1.0000	0.5455*	0.4069*	0.3827*	0.6727*	0.7340*
RDC	0.8198*	0.7913*	0.5455*	1.0000	0.7413*	0.7712*	0.6098*	0.6666*
FDIR	0.6471*	0.6303*	0.4069*	0.7413*	1.0000	0.8889*	0.4129*	0.4096*
IMR	0.7302*	0.7332*	0.3827*	0.7712*	0.8889*	1.0000	0.4069*	0.3796*
HU	0.3915*	0.3221*	0.6727*	0.6098*	0.4129*	0.4069*	1.0000	0.6702*
RDGDP	0.3686*	0.2563*	0.7340*	0.6666*	0.4096*	0.3796*	0.6702*	1.0000

注：* 为在 10%的水平下显著。

五、实证结果

（一）单位根检验

为避免伪回归，首先使用 ADF 方法对模型的所有变量的平稳性进行检验，即对所有变量进行单位根检验，结果如表 9-4 所示。发现除 lnRDC 以外的所有变量进行一阶差分后均为平稳序列。

表 9-4　单位根检验

变量	LLC	IPS	Fisher-ADF	Fisher-PP	单位根
INS	-4.6356 (0.0000)	-1.1278 (0.1297)	9.5861 (0.0000)	15.2907 (0.0000)	不平稳
dINS	-9.4228 (0.0000)	-3.7842 (0.0001)	11.7185 (0.0000)	15.0483 (0.0000)	平稳
lnRDC	-16.3905 (0.0000)	-4.9056 (0.0000)	15.3647 (0.0000)	46.5833 (0.0000)	平稳
lnFDIR	-2.3054 (0.0106)	3.6063 (0.9998)	4.7115 (0.0000)	-3.7103 (0.9999)	不平稳
dlnFDIR	-13.7342 (0.0000)	-5.5145 (0.0000)	18.4301 (0.0000)	16.1244 (0.0000)	平稳
lnIMR	-7.5188 (0.0000)	3.0428 (0.9988)	8.5124 (0.0000)	4.4249 (0.0000)	不平稳
dlnIMR	-11.3318 (0.0000)	-6.0959 (0.0000)	14.8348 (0.0000)	19.4093 (0.0000)	平稳
lnSOFDIR	-7.5189 (0.0000)	1.3738 (0.9153)	6.8228 (0.0000)	19.7758 (0.0000)	不平稳
dlnSOFDIR	-6.8955 (0.0000)	-6.1855 (0.0000)	11.9603 (0.0000)	26.6012 (0.0000)	平稳
lnMOFDIR	-7.5189 (0.0000)	1.3739 (0.9153)	6.8227 (0.0000)	19.7756 (0.0000)	不平稳
dLnMOFDIR	-6.8955 (0.0000)	-6.1855 (0.0000)	11.9603 (0.0000)	26.6009 (0.0000)	平稳

续表

变量	LLC	IPS	Fisher-ADF	Fisher-PP	单位根
HU×lnSOFDIR	-2.3119 (0.0104)	8.2215 (1.0000)	1.0046 (0.1575)	-3.3002 (0.9995)	不平稳
dHU×lnSOFDIR	-9.2485 (0.0000)	-6.0130 (0.0000)	13.6074 (0.0000)	24.8662 (0.0000)	平稳
RDGDP×lnMOFDIR	0.4973 (0.6905)	4.8378 (1.0000)	1.4660 (0.0713)	-2.4596 (0.9930)	不平稳
dRDGDP×lnMOFDIR	-11.0727 (0.0000)	-7.2815 (0.0000)	15.9224 (0.0000)	43.0147 (0.0000)	平稳

注：括号内为估计量的伴随概率。

（二）面板估计结果

1. 初步估计结果

本章使用各省产业结构高级化的滞后一期值和各省研发资本存量作为内生变量，通过使用进口获得的国外研发资本存量和通过外商投资获得的国外研发资本存量为 GMM 式工具变量，使用各省人力资本为 IV 式工具变量，得到系统 GMM 估计结果。

表 9-5 为式（9-1）初步估计结果，模型 1 为综合考虑各省研发投资与 GDP 之比与通过制造业 OFDI 获得的国外研发资本存量的交叉项、各省人力资本存量与通过服务业 OFDI 获得的国外研发资本存量的交叉项的估计结果，模型 2 和模型 3 分别为不考虑各省研发投资与 GDP 之比与通过制造业 OFDI 获得的国外研发资本存量的交叉项、各省人力资本存量与通过服务业 OFDI 获得的国外研发资本存量的交叉项情形下，通过制造业 OFDI 获得的国外研发资本存量、通过服务业 OFDI 获得的国外研发资本存量的估计结果。可以看到，通过制造业对外投资获得的海外研发资本存量与通过服务业对外投资获得海外研发资本存量对我国产业结构高级化的影响均为负，说明我国制造业对外直接投资不能促进我国产业结构高级化，服务业对外投资也不能促进我国产业结构高级化，假设 1 得到验证。但通过制造业对外投资获得的国外研发资本存量与研发投资占比的交叉项对产业结构高级化的影响程度显著高于通过服务业对外投资获得的国外研发资本存量与人力资本的交叉项对我国产业结构高级化的影响，并且两变量系数均为正，这表明我国通过制造业对外投资获得的海外研发资本存量对我国产业结构高级化发挥积

极作用要以研发投资占比存量为条件，通过服务业对外投资获得的海外研发资本存量对我国产业结构高级化发挥积极作用要以各省人力资本存量为条件。通过制造业对外投资和服务业对外投资获得的国外研发资本存量对我国产业结构高级化的促进作用均为负，那么，在考察通过制造业对外投资获得的国外研发资本存量与研发投资占比的交叉项和通过服务业对外投资获得的国外研发资本存量与人力资本的交叉项的情形下，中国通过制造业 OFDI 获得的海外研发资本存量和通过服务业 OFDI 获得的海外研发资本存量对中国产业结构高级化的最终影响有何不同?

表 9–5　式（9–1）初步估计结果

	模型 1	模型 2	模型 3
L1.INS	0.5592665*** (0.1440136)	0.5470666*** (0.0806740)	0.5607873*** (0.0801065)
lnRDC	−0.0190583*** (0.0180419)	0.0093656*** (0.0043391)	0.0098577*** (0.0043544)
lnFDIR	−0.0121340*** (0.0040461)	−0.0046370*** (0.0025834)	−0.0028438*** (0.0029664)
lnIMR	0.0114292*** (0.0035696)	0.0095941*** (0.0033201)	0.0070301*** (0.0031352)
HU×lnSOFDIR	0.0000039*** (0.0000053)		
RDGDP×lnMOFDIR	0.1640980*** (0.0588076)		
lnMOFDIR		−0.0039613*** (0.0016222)	
lnSOFDIR			−0.0036556*** (0.0015636)
_cons	2.7904590*** (0.5814852)	2.2167570*** (0.3674108)	2.1429030*** (0.3653628)
VIF	5.40	5.30	6.28
AR(1)	0.0220000	0.0090000	0.0070000
AR(2)	0.1080000	0.3390000	0.3450000
Sargan	21.6800000	26.8800000	26.5400000

注：括号中数字为标准误，*** 为在 1%的水平下显著。

2. 中国制造业 OFDI 溢出效应和服务业溢出效应对中国产业结构高级化影响的进一步分析

（1）通过进口获得的国外研发资本存量有利于中国产业结构高级化，但通过外商投资获得的国外研发资本存量不利于中国产业结构高级化。如表 9-6 所示，模型 4~模型 6 的结果显示，通过进口获得的国外研发资本存量对我国产业结构高级化的影响显著为正，而通过外商投资获得的国外研发资本存量对我国产业结构高级化的影响显著为负，因此中国通过从各国进口渠道获得的国外研发资本存量显著促进中国产业结构高级化，中国从各国进口渠道获得的国外研发资本对我国产业结构高级化存在促进作用，而中国通过外商投资渠道获得国外研发资本存量不利于中国产业结构高级化，并且外商直接投资所产生的技术输出对我国产业结构高级化存在阻碍作用，假设 4 和假设 5 得到验证。

表 9-6 制造业 OFDI 溢出效应的实证结果（式（9-2）的估计结果）

	模型 4	模型 5	模型 6
L1.INS	0.6188083*** (0.0819012)	0.6954172*** (0.2078904)	0.6688079*** (0.2092668)
lnRDC	−0.0115043*** (0.0112579)	−0.0385504*** (0.0228235)	−0.0370059*** (0.0202312)
lnMOFDIR	0.0031180*** (0.0037434)	0.0123661*** (0.0081108)	0.0112819*** (0.0066787)
RDGDP×lnMOFDIR	0.1501021*** (0.0567661)	0.3478467*** (0.1743853)	0.3359589*** (0.1714874)
lnFDIR		−0.0180526*** (0.0087222)	−0.0195030*** (0.0069462)
lnIMR			0.0037317*** (0.0093251)
_cons	2.2867660*** (0.5022600)	2.7166180*** (1.3885320)	2.7946840*** (1.3462610)
VIF	3.3000000	3.3400000	5.1400000
AR(1)	0.0030000	0.0120000	0.0310000
AR(2)	0.0910000	0.1490000	0.1340000
Sargan	23.6600000	23.8000000	24.5200000

注：括号中数字为标准误，*** 为在 1%的水平下显著。

（2）我国通过国内研发支出占比消化吸收后的制造业对外投资获得的国外研发资本存量对我国产业结构高级化存在积极影响。针对模型 6，国内研发投资占 GDP 比重与中国制造业对外投资获得的国外研发资本存量的交叉项系数为 0.33596，并通过 1%的显著性检验，将 INS 对 lnMOFDI 求偏导，$\partial lnINJG_{it}/\partial lnMOFDI_{it} = 0.01128 + 0.33596 \times RDGDP$，将 RDGDP 均值代入得 0.0149，假设 2 得到验证。这说明中国制造业对外投资获得的海外研发资本存量对我国产生显著的逆向技术溢出，我国通过国内研发支出占比消化吸收后的中国制造业 OFDI 逆向技术溢出对我国产业结构高级化存在积极影响，通过国内研发投资占比的调节作用，我国制造业对外直接投资能够获得逆向技术输出并促进我国产业结构高级化。

（3）中国服务业对外投资的正向技术输出总额通过国内人力资本分摊部分回收，因此我国服务业对外投资所产生的技术输出不利于中国产业结构高级化。如表 9-7 所示，针对模型 9 可看到，lnSOFDIR 和 HU × lnSOFDIR 的系数均显著，进一步分析服务业 OFDI 技术输出对我国产业结构高级化的净影响。将 INS 对 lnSOFDIR 求偏导，$\partial lnINJG_{it}/\partial lnSOFDIR_{it} = 0.008098 + 0.000006 \times HU$，将 HU 均值代入得-0.003，这说明我国服务业对其他国家 OFDI 的正向技术输出总额通过人力资本分摊部分回收，假设 3 得到验证。因此，我国通过服务业对外直接投资获得的国外研发资本存量不利于中国产业结构高级化，中国服务业对外投资所产生的技术输出对我国产业结构高级化存在阻碍作用。

表 9-7　服务业对外投资溢出效应的实证结果（式（9-3）的估计结果）

	模型 7	模型 8	模型 9
L1.INS	0.8888979*** (0.0661616)	0.8635649*** (0.0414682)	0.8592785*** (0.0449135)
LnRDC	−0.0008581*** (0.0047421)	−0.0014732*** (0.0041976)	−0.0023094*** (0.0048298)
LnSOFDIR	−0.0079940*** (0.0020330)	−0.0070758*** (0.0014348)	−0.0080980*** (0.0019517)
HU×LnSOFDIR	0.0000062*** (0.0000018)	0.0000049*** (0.0000014)	0.0000057*** (0.0000018)
LnIMR		0.0038696*** (0.0013697)	0.0067319*** (0.0019786)
LnFDIR			−0.0029406*** (0.0017063)

续表

	模型 7	模型 8	模型 9
_cons	0.6571397*** (0.3016720)	0.7321651*** (0.1758454)	0.7796544*** (0.1900194)
VIF	9.6700000	9.1000000	9.7400000
AR(1)	0.0010000	0.0020000	0.0030000
AR(2)	0.1100000	0.1020000	0.0950000
Sargan	24.6500000	27.0800000	26.1200000

注：括号中数字为标准误，*** 为在 1%的水平下显著。

3. 内生性检验

为了检验内生性对方程可靠性的影响程度，我们使用滞后变量回归法，即使用 2003~2014 年的中国产业结构高级化变量和 2004~2015 年的通过制造业 OFDI 获得的国外研发资本存量、研发资本存量、通过外商投资获得的国外研发资本存量、通过进口获得的国外研发资本存量、各省通过制造业 OFDI 获得的国外研发资本存量与各省研发投资与 GDP 之比的交叉项变量的滞后一期作为随机变量代入方程（见表 9-8）。

表 9-8　内生性检验（制造业）

	模型 10	模型 11	模型 12
L1.INS	1.0095380*** (0.0819865)	0.8284443*** (0.1923575)	0.9411154*** (0.2085759)
L2.INS	−0.1557933*** (0.0759420)	−0.3177179*** (0.3029264)	−0.6620133*** (0.3103554)
L1.lnRDC	−0.0097141*** (0.0050046)	−0.0258318*** (0.0152970)	−0.0294884*** (0.0167047)
L1.lnMOFDIR	0.0011375*** (0.0017371)	0.0084938*** (0.0053624)	0.0104697*** (0.0058035)
L1.RDGDP×lnMOFDIR	0.1095298*** (0.0291811)	0.2962476*** (0.0982210)	0.3585860*** (0.1264229)
L1.lnFDIR		−0.0098362*** (0.0043685)	−0.0121580*** (0.0052808)
L1.lnIMR			0.0029201*** (0.0117227)
_cons	0.9907849*** (0.2816790)	3.3227020*** (1.1618010)	4.6265810*** (1.8980900)

续表

	模型 10	模型 11	模型 12
AR(1)	0.0010000	0.0810000	0.0510000
AR(2)	0.9300000	0.7620000	0.3160000
Sargan	26.4500000	13.6400000	11.6500000

注：括号中数字为标准误，*** 为在 1%的水平下显著。

同时使用 2003~2014 年的中国产业结构高级化变量和 2004~2015 年的通过服务业 OFDI 获得的国外研发资本存量、研发资本存量、通过外商投资获得的国外研发资本存量、通过进口获得的国外研发资本存量、各省人力资本与各省通过对服务业 OFDI 获得的国外研发资本存量的交叉项变量的滞后一期作为随机变量代入方程（见表 9-9），从表 9-8 和表 9-9 可以看出，滞后变量回归方法与方程 1 的统计结果相差不大，表明内生性问题不严重，不影响回归方程的可靠性。

表 9-9　内生性检验（服务业）

	模型 13	模型 14	模型 15
L1.INS	1.1403410*** (0.0800116)	1.0991860*** (0.1023831)	1.0828660*** (0.1058048)
L2.INS	−0.2296665*** (0.0701686)	−0.1821160*** (0.0810354)	−0.1911941*** (0.0874193)
L1.lnRDC	−0.0036188*** (0.0042191)	−0.0029524*** (0.0032692)	−0.0035956*** (0.0039780)
L1.lnSOFDIR	−0.0027648*** (0.0014655)	−0.0042346*** (0.0018402)	−0.0057003*** (0.0023157)
L1.HU×lnSOFDIR	0.0000033*** (0.0000018)	0.0000028*** (0.0000014)	0.0000038*** (0.0000015)
L1.lnIMR		0.0037424*** (0.0016505)	0.0071467*** (0.0034794)
L1.lnFDIR			−0.0029123*** (0.0031564)
_cons	0.5681009*** (0.3019382)	0.4634010*** (0.2825295)	0.6130769*** (0.2560453)
AR(1)	0.0000000	0.0000000	0.0000000
AR(2)	0.5790000	0.8540000	0.9310000
Sargan	19.8300000	14.9700000	12.8800000

注：括号中数字为标准误，*** 为在 1%的水平下显著。

六、结论及政策建议

本章通过构建 OFDI 的逆向技术溢出对我国产业结构优化影响的相关模型，分别考察了通过制造业 OFDI 获得的研发资本存量和服务业 OFDI 获得的研发资本存量对中国产业结构高级化的影响程度，得到以下结论：在不考虑通过制造业对外投资和服务业对外投资获得的国外研发资本存量情形下，通过制造业对外投资获得的国外研发资本存量与研发投资占比的交叉项系数和通过服务业对外投资获得的国外研发资本存量与人力资本的交叉项系数均显著为正。在考虑国内研发投资占比情形下，通过制造业 OFDI 获得的研发资本存量显著促进中国产业结构高级化。尽管考虑人力资本因素，通过服务业 OFDI 获得的研发资本存量也不利于中国产业结构高级化。各省通过进口获得的国外研发资本存量显著促进中国产业结构高级化，但各省通过 FDI 获得的国外研发资本存量不利于中国产业结构高级化。

本章的研究结论验证了中国对外直接投资的事实，即中国制造业对外投资的目的不是扩大海外生产，而是获取先进技术、研发设施、市场渠道、知名品牌，因此中国制造业和服务业对外投资不会直接促进我国产业结构高级化，但我国制造业对外投资可通过研发投资等因素促进国内制造业向价值链高端移动。中国服务业对外投资主要是出于会计记账、避税等目的（如商务服务业），同时服务业对外投资的主要动机是贸易导向性地获取市场，为国内制造业提供出口的便利，因此，服务业 OFDI 不会促进中国制造业向价值链高端移动。当前中国不可能出现制造业对外直接投资中的服务业跟随，可以推断，在未来环境与资源等要素的约束下，中国制造业外迁不可避免，那么为国内制造业提供出口便利的海外子公司可能转化为中国区域的研发中心或海外生产基地，制造业对外投资与服务业对外投资的伴随性将会出现。

参考文献

[1] 肖黎明、赵刚：《OFDI 逆向技术溢出与母国产业结构优化——基于中国行业层面的经验分析》，第十五届中国科协年会第 23 分会场：转型与可持续发展研讨会论文集，2013 年。

[2] 王志超：《OFDI 逆向技术溢出效益对产业结构升级影响的研究》，首都经济贸易大学硕士学位论文，2014 年。

[3] 姚战琪：《"一带一路" 沿线国家 OFDI 的逆向技术溢出对我国产业结构优化的影响》，《经济纵横》2017 年第 5 期。

[4] 赵刚：《OFDI 逆向技术溢出与母国产业结构优化》，山西师范大学硕士学位论文，2012 年。

[5] M. Hiley, "The Dynamics of Changing Comparative Advantage in the Asia–Pacific Region", *Journal of the Asia Pacific Economy*, 1999, No.3, pp.446–467.

[6] Blomstrom M. A. Kokko, et al, "Host Country Competition, Labour Skills, and Technology Transfer by Multinationals", *Weltwirtschaf tliches Archiv*, 1994, No. 128, pp.522–533.

[7] 冯春晓：《我国对外直接投资与产业结构优化的实证研究》，《国际贸易问题》2009 年第 8 期。

[8] 王英：《中国 OFDI：应以提升母国产业结构为目标》，《对外经贸实务》2008 年第 6 期。

[9] 方明媚：《中国企业对外直接投资的区位选择》，《内蒙古农业大学学报》（社会科学版）2008 年第 6 期。

[10] 孟萍莉、董相町：《生产性服务业 FDI、OFDI 对制造业结构升级的影响——基于灰色关联理论的实证分析》，《经济与管理》2017 年第 5 期。

[11] 姜欢：《服务业 OFDI 逆向技术溢出效应研究》，山东大学硕士学位论文，2016 年。

[12] 谢建国、周露昭：《进口贸易、吸收能力与国际 R&D 技术溢出：中国省区面板数据的研究》，《经济与管理》2009 年第 9 期。

[13] 胡小娟、龙敏捷：《中间产品进口是否促进了我国技术进步？基于工业行业面板数据的分析》，《商业研究》2016 年第 2 期。

[14] 徐光耀：《进口服务贸易对我国不同服务行业发展的影响力分析》，《财经论丛》2008 年第 6 期。

[15] 唐慧：《FDI 对我国产业结构优化的影响研究》，《对外经贸》2017年第 4 期。

[16] 王静：《FDI 技术溢出对我国产业结构优化的影响：基于 PVAR 的分析》，《对外经贸》2013 年第 9 期。

[17] 周升起：《OFDI 与投资国（地区）产业结构调整：文献综述》，《国际贸易问题》2011 年第 7 期。

[18] 戴竹青、蔡冬青：《江苏省服务业 OFDI 区位选择的影响因素研究》，《商业经济研究》2015 年第 3 期。

[19] 李平、苏文喆：《对外直接投资与我国技术创新：基于异质性投资东道国的视角》，《国际商务——对外经济贸易大学学报》2014 年第 2 期。

[20] 霍忻：《中国对外直接投资逆向技术溢出的产业结构升级效应研究》，首都经济贸易大学博士学位论文，2016 年。

（姚战琪：中国社会科学院财经战略研究院）

第十章　中国服务贸易竞争力实证分析与提升策略

摘　要： 中国对外贸易的一个基本特征是：货物贸易顺差大幅增加，但是服务贸易逆差呈逐年扩大的趋势，服务贸易竞争力较弱。增强我国服务业竞争力是推动服务贸易良性发展的根本举措。中国服务贸易出口、服务业外商直接投资均与服务业增加值正相关，但服务贸易进口与服务业增加值负相关。误差修正模型估计结果显示，随着时间的延长，服务贸易进口对服务贸易出口具有正向影响，并且显著性不断增强。基于 VAR 模型的 Granger 因果关系检验结果表明，服务贸易出口与服务业外商投资存在双向的因果关系，同时服务业外商投资与我国服务业增加值也存在双向的因果关系。服务贸易涉及的部门很多，构建持续稳定发展的长效机制是一个庞大的系统工程，需各方协同发力：多管齐下扭转逆差扩大的趋势；提升服务业发展水平，夯实服务贸易发展的基石；确立“服务先行”对外贸易战略；增强服务贸易国际规则的话语权；实施更加灵活多元的规制措施，提高服务贸易监管水平。

一、问题的提出

近百年来的经济全球化进程历经了商品全球化时期、制造全球化时期、服务全球化时期，[①②] 在服务全球化时代，跨国公司成为推动全球贸易的主导力量。服务业国际投资和服务贸易作为推动服务全球化的主要力量，有力地推动了中国深

① 江小涓：《服务全球化的发展趋势和理论分析》，《经济研究》2008 年第 2 期。
② 林航：《服务全球化时代：一个贸易理论分析框架及其应用》，《国际服务贸易评论》2009 年第 3 期。

入参与全球产业分工体系。20 世纪 80 年代后，中国对外贸易规模快速增长，服务贸易与货物贸易发展迅猛。

当前，中国成为世界货物贸易第一出口大国，但是中国服务贸易逆差很大，居世界第一，旅游、运输、特许权转让和专利三项技术交易为主要逆差行业。对中国服务贸易行业结构进行分析可以发现，中国服务贸易失衡现象较明显。旅游、运输和其他商业服务业是中国服务贸易出口的主体，[①] 通信服务、建筑服务、计算机和信息服务以及咨询服务在中国服务贸易出口中的份额次之，而金融、保险、广告及宣传、专有权利使用费和特许费等知识密集型服务业出口所占份额极小，在中国历年服务贸易出口总额中所占份额最少和出口额最小的行业是电影和音像业。服务贸易行业进口结构与出口结构基本相似，运输、旅游业仍是中国服务贸易进口的主导产业，电影及音像业在中国服务贸易进口总额中所占比重最小。

通过对中国制造业和服务业贸易竞争力指数进行分析可以发现，从 1992 年开始，我国服务贸易总体的贸易竞争力指数（TC 指数 =（出口 – 进口）/(出口 +进口)）为负，说明我国服务贸易国际竞争力始终较弱。1978 年以后，中国货物贸易快速增长，从 1990 年开始，中国制造业贸易竞争力指数为正，制造业贸易竞争力指数远大于服务业，这表明我国制造业贸易竞争力较强。制造业贸易竞争力指数均值为 0.02 左右，服务贸易竞争力指数平均值（0.009）远低于制造业，这与我国制造业已深入地参与全球分工以及制造业已具有较强的国际竞争优势的发展事实完全相符。[②] 由此可见，虽然中国服务贸易增长较快，但服务贸易全球化指数较低。中国服务业发生逆差的主要原因是我国服务贸易竞争力较弱，即服务业和服务贸易管理体制不科学、服务贸易结构不合理、政府对服务业和服务贸易扶持力度不够、缺乏促进服务企业自主创新的激励措施等原因影响了我国服务贸易竞争力的提高。从纵向上看，第一，中国服务贸易竞争力指数常年为负，说明中国服务贸易竞争力总体上均处于比较劣势。第二，从中国服务贸易竞争力指数的变化情况来看，21 世纪以来，其竞争力指数总体上变化不大，2001 年，中国服务贸易竞争力指数为–0.08，2016 年，中国服务贸易竞争力指数为–0.37（见表 10–1），因此，中国服务贸易竞争力仍未得到很大的改善，在 2008 年后中国服务

① 石占星：《中国服务贸易国际竞争力研究》，天津商业大学硕士学位论文，2009 年。

② 姚战琪：《全球化背景下中国外商直接投资与服务贸易的关系研究》，《财贸经济》2009 年第 7 期。

表 10-1　中国服务贸易竞争力指数和制造业贸易竞争力指数

年份	1982	1983	1984	1985	1986	1987	1988	1989	1990	1991	1992	1993
中国服务贸易竞争力指数	0.14	0.16	0.04	0.12	0.29	0.29	0.18	0.11	0.16	0.28	-0.01	-0.03
中国制造业贸易竞争力指数	0.07	0.02	-0.02	-0.21	-0.16	-0.05	-0.08	-0.06	0.08	0.06	0.03	-0.06
年份	1994	1995	1996	1997	1998	1999	2000	2001	2002	2003	2004	2005
中国服务贸易竞争力指数	0.02	-0.14	-0.04	-0.06	-0.05	-0.08	-0.09	-0.08	-0.08	-0.08	-0.07	-0.06
中国制造业贸易竞争力指数	0.02	0.06	0.04	0.12	0.13	0.08	0.05	0.04	0.05	0.03	0.03	0.07
年份	2006	2007	2008	2009	2010	2011	2012	2013	2014	2015	2016	均值
中国服务贸易竞争力指数	-0.05	-0.03	-0.04	-0.1	-0.06	-0.13	-0.19	-0.22	-0.35	-0.19	-0.37	-0.02
中国制造业贸易竞争力指数	0.1	0.12	0.12	0.09	0.06	0.04	0.06	0.03	0.06	0.05	0.06	0.03

贸易竞争力指数还有下降的趋势。

通过对中国服务业和制造业显示性比较优势指数，即 RCA 指数，$RCA_{ij} = (X_{ij}/X_{tj}) \div (X_{iW}/X_{tW})$，其中，$X_{ij}$ 表示中国出口产品 i 的出口值，X_{tj} 表示中国总出口值，X_{iW} 表示世界出口产品 i 的出口值，X_{tW} 表示世界总出口值）的分析和比较可以看出，1982~2016 年，中国服务业整体的 RCA 指数为 0.52，制造业 RCA 指数为 1.11，这表明我国服务业国际竞争力较弱，制造业国际竞争力较强。通过国际对比可以发现，中国服务贸易的 RCA 指数在金砖四国中最低，而印度最高，其次为巴西与俄罗斯，因此，中国服务贸易在金砖四国中处于比较劣势的地位，中国服务业国际竞争力最弱。同时可以看出，中国制造业显示性比较优势指数逐年增长，这表明我国工业制成品贸易竞争力指数逐渐回升，因此，中国工业制成品竞争力较强，而服务贸易竞争力总体上处于比较劣势地位，中国服务贸易国际竞争力较弱。①

通过对中国内地、韩国、中国香港、印度等国家和地区服务贸易显示性比较优势指数进行对比（见表 10–2）可以发现：第一，韩国、中国香港、印度等国家和地区服务贸易显示性比较优势指数大于中国，中国服务贸易 RCA 指数始终处于 0.62 之下，表明中国服务竞争力弱；而在多数年份，除墨西哥外，其他国家和地区服务贸易 RCA 指数始终处于 0.8 之上，说明该国家或地区服务业具有较强的国际竞争力。例如，韩国的 RCA 总体指数在 0.4~0.8，中国 RCA 指数在 0.4~0.6，这表明从服务贸易显示性比较优势指数对比角度进行分析，韩国、中国香港、印度等国家和地区服务贸易国际竞争力高于中国。第二，中国内地、韩国、墨西哥三国服务贸易 RCA 指数仍小于 1，表明这些国家仍以劳动和自然资源密集型的传统服务贸易为主，但是，随着中国内地、韩国等国服务业的快速发展和层级提升，它们的服务贸易都有向知识技术密集型方向发展的趋势。

对中国吸收外商投资进行分析可以发现，从 2011 年开始，中国服务业实际使用外资金额及增幅均超过制造业，但是，服务业外商在华投资过多地集中于房地产，租赁和商务服务业，信息传输、计算机服务和软件业，交通运输、仓储和邮政业等利润较高的服务业。总体看，中国的产业体系仍处于全球产业价值链的低端，当前外商投资对我国服务业增长和结构调整具有一定的负面效应，从此角度看，随着服务业外商投资的大规模进入，中国很难排除陷入被动发展逻辑的可

① 姚战琪、夏杰长：《服务业全球化趋势及中国选择》，《全球化》2013 年第 3 期。

表 10-2 中国内地与其他国家和地区服务业 RCA 指数比较

年份	中国	韩国	中国香港	印度	墨西哥	年份	中国	韩国	中国香港	印度	墨西哥
1980	—	0.79	1.45	1.64	1.29	1999	0.58	0.38	0.86	1.44	0.40
1981	—	0.76	1.42	1.54	1.07	2000	0.58	0.40	0.89	1.47	0.40
1982	0.62	0.83	1.44	1.43	0.84	2001	0.57	0.42	0.92	1.45	0.38
1983	0.59	0.77	1.29	1.52	0.75	2002	0.55	0.38	0.92	1.42	0.37
1984	0.61	0.71	1.27	1.52	0.85	2003	0.49	0.72	0.87	1.47	0.36
1985	0.60	0.64	1.25	1.61	0.87	2004	0.49	0.71	0.89	1.71	0.37
1986	0.56	0.72	1.16	1.44	0.92	2005	0.46	0.70	0.94	1.87	0.33
1987	0.52	0.68	1.00	1.29	0.87	2006	0.46	0.69	0.99	2.05	0.32
1988	0.45	0.67	1.05	1.26	0.87	2007	0.48	0.74	1.00	2.00	—
1989	0.46	0.68	1.03	1.17	0.88	2008	0.50	0.79	1.01	1.95	—
1990	0.46	0.67	0.98	1.11	0.82	2009	0.52	0.84	1.02	1.90	—
1991	0.49	0.63	0.91	1.14	0.82	2010	0.54	0.89	1.03	1.85	—
1992	0.54	0.61	0.86	1.01	0.81	2011	0.52	0.94	1.04	1.80	—
1993	0.62	0.66	0.85	0.95	0.69	2012	0.54	0.99	1.05	1.75	—
1994	0.60	0.75	0.88	1.01	0.74	2013	0.55	1.04	1.06	1.70	—
1995	0.45	0.81	0.89	0.98	0.58	2014	0.55	1.01	1.04	1.71	—
1996	0.62	0.79	0.93	0.94	0.52	2015	0.54	1.03	1.03	1.69	—
1997	0.59	0.83	0.90	1.07	0.48	2016	0.54	1.02	1.01	1.69	—
1998	0.60	0.37	0.83	1.27	0.46						

资料来源：笔者根据世界贸易组织网站相关数据计算得出。

能。[①] Haddad 和 Harrison（1993）[②] 对摩洛哥 1985~1989 年制造业的企业和行业面板数据进行实证分析发现，制造业外商直接投资并不存在明显的正向溢出效应。Konings（2001）[③] 认为，保加利亚、罗马尼亚、波兰吸收外商投资也不存在溢出效应，但是，来自美国的实证研究支持了在发达国家的外商投资具有明显的正向

① 夏杰长、姚战琪：《服务业外商投资与经济结构调整：基于中国的实证研究》，《南京大学学报》（人文哲学社会科学版）2013 年第 3 期。

② Haddad M., Harrison A., "Are There Positive Spillovers from Direct Foreign Investment? Evidence from Panel Data for Morocco", *Journal of Development Economics*, Vol.42, No.1 October 1993, pp.51–74.

③ Konings J., "The Effects of Foreign Direct Investment on Domestic Firms: Evidence from Firm-Level Panel Data in Emerging Countries", *Economics of Transition*, Vol.9, No.3 November 2001, pp.619–633.

溢出效应，对技术水平具有显著的促进作用。[①][②] 当前，学术界关于服务业外商投资溢出效应的研究成果极少。Manuel 和 Machado（2005）[③] 考察了 1970~1996 年亚洲、拉丁美洲和非洲的数据，认为服务业外商投资的溢出效应是不确定的，服务业外商投资的溢出效应受国内总投资率和各国利用外资政策等因素影响，实证分析结果发现服务业外商投资在拉丁美洲各国具有明显的负向挤出效应（即替代效应），在非洲各国没有显著的关联性。对于中国而言，我们认为，服务业外商投资的大规模进入可能不会促进服务业技术水平的改善，甚至服务业外商投资不利于我国服务业的高端化。

当前，我国服务业开放并没有显著提升服务贸易竞争力，是因为如下原因：第一，当前我国内资生产性服务业竞争力较低和发展水平较为落后导致内资生产性服务业被压制在产业链的低端，不利于本土企业技术升级。第二，由于服务业外商直接投资过多地集中于房地产等利润较高的非传统服务业，中国服务业与外商投资存在较大的技术差异，因此外商投资并未给中国服务业带来明显的技术优势。第三，外商投资进入可能对我国服务贸易总额及服务业国内市场需求产生不利影响，不利于中国服务业国际竞争力提高。因此，在促进中国服务业外商直接投资规模增长的同时，需不断推进利用外资由量向质的根本转变。

二、模型构建

（一）分析模型和研究方法

现有的理论研究表明，服务贸易进口、服务贸易出口和服务业外商投资除了对经济增长产生直接影响之外，还通过相互之间的交互影响对我国经济增长产生间接影响，因此三变量之间存在极为密切的联系。向量自回归模型（VAR）依托经济理论分析框架，以系统中每一个内生变量作为系统中所有内生变量的滞后值

① 周洁、刘畅：《服务业外商直接投资的溢出效应研究综述》，《商业时代》2011 年第 2 期。

② 姚战琪、夏杰长：《服务业全球化趋势及中国选择》，《全球化》2013 年第 3 期。

③ Agosin M., Machado R., "Foreign Investment in Developing Countries: Does it Crowd in Domestic Investment?" *Oxford Development Studies*, Vol.33, No.2 2005, pp.149-162.

的函数来构造模型，更多地依据数据自身的内在特征探讨经济变量之间的关系，克服了传统经济计量方法不足等问题。基于此，本章采用向量自回归模型的分析方法。本章设定基本模型为：

$$\begin{pmatrix} EXPO \\ IMP \\ SGDP \\ FDI \end{pmatrix} = \alpha_1 \begin{pmatrix} EXPO_{t-1} \\ IMP_{t-1} \\ SGDP_{t-1} \\ FDI_{t-1} \end{pmatrix} + \alpha_2 \begin{pmatrix} EXPO_{t-2} \\ IMP_{t-2} \\ SGDP_{t-2} \\ FDI_{t-2} \end{pmatrix} + \alpha_3 \begin{pmatrix} EXPO_{t-3} \\ IMP_{t-3} \\ SGDP_{t-3} \\ FDI_{t-3} \end{pmatrix} + \alpha_4 \begin{pmatrix} EXPO_{t-4} \\ IMP_{t-4} \\ SGDP_{t-4} \\ FDI_{t-4} \end{pmatrix} + \cdots$$

$$+ \begin{pmatrix} e_{1t} \\ e_{2t} \\ e_{3t} \\ e_{4t} \end{pmatrix}, \; t = 1, \; 2, \; \cdots, \; T \qquad (10\text{-}1)$$

其中，EXPO、IMP、SGDP、FDI 分别表示服务贸易出口、服务贸易进口、服务业增加值、服务业外商投资，e 为扰动向量。本章采用向量自回归模型的分析方法，具体包括时间序列平稳性检验、协整检验、Granger 因果检验、向量误差修正模型等多种方法。

（二）数据来源及其处理

服务贸易出口、服务贸易进口、服务业增加值等数据来自《中国统计年鉴》《中国对外经济贸易年鉴》《中国商务年鉴》等相关各期，时间跨度为 1983~2016 年。所有数据按当年平均汇率换算为人民币，由于各变量都是名义变量，使用以 1983 年为基期的国内生产总值缩减指数进行序列调整，得到各变量的实际值。为了消除时间变量数据存在的异方差性，并考虑到对各时间序列数据取对数形式之后不会改变它们之间的计量关系，因此，对所有变量采取对数形式。各变量具体表示如下：LEXPO 表示服务贸易出口，LIMP 表示服务贸易进口，LSGDP 表示服务业增加值，LFDI 表示服务业外商投资。dLEXPO、dLIMP、dLSGDP、dLFDI 分别表示服务贸易出口、服务贸易进口、服务业增加值、服务业外商投资的一阶差分变量。

三、中国服务贸易国际竞争力影响因素的实证分析

（一）多变量描述性分析

从图 10-1 可以看出，在 1983~2016 年，服务业外商投资、服务贸易出口、服务贸易进口、服务业增加值四个时间序列都处于上升趋势，服务贸易进口与出口两个变量基本保持同步变动的趋势，从图 10-1 中可以看出两变量相关性很强。服务业外商投资变动幅度非常大，经历了 1985 年、1994 年和 2007 年三次外商投资的高峰与 1989 年、1997 年和 2009 年三个低谷期，服务业三次外商投资增长的高峰期与全国外商投资的高涨期基本一致，1997 年的东亚金融危机和 2008 年的国际金融危机不但降低了中国工业行业的外商投资，也使中国服务业外商投资处于低迷期，但从 1999 年之后，随着中国宏观经济环境的改善，服务业外商投资开始稳步增长。外商投资规模在 1993 年出现最高值，1993 年前指标值增长较快，之后增长率缓慢下降。

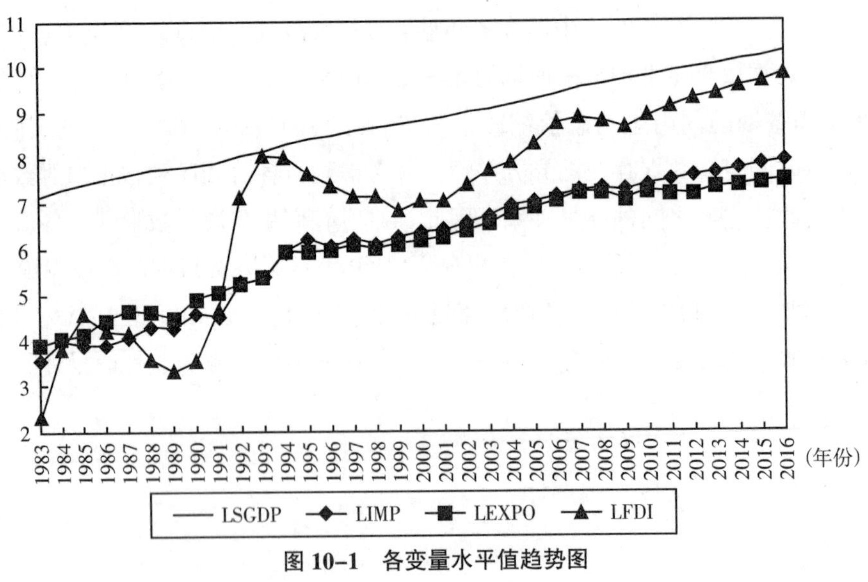

图 10-1 各变量水平值趋势图

（二）平稳性检验

采用时间序列数据进行分析，使用带有随机趋势的非平稳数据进行估计时会引起伪回归问题，因此，在协整检验之前，必须通过单位根检验以确定服务业外商投资、服务贸易出口、服务贸易进口、服务业增加值各变量的单整阶数。为确保结果的正确性，对每个变量序列都使用 ADF 和 PP 两种检验方法确定其稳定性和单整阶数，在滞后期数的选择上，参照赤池信息准则 AIC（Akaike Information Criterion）和施瓦茨准则 SC（Schwarz Criterion）。

从检验结果可知（见表 10-3），服务业外商直接投资、服务业增加值、服务贸易出口及服务贸易进口这四个数据序列的水平值在 1%的显著性水平上都不是平稳的，但其一阶差分序列平稳，说明它们都是 I（1）序列。由图 10-2 可以看出，所有数据序列经过一阶差分变化以后变为平稳序列，已不存在时间趋势和序列自相关。

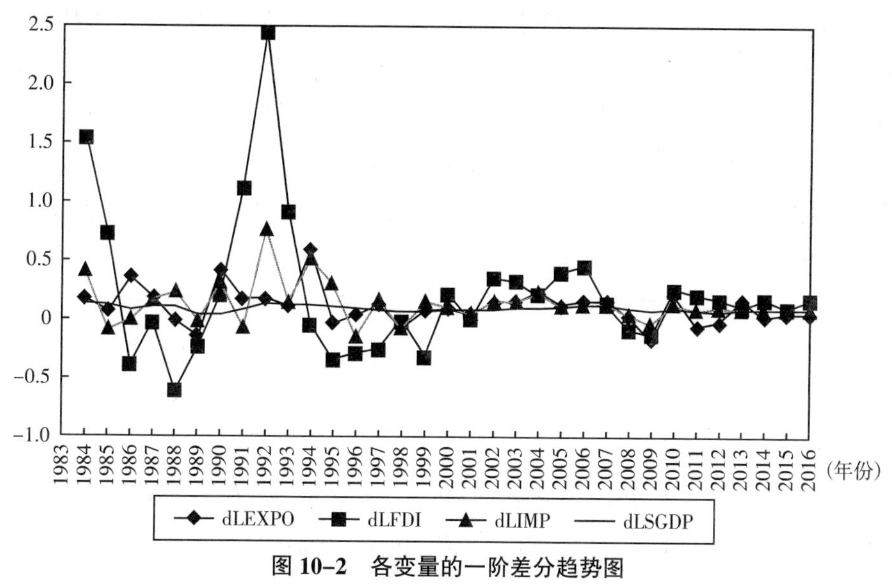

图 10-2 各变量的一阶差分趋势图

表 10-3 服务业外商直接投资与 GDP 的单位根检验结果

变量	ADF 统计量	检验方程形式	临界值			AIC 值	SC 值
			1%	5%	10%		
LEXPO	-1.575487	（C，T，1）	-4.262735	-3.552973	-3.209642	-0.929631	-0.793585
dLEXPO	-6.171338	（C，0，1）	-3.653730	-2.957110	-2.617434	-0.820547	-0.728939

续表

变量	ADF 统计量	检验方程形式	临界值			AIC 值	SC 值
			1%	5%	10%		
LSGDP	-2.367303	(C, T, 1)	-4.262735	-3.552973	-3.209642	-4.701479	-4.565433
dLSGDP	-4.555674	(C, 0, 1)	-3.661661	-2.960411	-2.619160	-5.157122	-5.018349
LFDI	-3.559112	(C, T, 1)	-4.273277	-3.557759	-3.212361	1.171883	1.355100
dLFDI	-4.083457	(C, 0, 1)	-3.661661	-2.960411	-2.619160	1.336583	1.475356
LIMP	-1.502230	(C, T, 1)	-4.262735	-3.552973	-3.209642	-0.564650	-0.428604
dLIMP	-6.962468	(C, 0, 2)	-3.653730	-2.957110	-2.617434	-0.594022	-0.502414

注：检验方程形式（C，T，d）中，C 表明检验方程带有常数项，T 表明带有趋势项；d 为滞后期数，选择标准是 AIC 和 SC 准则。

（三）协整检验

本章使用基于 VAR 模型的 Johanson 的协整方法对各数据序列进行实证分析（Johansen 和 Juselius，1990）。① 确定 VAR 协整检验的滞后阶数是进行协整检验的前提，我们进行了滞后长度判别检验，同时考虑到有效估计的残差应具有的正态分布特征，选择 VAR 模型的滞后期为 2。协整检验分为两个具体步骤：首先，对每两个变量的对数值进行协整关系检验，发现服务贸易出口、服务贸易进口、服务业外商投资与服务业增加值之间均存在协整关系。其次，在服务业外商直接投资、服务业增加值、服务贸易出口及服务贸易进口四变量的对数值之间进行协整关系检验，结合迹检验和最大特征值等统计值，得到的协整检验结果如表 10-4 所示。结果表明，服务贸易出口、服务贸易进口、服务业外商投资与服务业增加值在 5%的显著水平上存在一个协整方程，最终正规化后的协整方程如表 10-5 所示（括号中数字为标准误）。

从服务贸易出口、服务贸易进口、服务业外商投资与服务业增加值四变量的协整检验估计系数的结果可以看出（见表 10-5），服务业外商直接投资、服务贸易出口均与服务业增加值正相关，但服务贸易进口与服务业增加值负相关。服务贸易出口增加 1%，服务业增加值增长近 5.4%；服务业外商投资增长 1%，服务

① Johansen S., Juselius K., "Maximum Likelihood Estimation and Inference on Cointegration with Applications to the Demand for Money", *Oxford Bulletin of Economics and Statistics*, Vol.52, No.2 May 1990, pp.169-210.

表 10-4 服务贸易出口、服务贸易进口、服务业外商投资与服务业增加值四变量协整检验结果

原假设 协整方程的数目	迹统计量	迹统计临界值		最大特征值	最大特征值统计	
		0.05	P 值		0.05	P 值
None	70.15896	47.85613	0.0001	48.02717	27.58434	0
At most 1	22.13179	29.79707	0.2912	10.57057	21.13162	0.6899
At most 2	11.56121	15.49471	0.1792	9.584726	14.2646	0.2407
t most 2	1.976485	3.841466	0.1598	1.976485	3.841466	0.1598

业增加值增长近 1.51%。服务贸易出口与服务业增加值的相关系数远远大于服务业外商直接投资与服务业增加值的相关系数，即服务贸易出口对服务业增加值的促进和推动作用远远大于服务业外商投资对服务业增加值的影响。同时，服务贸易出口与服务业增加值之间的系数估计值的 t 值较显著，表明两变量之间具有明显的统计上的显著性。服务业外商直接投资虽与服务业增加值保持正相关性，但相关系数较小。服务贸易进口与服务业增加值负相关，服务贸易进口每增加 1%，服务业 GDP 约减少 5.92%，服务贸易出口对服务业经济增长的影响远远大于服务贸易进口对服务业经济增长的影响。服务贸易进口在一定程度上抑制服务业增加值的增长，但服务贸易进口能弥补服务供给能力不足的缺口，满足我国居民的多样化需求，同时服务贸易进口尤其是生产性服务业进口对中国制造业生产率的促进效应要更为明显，因此加大生产性服务业进口对充分发挥进口的竞争效应和技术外溢效应进而提升整个生产性服务业的国际竞争力具有重要意义。

通过表 10-5 可以看出，首先，服务贸易进口对我国服务业增加值具有负向作用，同时，服务贸易进口对服务贸易出口具有正向作用，并具有统计上的显著性，因此改革开放后服务贸易进口促进了我国服务贸易竞争力的提升，服务贸易进口通过提高技术水平、满足多样化需求、缓解供给能力缺口等渠道提高我国服务贸易竞争力。尤其是国际服务外包发展迅猛，中国承接国际服务外包迅速增长，在很大程度上提升了中国服务贸易的国际竞争力。20 世纪 90 年代后，中国不断扩大对外开放，积极参与国际合作，国际服务外包成为推动中国服务贸易竞争力提升的重要因素。2010 年，中国承接国际服务外包业务达到 145 亿美元，同比增长 43%；2011 年，中国承接国际离岸服务外包合同执行金额 238.3 亿美元，同比增长 65%。

其次，服务业外商投资与中国服务贸易出口总额负相关，外商投资不利于中国服务贸易国际竞争力提高。2011 年开始，我国服务业实际使用外资金额和所占比重首次超过制造业，但从改革开放以来一直到 2010 年，外商直接投资仍集中在以制造业为主的第二产业，因此在改革开放后的绝大多数年份，服务业没有受到外资的青睐，此种情况导致我国二元经济结构更加严重，同时进入我国服务业的外商投资的市场战略是扩大我国市场，而不是推动我国出口贸易，因此外商投资所起的作用仅限于进口替代而非出口导向，外商投资对我国服务贸易竞争力的带动作用极不明显。为了提升中国服务贸易的国际竞争力，必须制定政策促进外商投资，全面提高我国服务产品供给水平和出口能力。

最后，服务业外商投资对服务业增加值的影响虽为正，但影响较弱，因此必须加强国内服务供应商与外资企业的联系，扩大外商投资企业对国内服务业的需求范围，从而使跨国公司在华投资能显著地促进我国服务业技术进步，促进中国服务业国际竞争力的提升。

表 10–5　服务贸易出口、服务贸易进口、服务业外商投资与服务业增加值四变量的回归估计

变量		LEXPO	LIMP	LFDI	LSGDP
协整关系	LSGDP	5.4013 (–1.3488)	–5.9213 (–1.3383)	1.5138 (–0.3417)	—
	LEXPO	—	1.063151 (–0.0928)	–0.2808 (–0.0433)	0.1720 (–0.0854)

注：括号中的数字为标准误。

（四）向量误差修正模型

在我国服务贸易出口、服务贸易进口、服务业外商投资与服务业增加值四个变量之间存在协整关系的基础上，确定差分形式的向量误差修正模型方程如下：

$$dLEXPO_t = \beta_1 + \sum_{i=1}^{k} \alpha_{1i} dLFDI_{t-i} + \sum_{i=1}^{k} \alpha_{2i} dLIMP_{t-i} + \sum_{i=1}^{k} \alpha_{2i} dLSGDP_{t-i} + \delta VECM_{t-1} + \varepsilon_t$$

$$dLSGDP_t = \beta_2 + \sum_{i=1}^{k} \eta_{1i} dLEXPO_{t-i} + \sum_{i=1}^{k} \eta_{2i} dLIMP_{t-i} + \sum_{i=1}^{k} \alpha_{1i} dLFDI_{t-i} + \gamma VECM_{t-1} + \lambda_t$$

$$dLFDI_t = \beta_3 + \sum_{i=1}^{k} \chi_{1i} dLSGDP_{t-i} + \sum_{i=1}^{k} \chi_{2i} dLEXPO_{t-i} + \sum_{i=1}^{k} \eta_{2i} dLIMP_{t-i} + \varphi VECM_{t-1} + \zeta_t$$

$$dLIMP_t = \beta_1 + \sum_{i=1}^{k} \chi_{2i} dLEXPO_{t-i} + \sum_{i=1}^{k} \alpha_{1i} dLFDI_{t-i} + \sum_{i=1}^{k} \alpha_{2i} dLSGDP_{t-i} + \theta VECM_{t-1} + \delta_t \tag{10-2}$$

参考调整后的可决系数、AIC、SC 等标准，确定本章向量误差修正模型的最优滞后阶数并指定存在一个协整关系，所得结果如表 10-6 所示。VECM 是误差修正项，反映变量之间的长期均衡关系，所有作为解释变量的差分项的系数，反映该变量的短期波动对作为被解释变量的短期变化的影响。

表 10-6　服务贸易出口、服务贸易进口、服务业外商投资与服务业增加值误差修正模型估计结果

误差修正	dLEXPO	dLFDI	dLIMP	dLSGDP
dLEXPO（-1）	0.05017 [0.28298]	0.443498 [0.74356]	0.142365 [0.57603]	0.024664 [1.17525]
dLEXPO（-2）	-0.118188 [-0.72093]	0.827538 [1.50043]	0.149526 [0.65428]	0.036246 [1.86774]
dLFDI（-1）	0.100593 [1.66032]	0.447983 [2.19783]	0.066683 [0.78952]	0.010235 [1.42715]
dLFDI（-2）	0.141737 [2.20187]	0.158385 [0.73136]	0.070524 [0.78591]	0.007221 [0.94771]
dLIMP（-1）	-0.24477 [-1.58403]	-0.415636 [-0.79951]	-0.283625 [-1.31666]	-0.014000 [-0.76536]
dLIMP（-2）	0.314306 [1.98062]	-0.046481 [-0.08706]	0.251748 [1.13799]	-0.009579 [-0.50992]
dLSGDP（-1）	-2.672464 [-1.60743]	-10.48057 [-1.87375]	-2.705157 [-1.16718]	-0.118445 [-0.60183]
dLSGDP（-2）	0.340883 [0.24651]	-12.40955 [-2.66742]	-2.676107 [-1.38821]	-0.275484 [-1.68292]
C	0.273477 [1.64216]	2.150089 [3.83758]	0.584315 [2.51689]	0.123892 [6.28458]
R-squared	0.694047	0.724595	0.514865	0.781901
Sum sq. resids	0.225317	2.550231	0.437872	0.003157
F-statistic	5.293116	6.139032	2.476328	8.365160
Log likelihood	32.338550	-5.271144	22.040060	98.489350
Akaike AIC	-1.441197	0.985235	-0.776778	-5.708990
Schwarz SC	-0.978620	1.447812	-0.314201	-5.246414
S.D. dependent	0.156678	0.555575	0.173453	0.021967

注：中括号中的数字为 t 检验值。

从服务贸易出口、服务贸易进口、服务业外商直接投资与服务业增加值四变量之间的误差修正模型可以看出，在短期内，服务业外商直接投资促进我国 GDP 增长，这表明在短期内服务业外商直接投资对我国服务业增加值具有促进作用，但是在短期内该变量系数的 t 值不显著，这与前面所述服务业外商投资对我国服务业增加值的促进作用较弱的事实相一致。

本章发现，我国服务贸易进口及出口与服务业增加值之间的协整关系不同，服务贸易出口促进我国服务业经济增长，并且随着时间的延长，服务贸易出口对服务业增加值的促进作用更为明显。同时可以看出，中国服务贸易进口对服务业增加值有显著负向作用，但是变量系数的 t 值均不显著。这表明服务贸易出口对服务业增加值具有短期增加作用，服务贸易进口对 GDP 有短期降低作用，不过效果并不明显。

从四变量间的误差修正模型可以看出，在协整关系上，服务贸易出口、服务贸易进口变量对服务业外商投资产生了反向修正作用。短期内服务业外商投资同时促进了我国服务贸易出口和服务贸易进口，即对二者的影响方向相同，但短期内服务业外商投资对服务出口的影响作用稍大一些，同时显著程度更高。同时本章发现，随着滞后期的延长，服务业外商投资对我国服务贸易的影响作用逐渐增强。另外，从系数估计结果可以看出，前期出口的变化对随后的服务业外商投资变化产生正向影响，因此，服务贸易出口对服务业外商投资至少短期内是存在促进作用的。

通过表 10-6 还可以看出，短期内服务贸易进口对服务贸易出口具有负向作用，但不具有统计上的显著性，随着时间的延长，服务贸易进口对服务贸易出口具有正向作用，并且显著性不断增强。这表明，服务贸易进口在“入世”后对我国服务行业的发展起到了正向的、较为稳定的促进作用。同时，服务贸易出口对服务贸易进口具有短期的正向促进作用，但显著性不强，这反映了决定当前影响服务贸易自由化因素的复杂性和服务贸易协定谈判中各国利益博弈的不均衡性。

此外，本章还发现，服务业外商投资流量与滞后各期的服务贸易进口之间存在负相关性，表明服务贸易进口变化会对外商直接投资流量产生一定的替代效应，即短期内服务贸易进口会替代服务业外商投资的流入。随着我国经济快速增长，对服务的需求可以部分地通过服务业外商投资和服务进口两种渠道获得。由于我国人力资本匮乏，服务业发展需要的高级生产要素难以满足产业发展的需要，短期内满足服务需求的主要方式仍为服务贸易进口，这与我国第三产业外商投资所占比重较小的事实相符。

虽然短期内国内生产总值与服务贸易出口负相关，但系数 t 值并不显著，表明二者呈现较弱的负相关，同时，二者呈现正相关的发展趋势。20 世纪 80 年代后，中国对外贸易规模快速增长，服务贸易与货物贸易发展迅猛。但自 1992 年后，中国服务贸易处于逆差状态，服务贸易逆差绝对额不断扩大，2016 年出现改革开放以来的逆差最大值，该年服务贸易逆差额为 2601 亿美元，中国成为世界第一大服务贸易逆差国，因此当前我国经济增长对服务贸易出口的推进作用是有限的。

（五）Granger 因果检验

确定了服务贸易出口、服务贸易进口、服务业外商投资与服务业增加值之间的长期和短期关系并不能说明各变量之间的因果方向，本章采用 Granger 因果检验法进行分析。Granger 因果检验一般有两种形式：对于非协整序列间的因果检验适合用 VAR 模型进行检验；对于协整序列间的因果检验适合用 VEC 模型进行检验。本章的服务贸易出口、服务贸易进口、服务业外商投资与服务业增加值之间存在着协整关系，因此选用第二种检验方法，其计量结果如表 10-7 所示。

表 10-7 中国服务贸易与 GDP 的 Granger 因果关系检验结果

被解释变量	原假设	Chi-sq 统计量	自由度	P 值
中国服务业增加值	LEXPO 不能引起 LSGDP	12.64216	2	0.0018
	LIMP 不能引起 LSGDP	5.369349	2	0.0682
	LFDI 不能引起 LSGDP	21.01954	2	0.0000
	All 不能引起 LSGDP	30.52837	6	0.0000
服务贸易出口	LSGDP 不能引起 LEXPO	3.674482	2	0.1593
	LIMP 不能引起 LEXPO	6.611332	2	0.0367
	LFDI 不能引起 LEXPO	10.83152	2	0.0044
	All 不能引起 LEXPO	17.90301	6	0.0065
服务贸易进口	LSGDP 不能引起 LIMP	5.064043	2	0.0795
	LEXPO 不能引起 LIMP	7.857783	2	0.0197
	LFDI 不能引起 LIMP	15.79001	2	0.0004
	All 不能引起 LNIMP	20.64444	6	0.0021

续表

被解释变量	原假设	Chi-sq 统计量	自由度	P 值
服务业外商直接投资	LSGDP 不能引起 LFDI	5.687164	2	0.0582
	LEXPO 不能引起 LFDI	6.976112	2	0.0306
	LIMP 不能引起 LFDI	1.599749	2	0.4494
	ALL 不能引起 LFDI	27.93909	6	0.0001

可以看出，中国服务贸易进口与服务贸易出口都是中国服务业增加值的 Granger 因，表明中国服务业进出口贸易对经济增长具有显著的促进作用。同时，我国服务业经济增长不是服务贸易出口和服务贸易进口的 Granger 因，表明中国服务贸易并没有随着经济的高速增长而较快发展。

另外，中国服务贸易出口是引起进口的 Granger 因，服务贸易进口也是引起服务贸易出口的 Granger 因，同时服务贸易出口对服务贸易进口的带动作用强于服务贸易进口对出口的带动作用，表明服务贸易出口比进口贸易对我国经济增长具有更大的导向作用。服务贸易出口、服务业增加值是服务贸易进口的 Granger 因，表明长期以来经济的增长是促进服务贸易进口的根本性因素。

与前文所述在协整关系上服务贸易出口与 GDP 具有长期正相关关系的结论相符，中国服务贸易出口对服务业经济增长的推动作用大于服务贸易进口对经济增长的推动作用，改革后我国服务贸易规模增长迅速，服务贸易出口逐年增长，在短期内服务贸易出口有利于增加国内生产总值。服务贸易进口对经济增长具有抑制作用，但并不显著。

在四变量的因果检验中，服务业外商投资与我国服务业增加值存在双向的因果关系，服务贸易出口与服务业外商投资也存在双向的因果关系。同时可以看出，与笔者前期研究结果相似（姚战琪，2009），服务业外商投资与服务贸易进口存在一个单向的因果关系，即服务业外商投资是进口的 Granger 因，但服务贸易进口不是服务业外商投资的 Granger 因。服务贸易进口的 Granger 因引起外商投资变动的 P 值为 0.45，因此可以将其视为外生变量。这是因为服务进口对外商投资存在一定程度的替代作用，虽然服务业外商投资会促进服务贸易进口，但进口不是促进外商投资变化的 Granger 因。

四、结论及政策建议

（一）基本结论

本章研究结果表明，服务贸易出口对服务业增加值的促进和推动作用远远大于服务业外商投资对服务业增加值的影响，同时，服务贸易进口对我国服务业增加值具有负向作用，服务贸易进口对服务贸易出口具有正向作用，并具有统计上的显著性，因此改革开放后服务贸易进口增强了我国服务贸易竞争力的提升。同时，服务业外商投资对服务业增加值的影响虽为正，但是服务业外商投资与我国服务贸易出口总额负相关，表明外商投资并不利于中国服务贸易国际竞争力的提高。同时，从各变量之间的误差修正模型可以看出，服务贸易进口变化会对外商直接投资流量产生一定的替代效应，即短期内服务贸易进口会替代服务业外商投资的流入。总体看，我国服务贸易竞争力比较低，提高服务贸易发展水平、增强其国际竞争力迫在眉睫。

（二）政策建议

1. 多管齐下扭转逆差扩大的趋势

（1）加快发展高附加值服务业。从主要服务贸易强国出口构成来看，以美国为例，美国商务部经济分析局数据显示，2006 年以来，美国服务业出口构成中，除旅游和运输外，顺差来源行业主要集中在金融服务、知识产权、计算机和信息服务等资本和技术密集型行业。而同为服务贸易强国的英国，其金融服务占比牢牢领先于其他行业，运输和旅游占比旗鼓相当，此外，专利和许可证使用费所占比例也较高。日本服务贸易出口中，运输业虽然是其占比第一高行业，但从增长率看，专有权利使用费和特许费贸易一直在持续增长，旅游和金融是其服务贸易顺差的主要来源。在排除了地理区位、历史条件的影响后，服务贸易强国顺差来源行业主要集中在附加值较高的金融、技术研发等领域。而反观我国服务贸易构成，运输、旅游等传统行业依然占据较强的主导地位，占比多年接近 60%。相比之下，金融服务、技术研发、信息、商务服务等行业虽然也实现了快速增长，但占比依然不高，高附加值服务业没有成为拉动我国服务贸易出口增长和缩小服务贸易逆差的有力抓手。因此，发展高附加值服务业，聚力于金融、知识产权、商务服务等领域，是遏制我国服务贸易逆差持续增大的重要出路。

(2) 大力发展服务外包，提高服务外包层次。服务外包是我国参与国际分工和经济全球化的最主要方式。我国政府早在 2009 年就提出了在全国范围内鼓励服务外包发展的意见建议（国办函〔2009〕9 号），巨大的政策激励和庞大的市场需求催生我国服务外包进入了飞速发展的快车道。2016 年，我国承接离岸服务外包的执行金额达到了 704.1 亿美元，2010~2016 年年均增长 24.2%，增速均超过同期全国外贸增速，成为对外贸易及服务贸易中的一大亮点。① 但是，在服务外包领域，低端发展的现象依然没有明显改善，在附加值较高的专业服务、管理咨询等行业，我国竞争力较弱。推动服务外包发展，提高服务外包市场竞争力，是逐步解决服务贸易逆差的重要途径。国家层面已经出台了多项鼓励承接服务外包的政策措施，成效显著。下一步的工作重点是高水平推动数字中国建设，提高全社会宽带普及率，借助现代化的移动互联网、云计算、大数据、物联网等新技术，为承接国际服务外包奠定坚实的硬件条件。

2. 夯实服务贸易发展的基石

(1) 推动服务业供给侧结构性改革，提高服务业发展水平。服务业快速高质发展是提升服务贸易国际竞争力、建设服务贸易强国的根本出路。近些年来，我国服务业发展进步显著，但服务业整体发展水平和西方发达国家相比还有较大差距，面临着诸多问题和挑战。比如，行业附加值率偏低，以劳动密集型服务业为主，传统服务业比重偏高，附加值高的知识密集型服务业和专业服务业严重滞后；制造业和生产性服务发展严重脱节，生产性服务业对制造业转型升级的推动不足；服务业领域竞争不够充分，服务业管制过多，监管与治理不能适应新经济新服务的发展；等等。积极推进服务业领域的供给侧结构性改革，补齐发展短板，提高服务业供给水平，增加服务业知识含量和附加值，推动服务业高质发展，是摆脱高端服务业被发达国家和跨国巨头掌控局面、扭转服务贸易低端锁定的根本出路。要从加大政策扶持、吸引外资、培养人才、推进跨界融合等角度等做大服务业体量，鼓励制造业企业服务化、生产性服务业和高端服务业发展，从而持

① 邢厚媛、涂舒：《2016 年中国服务外包发展回顾和 2017 年七大发展趋势》，中国服务外包中心研究报告，2017 年。

续夯实服务贸易的发展根基，在量变中寻求提升服务贸易国际竞争力质的改变。

（2）积极稳步推进服务业开放。深入推进对内对外双向开放战略，是我国改革开放的重要战略部署，必须毫不动摇地执行。对内，鼓励支持民间资本进入服务业领域，充分发挥民间资本的鲶鱼效应，激发服务贸易领域的市场活力；对外，在逆全球化思潮反扑背景下，坚持对外开放基本国策不动摇，继续加强吸引外资力度，加大对国外先进科学技术、人才等生产要素的吸收、引进力度，以开放促发展。把“引进来”与“走出去”相结合，通过平台搭建、政策扶持、市场主体培育等，逐步扭转我国服务贸易逆差持续扩大的趋势，最终实现服务贸易与货物贸易平衡发展。扩大服务业开放是大势所趋，但任何国家都是在开放中限制和限制中开放，闭关锁国和盲目开放都不可取。要在综合权衡国家经济安全的基础上，稳步推进银行、证券、保险、医疗、航运、旅游、软件、零售、支付、文化等行业的双向开放，通过加强国际合作，鼓励外资进入我国短缺的服务业领域，鼓励国内服务业企业“走出去”。扩大服务业对外开放，必须有序进行、分步实施。即便是发达国家，其现代服务业特别是金融、电信、快递、零售这些服务行业也是逐渐开放的。

（3）加强国内服务供应商与外资企业的联系，加快外资企业对本土企业进行技术转移的步伐，要通过一系列政策措施培育或扶持本土企业成长，不断增强本土企业的竞争力。首先，要鼓励外资企业与国内购买方和服务供应商之间建立广泛的联系，间接地扩大制造业整体对国内生产性服务业的需求范围，不断提高本土生产性服务业为外商制造业企业提供生产性服务的能力，从而使跨国公司在华投资能显著地促进我国服务业技术进步。其次，要提高服务业内资企业的技术水平，缩小内资企业与外资企业的技术差距，尤其是对那些在竞争能力上与外商投资企业差距较大的行业，尽快出台激励与支持措施，帮助企业缩小差距。

3. 确立“服务先行”对外贸易战略

（1）将服务出口上升为国家战略。从对外贸易的发展历程来看，我国虽然早已制定了较为完善的对外贸易发展战略，但对服务出口的重视程度还不够。在服务贸易领域，缺乏一个全国性的纲领性发展规划。建议我国针对服务贸易逆差不断扩大的严峻形势，把发展服务贸易放在整个对外贸易的优先地位，制定“服务先行”战略，对服务贸易发展战略目标、基本方针、基本原则、重要任务、支撑保障等予以明确。全面提升全社会对服务贸易的关注程度，完善各项机制、激活社会活力，给服务贸易大发展插上腾飞的翅膀，最终实现服务贸易与货物贸易的平衡发展。

（2）鼓励扶持新兴业态出现。秉持开放包容态度，吸收借鉴国际市场具有较强服务贸易竞争力国家的发展经验，积极关注服务贸易领域的新变化，容忍并保护新业态发展，重点关注在电子计算机技术、手机等移动终端大发展基础上服务贸易呈现出的新特征、新苗头。一方面，加大对电子计算机技术的研发、投入和应用力度，鼓励国民经济各产业部门发展“互联网+”和“手机+”，积极探索基于互联网技术的商业模式创新，鼓励腾讯、阿里巴巴、华为等一批在国际市场具有一定竞争力的企业做大做强，到国际服务贸易市场参与竞争；另一方面，高度重视中小企业发展，鼓励基于互联网技术的创新创业，可在全国范围内设置一定额度服务贸易创新发展基金，发挥财政资金的杠杆引领作用，鼓励风险投资基金和天使投资进入服务贸易领域，甚至在必要条件下，鼓励地方国资控股企业对服务业创投企业进行战略投资，扶持创新创业类企业发展。

（3）做好合作交流平台搭建。根据“政府搭台、企业唱戏”的原则，在京交会成功模式的基础上，在服务贸易试点地区定期组织开展全球范围的服务贸易交易博览会，创造一切条件为服务类企业“走出去”和外资企业“引进来”搭建好平台。同时，为服务业各类协会、商会的成立创造更好的条件，充分发挥好行业协会在凝聚行业合力、和政府做好沟通协调、提供政策建议、维护行业利益方面的重要作用。鼓励各类性质行业协会的跨境交流与合作等。在相关产业园区、孵化器、加速器等方面，不光是给制造业企业，也要给服务业企业一定的空间。以“大众创业、万众创新”为契机，鼓励个人参与服务贸易发展创新，把商业模式创新和技术创新结合起来，在每年的高新技术企业认定中，设置一定的服务业企业比例，既要培育一批具有国际竞争力的大型国有企业，也要鼓励中小企业做大做强和个人创新创业。不断创新政府服务模式，比如对于蓬勃兴起的数字贸易，可扶持壮大一批具有差异化竞争优势的区域或行业电商平台。尽可能做到鼓励服务贸易与财税金融政策协调同步，在服务类企业出口退税、金融机构贷款财政贴息等方面向服务类企业进行倾斜，对于优质服务类企业做到出口信用保险全覆盖，鼓励市场主体到国际市场参与竞争。

4. 提高服务贸易国际规则话语权

从历次全球化浪潮来看，基本上是西方国家在主导全球化。西方国家通过自己主导的全球化，设定符合自己利益需求的游戏规则，实现了全球范围内的资源最优配置，汲取了大量的全球化利益。中国作为发展中国家，通常是全球游戏规则的被动接受者，在全球产业链分工中，低端锁定与被动接受非常明显。国际规则的制定是一国参与全球经济治理的重要体现。发达国家掌握国际游戏规则的话语权，主要是通过 WTO、世界银行、IMF 等各类国际经贸和金融机构来实现的。它们依托其强大的政治经济实力，对后加入的新兴市场国家施加影响，从而牢牢掌握着国际经济规则的话语权。自己主导或者牵头组建国际组织，是掌握话语权的重要途径。在这方面，我们已经积累了初步的经验，比如“亚投行”的成立就是一个积极的试验。随着中国国力的增强，在全球治理的影响明显提升，可牵头组建有广泛影响、多边参与的国际组织，从而掌握更多国际规则话语权。

5. 实施更加灵活多元的规制措施

（1）加强规则的研究和预判。首先，着手完善国内服务贸易统计制度。建议在目前我国现行服务贸易统计体系的基础上，参考主要国际组织和部分发达国家服务贸易的统计方法，逐步完善服务贸易统计体系，实现统计数据国际接轨。建议参考部分发达国家和地区的做法，在服务贸易统计中，增加附属机构服务贸易（FATS）数据，以便更全面地反映我国服务贸易概况。此外，还要重点参考国际货币基金组织和 WTO 口径，统筹协调国内涉及相关服务贸易的统计机构，对目前不适应国际社会的主流方法进行修正。及时根据国内行业发展变化和政策研究需要，逐步适时调整增加部分反映当今行业变化的新指标，比如，尝试增加跨国公司等商业领域相关数据、制造业服务化增加值、数字贸易核算等。其次，加强国际规则发展趋势研判。最重要的是高度熟悉国际服务贸易主要规则和主要服务贸易强国与大国的服务贸易政策。以服务贸易自由化进程为例，服务贸易总协定（GATS）生效后，WTO 主导的服务贸易自由化谈判由于各方面意见分歧较大，从美国立场来看，其最为关注的是市场准入、国民待遇、跨境数据流动、国有企业四个领域。而综合考虑我国服务发展水平，这四个领域都是我国开放难度大、尚处幼稚期的行业，一旦开放，势必将直接面临发达国家优势产业的强势冲击。因此，在我国服务贸易发展过程中，一个重要的任务就是，及时掌握西方发达国家，尤其是服务贸易强国的行业发展动态、最新贸易政策。必要情况下，要继续加强对服务贸易的研究投入，鼓励科研院所、高校或企业加大对国际规则的研究，培育一批服务贸易领域的专家型智库，不断增强研究实力，做到知己知彼，百战不殆。

（2）以立法代替行政管制。在服务贸易领域国际争端中，由于我国服务业发展相对滞后，部分行业立法滞后或直接存在真空，不仅为西方国家起诉我国提供了口实，也与我国已加入国际组织部分要求不符，没有起到为服务贸易保驾护航的目的。反观部分服务贸易强国，以美国为例，早在 1974 年，就颁布了专门针对服务贸易的《1974 年贸易法》，随后还颁布促进服务贸易发展的《1984 年贸易与关税法》《1992 年出口促进法》等一系列配套法律。除此之外，在各行业都制定了十分详细的法律法规，如《信息自由法》（1967）、《国际银行法》（1978）、《航运法》（1984）、《计算机软件保护法》（1980）、《电信法》（1996）等。针对服务贸易统一问题，颁布了《国际投资与服务贸易调查法》（1985）。甚至还有针对家庭娱乐行业的立法，如《家庭娱乐和版权法》（2005）。为顺应加入 WTO 的需要，我国在 2001 年 10 月后颁布了大量调整国际服务贸易关系的行政法规。如《旅行社管理条例》《国际海运条例》《外国律师事务所驻华代表机构管理条例》《外资保险公司管理条例》《外商投资道路运输业管理规定》《外商投资电信企业管理规定》等。截至目前，我国涉及服务领域的法律法规主要有《中华人民共和国对外贸易法》（1994 年生效），以及《商业银行法》《保险法》《海商法》《广告法》《民用航空法》《注册会计师法》《律师法》《外资金融机构管理条例》《计算机软件保护条例》等。但是，和西方服务贸易强国相比，我国服务贸易立法仍然相对滞后，一旦涉及贸易争端，不少行业将处于无法可依的尴尬境地，部分行业也只能用行政管理条例来嵌套。因此，建议我国针对目前服务贸易现状，起草设立一部服务贸易发展的根本性法律，同时加快立法进度，将各行业管理条例上升到法律层面，进一步通过立法明确内外资准入、外商监管、争端解决等机制，最终形成管理有序、层次分明的服务贸易法律体系。

参考文献

[1] Hoekman，Kostecki，*The Political Economy of the World Trading System from GATT to WTO*，Oxford：Oxford University Press，1995.

[2] 商务部：《中国对外贸易形势报告》（2017 年春季），研究报告，2017年。

[3] 程大中、郑乐凯、魏如青：《全球价值链视角下的中国服务贸易竞争力再评估》，《世界经济研究》2017 年第 5 期。

[4] 夏杰长、倪红福：《服务贸易作用的重新估算：全球价值链视角》，《财贸经济》2017 年第 11 期。

[5] 杨艳红：《中国积极利用 WTO 争端解决机制的战略选择》，《宏观经济研究》2009 年第 7 期。

[6] 商务部：《对外贸易发展“十三五”规划》（商贸发〔2016〕484 号），2016 年 12 月。

[7] 国家信息中心：《"一带一路"贸易合作大数据报告 2017》，研究报告，2017 年 3 月。

[8] 邢厚媛、涂舒：《2016 年中国服务外包发展回顾和 2017 年七大发展趋势》，中国服务外包中心研究报告，2017 年。

（夏杰长、姚战琪：中国社会科学院财经战略研究院；
肖宇：中国社会科学院研究生院）

第十一章　中国服务贸易作用的再评估

摘　要：服务在贸易中的作用一直被忽略，直到近年来，随着服务贸易自由化的发展，对服务业作用的认识从作为中间投入到服务创造价值的作用升华。本章从全球价值链的视角下，利用最新的增加值贸易测算和分解方法，测算分析了中国服务业在出口贸易中的作用，并初步考察了企业内置高端服务活动的价值。研究发现：①服务业增加值的直接出口相对较少，主要通过隐含在制造业部门而间接出口。服务业各行业前向联系的增加值出口与相应行业总值出口的比率几乎都大于1，且该比率远大于第二产业。②服务业在国际贸易中发挥的作用被低估。按增加值测算方法计算，服务业增加值出口比重达31.32%，比传统总值贸易方法计算的服务业比重（13.92%）高17.4个百分点。③无论是按传统总值贸易方法还是增加值测算方法，中国服务业出口占总出口的比重都相对较低，甚至比印度服务业出口比重还要低。④中国制造业部门内置的高端服务活动（研发、管理）的比重较低，导致出口中来自制造业部门的内置服务活动价值的贡献很少。

一、引　言

服务贸易在全球经济活动中越来越重要。然而根据传统总值贸易统计数据，服务贸易只占全球贸易的1/5左右。但是，从增加值贸易视角来看，根据增加值贸易（TiVA）数据库测算，服务业大致占到全球出口贸易的50%。不同统计方法衡量出口中服务业出口占比存在较大差异，主要原因是传统总值贸易统计存在“重复统计”（Koopman等，2014）。全球价值链分工体系下，传统总值贸易方法低估了服务业在国际贸易中的作用。

最近的全球价值链核算文献，如Johnson和Noguera（2012），可以对这种隐含在制造业产品中的服务业间接出口进行科学的测度，而且最新的测算方法还可以对出口按增加值来源进行细致的结构分解。利用这些新的方法和数据，重新评估服务业在国际贸易中的作用，能为我们提供一些新的认识。然而国外相关研究都侧重于全球价值链的核算方法以及在制造业中的应用，如 Wang 等（2013）对出口的 16 项公式分解，李昕和徐滇庆（2013）对整体的增加值贸易平衡的研究。而单独对服务业在国际贸易中作用的探讨比较小。此外，增加值贸易核算是从中间投入的视角来测算服务行业部门的增加值出口，实际上，测算的是通过服务外包形式，服务业隐含在制造业等部门中的增加值，但是从服务活动和生产活动的视角来看，制造业企业除了使用服务产品作为中间投入（服务外包形式），企业内部也有提供服务活动的劳动力，这部分价值也以成本的形式体现在制造业产品中。企业内部进行了大量的 R&D 活动、IT 服务、管理服务以及大量辅助性服务活动。随着人工智能的发展，机器人的逐渐普及，制造业企业内部的从事生产活动的劳动力将减少，而从事服务活动的劳动力将增加，企业内部的服务活动创造的价值比重将进一步提高。因此，准确地测度企业内置服务活动的价值，进而分析其中出口产品的比重，具有重要的理论和现实意义。对于该内置服务业问题，Sebastien Miroudot（2016）利用详细企业内部的职业分类数据进行了初步探讨。本章拟在此基础上和数据可获得性的条件下，尝试对中国企业内部内置服务活动的价值进行测算和分析。

近年来，中国服务贸易得到了快速发展。商务部官方统计数据显示，2015 年，中国服务进出口额为 7130 亿美元，约占全球服务进出口额（92450 亿美元）的 7.7%，较 2014 年提升 1.4 个百分点。中国服务贸易规模稳居世界第二位。然而，中国服务业在国际贸易中的作用一直被忽视，出现了“服务业占半壁江山，而出口贸易中服务业比重很低”的矛盾现象。当然，这种现象在发达国家也普遍存在。那么，从全球价值链视角下来看，中国服务业在国际贸易的作用及其动态变化趋势是怎样的？与 OECD 等发达国家的比较情况又如何？重新审视服务业在国际贸易中的作用，对这些问题的定量分析具有重要的现实意义。

鉴于此，为了更好地理解服务业在国际贸易中的作用，本章利用全球投入产出表数据，从全球价值链的视角重新评估服务贸易的比重及其作用，并对企业部门内置的服务活动创造的价值进行初步测算。相对于已有文献，本章的边际贡献为：①首次利用 Wang 等（2013）的分国家分行业的总出口分解方法分析我国服务业在国际贸易中的作用，并与全球价值链核算文献中的增加值出口测算方法进行了比较。该方法有很多优点，能够把总出口分解为不同部分，进行详细的内部结构分析。同时本章也在 Wang 等（2013）的基础上，拓展测度了前向增加值出口（VAX_F），并进行了国际比较。②首次提出了测度企业内部内置服务活动创造的完全价值的新方法，具有一定的开拓性意义。从企业内部的劳动力类型（农业劳动力、生产工人和技术人员）估算中国制造业企业内置服务活动价值的比重，进而从内置服务业角度，测度服务业出口比重。这一方法有利于科学地认识服务活动（进而服务业）的重要性。而国内对该问题的定性研究比较少，更谈不上定量上的测度和分析。因此，本章尝试利用劳动力分类数据对中国制造业企业内置服务活动创造的完全价值进行测算。③从全球价值链视角，重新认识和估算服务业在国际贸易中的作用，一定程度上矫正了“重制造，轻服务”的传统思想，有助于扩大中国服务业对外开放。

二、相关理论和文献回顾

（一）全球价值链中服务业的作用

随着服务贸易自由化和全球价值链的深入发展，我们逐渐认识到服务业是价值提升和实现的重要源泉，在协调价值链活动和创造制造产品价值方面发挥重要的作用（Francois 和 Hoekman，2010）。比如，商贸物流、信息传输服务、金融等服务是全球价值链顺畅运行的基本要素，促进了货物和信息的跨境流动，协调了全球产业链上的生产活动。服务业的作用不仅是中间投入，更是深入价值创造活动。根据 Sebastien Miroudot（2016）对服务业作用的分析，服务业的作用大致表现在以下几个方面：

1. 从独立产业视角，在 GVC 中起连接和协调作用的服务业

在生产过程中，服务业在全球价值链中的第一个作用是连接各国制造业的生产活动。为了治理分布在世界各国的生产过程，公司需要各种服务（如运输、信息传输、后勤和金融等）协调各种生产活动和人（Jones 和 Kierzkowski，2001）。如果没有这些服务连接和协调作用，就没有全球价值链。服务业在全球价值链分工体系中起着“连接剂”和“润滑剂”的作用。

2. 从产业间联系视角，作为制造业中间投入的服务业

服务业不仅是全球价值链中的“连接剂”（Low，2013），更重要的是作为中间投入。价值链起始阶段的研发、设计和工程活动，以及价值链末端的营销、分销和售后服务都是重要的服务活动。一旦这些生产活动外包，就变成了服务业中间投入。作为中间投入的服务与货物的贸易一样可以提高资本和劳动的跨行业和跨境的配置效率（Jones，2011），进而提高生产率。

3. 从企业内部视角，不可分离的内置服务业

当服务作为生产的中间投入且由其他企业提供时，我们可以利用投入产出表来识别服务业在制造业产品生产和出口中的作用（Francois 和 Woerz，2008；Nordas，2008）。然而，大量的服务化活动内置于制造业企业，无法准确评估。企业内部进行了大量的 R&D 活动、IT 服务、会计咨询服务以及辅助性服务活动，这些活动提高了企业效率和促进出口。利用瑞典企业层面的数据，Lodefalk（2014）研究发现，提高内置服务活动的生产有助于提高企业的出口强度，因为有些服务与货物产品捆绑在一起销售才能有效消费，企业内置这些服务有利于实现货物产品的顺利出口。此外，消费者在使用这些货物产品时也需要相关配套服务。例如，出口机器设备的同时，需要配套的安装、保养和维修服务。这种包含货物和服务的出口形式，对区分货物和服务的贸易规则是一个新的挑战。因此，考虑内置服务业，对于评估服务业对贸易和价值创造的作用是非常重要的。值得注意的是，在比较各国的外包服务时，由于各国编制投入产出表的方法不同，不同国家的外包服务存在较多的统计差异。例如，一些国家（如中国）的数据收集是在企业层面（Enterprise），而另一些国家（如美国）的数据收集在生产单位层面(Establishment)，当收集企业层面的数据时，内置服务活动相对较大，利用中国投入产出表中计算中国外包服务程度，大型企业内部的服务活动无法体现。因此，探讨中国服务业的作用时，需要考虑企业内部内置的服务活动以及其创造的价值。

4. 从企业内部的价值链视角来看，服务活动的价值创造性

近年来，“服务科学”（Service Science）（Dermirkan 等，2011）一直在强调服务活动的价值创造性。[①] 服务活动成为企业价值创造的源泉，并体现在不同的层次。首先，价值链前端的研发和设计的服务活动是企业高价值创造性活动。虽

① IBM 首次提出了“服务科学”的概念。现已形成了一个服务科学共同体，命名为“服务研究和创新机构”（Service Research and Innovation Institute，SRII），世界上主要 IT 公司都参与了该共同体。

然企业研发和设计可以外包，但是为了顺利实现产品生产，企业仍然要保留部分研发活动，且一些研发活动离不开实际生产过程，需要紧密结合生产过程才能获得有价值的研发成果。其次，价值链末端的市场营销和售后服务也成为企业的主要价值来源。现在大部分企业销售的不是产品，而是解决方案。此外，随着互联网技术的快速发展，以消费者为中心的生产体系逐步建立，定制生产日益盛行。消费者服务成为企业发展不可或缺的一部分，而且逐步成为企业的重要价值来源。

（二）全球价值链视角下出口中服务业作用的测度方法

测度 GVC 中服务业在贸易中作用的主要方法是增加值出口的分解方法，其基本模型都是基于投入产出模型框架。在经济全球化背景下，生产过程的一个显著特征是片段化、垂直专业化，生产布局在不同国家（区域）。大部分非核心的零部件生产被外包给专业化的企业，从而导致了全球乃至一国之内的中间品贸易。由于传统总值贸易统计方法是对整个产品价值进行统计，没有区分产品的具体来源地，存在“重复统计”，不能真实地反映出口中隐含的增加值。因此，对增加值贸易测算成为热点问题，且广泛应用于制造业竞争力、贸易平衡等领域。但是，从全球价值链视角，利用投入产出模型来探讨服务业作用的文献相对较少，尤其是研究服务业在国际贸易中作用的文献更少。有关增加值贸易测算的方法大致包括以下几种：

1. 基于单国（区域）非竞争性投入产出表测度方法

Hummels 等（2001）首次提出了狭义垂直专业化（Vertical Specialization）的概念，并利用单国（区域）投入产出表测算了 OECD 国家的垂直专业化水平。平新乔等（2006）根据 Hummels 等（2001）等提出的垂直专业化定义方法测算了中国垂直专业化率，研究发现中国出口贸易中垂直专业化率从 1992 年的 14%上升到 2003 年的 21.8%。Lawrence J. Lau 等（2007），Koopman、Wang 和 Wei（2008），李昕和徐滇庆（2013），Yang Cuihong 等（2014）等文献对单国投入产出模型进行了扩展和应用。但是基于单国（区域）的非竞争性投入产出表的测算方法存在以下不足之处：①无法考虑与世界其他国家（地区）的溢出效应和反馈机制，这是因为单国（区域）投入产出表没有详细刻画国际的中间投入联系，该方法做出了较强的“等比例”假设。②基于单国（区域）非竞争性投入产出表测算的增加值贸易，忽略了第三方国家的间接增加值贸易影响机制。A 国出口到 B 国的产品，有可能直接作为 B 国的最终消费而被直接吸收，也可能作为中间投入进而来生产产品再出口到第三方国家。当作为中间投入品时，减少了 A 国到 B 国的增加值出口。若作为中间投入出口到第三方国家，第三方国家再出口到 B 国家，增加了 A 国到 B 国的增加值出口。

2. 基于全球投入产出表的测度方法

鉴于单国（区域）投入产出表的测算方法存在一些缺陷，有的专家和学者拓展到全球（国际）投入产出模型的测度方法。最早明确利用国际全球投入产出表测度增加值贸易的研究有 Escaith（2008）、Daudin 等（2009）、Johnson 和 Noguera（2010）以及 Koopman 等（2010）。该方法的关键是编制国际全球投入全产出表（Global Input-Output Table）。[①] Johnson 和 Noguera（2010）侧重于双边增加值贸易流量并计算了国内增加值率，即国内增加值占出口总额的比重（VAX Ratio）。Koopman 等（2014）提出的总出口增加值分解方法，把以前 Hummels 等（2001）、Johnson 和 Noguera（2012）等提出的总出口的增加值分解方法统一在一个逻辑框架下。然而 Koopman 等（2014）的总出口分解公式局限于国家层面，没有深入部门层次。鉴于此，Wang 等（2013）进一步把总出口分解公式拓展到双边分部门（行业），构建了部门层次的总出口分解公式。出口贸易流量分解为四大组成部分（增加值出口、返回的国内增加值、外国增加值和纯重复计算的中间品贸易），[②] 这四大组成部分又可以进一步细分为 16 项。我们认为，Wang 等（2013）的方法后，利用投入产出模型方法对增加值贸易进行测算及分解的方式已基本完善。近年来，利用全球投入产出表数据，国内学者也对全球价值链展开了大量研究，如倪红福（2017），倪红福等（2016），王岚（2015），范子杰等（2016），Lawrence J. Lau 等（2007），李昕、徐滇庆（2013）和樊茂清、黄薇（2014）等。这些研究主要对中国在全球价值链中获取利益的能力、参与程度和位置、出口贸易结构和竞争力等进行了探讨，且主要集中在制造业，而对服务业

---

① 这三篇工作论文后来都发表在学术期刊上，分别是 Daudin G.，C. Rifflart and D. Schweisguth，"Who produces for whom in the world economy?"，*Canadian Journal of Economics*，2011，Vol.44，No.4，pp.1403-1437；Johnson Robert C. and Guillermo Noguera，"Accounting for Intermediates: Production Sharing and Trade in Value Added"，*Journal of International Economics*，2012，Vol.86，No.2，pp.224-236；Koopman Robert，Zhi Wang and Shang-Jin Wei，"Tracing Value-added and Double Counting in Gross Exports"，*American Economic Review*，2014，No.2，pp.459-494.

② 一是最终被国外吸收的国内增加值（DVA）。二是返回的国内增加值：这一部分国内增加值先被出口至国外，但又隐含在本国从其他国家的进口中返回国内并最终在国内被消费（RDV）。虽然这部分增加值不构成一国的增加值出口，但却是出口国 GDP 隐含于出口中的一部分。三是用于生产本国出口的外国增加值（FVA）。四是中间品贸易的纯重复计算部分（PDC），这是由中间产品贸易多次跨越国界引起的。

在全球价值链中的贡献几乎没有探讨。因此，本章主要利用 Wang 等（2013）的总出口增加值分解公式进行测算，着重分析服务业在出口贸易中的作用。据所查文献，国内还没有文献利用 Wang（2013）的方法对中国出口进行分解和探讨服务业增加值的出口问题。仅有程大中、程卓（2015）利用 Johnson 和 Noguera（2010）的方法探讨了中国出口贸易中的服务含量，但也没有进行更为详细的分解。

但是，在投入产出模型框架中，行业间的服务中间投入基本上反映的是外包的服务活动，而对内置服务活动一般是无法核算的。Sebastien Miroudot（2016）首次从劳动力职业类型来测算内置服务活动的程度。为了核算中国出口内置服务业，在数据可得性的范围内，本章尝试对内置服务业进行了初步的测算，在全球投入产出模型框架中探讨如何测算内置服务活动价值，这也是本章的重要创新之一。

三、方法和数据

为了全面分析服务业在全球价值链中的作用，本章利用 WIOD 和 Wang 等（2013）的分解方法来测度外包服务的作用。同时，也利用中国产业层面的职业分类数据来初步分析中国内置服务业在国际贸易中的作用。

（一）测度服务业对出口的贡献——基于全球投入产出模型的测算方法

本章直接利用 Wang 等（2013）的总出口的增加值分解公式进行测算。[①] Wang 等（2013）的出口分解公式实质上是一种后向联系的分解方法，这与基于产业后向联系计算的增加值出口（VAX_B）基本上一致（包括了隐含于给定部门出口中的一国所有部门的增加值）。相反，基于产业部门前向联系计算的增加值出口（VAX_F）包括了一个给定部门增加值通过隐含于本国其他部门出口而导致的间接出口。也就是说，基于产业部门前向联系计算的间接增加值出口为隐含于其他

① 详细参见 Wang 等（2013），也可向笔者索取 3 国每国 3 部门的测算公式。

部门出口中该部门的增加值被国外吸收的部分，这与本部门出口并没有关系。如果希望了解该国某一部门的所有增加值在该国总出口中所做的贡献，就应该估计该部门的 VAX_F，可用列昂惕夫（Leontief）逆矩阵方法计算。因此，为了更加全面地反映服务业在国际贸易中的作用，本章也测算了 VAX_F，并与 Wang 等（2013）的分解结果进行比较。

（二）测度制造业企业内置服务活动创造的价值

虽然上述全球投入产出模型方法能够测算作为中间投入品的服务业在国际贸易中的贡献，但它不能反映全部的服务活动，尤其是在制造业企业内部的服务活动。因此，本章尝试利用投入产出模型和劳动力分类数据，来估算制造业企业内部的服务活动价值。Michael Porter（1985）首次提出企业内部价值链并指出企业存在大量主要和辅助的无形活动（如研发、IT 服务、人力资源以及市场营销等）。随着技术的进步，尤其是信息技术和人工智能的应用，制造业服务化趋势将日益普遍，制造业内部的研发、设计、市场营销、售后服务等服务性活动的工作人员将增加，而从事生产制造工作的人员将减少。不少跨国公司已经或正在转型为服务型企业，服务活动实现的收入占比不断提升。然而，现阶段基于行业分类的统计方法，把制造业企业内置的服务活动价值都归为制造业。而实际上制造业企业产品的价值主要是来自企业内置的服务活动。按照现行的统计方法，制造业企业内置的服务活动的价值都归入制造业部门了，也没有开展专门针对企业内置服务活动创造价值的调查。科学测度企业内置的服务活动价值是重要而又紧迫的现实问题。

为了衡量制造业企业内置服务活动创造的价值，一种依靠职业分类的方法逐步被应用，如 Sebastien Miroudot（2016）利用职业分类方法对欧盟企业内部的服务活动创造价值进行了测算，但是，该方法仅测算了企业内部服务活动创造的直接价值，而没有考虑企业使用制造业中间投入品中隐含的内置服务活动创造的价值。因此，本章对 Sebastien Miroudot（2016）的方法进行了改进，首次考虑了中间投入品隐含的内置服务活动的价值，结合投入产出表和职业分类数据对企业内置服务活动的完全价值进行了测算。该方法是本章的重要创新之处。虽然由于职业分类数据不够精细，测算结果十分粗略，但是随着职业分类数据的细化和完善，该方法为测度企业内置服务活动创造的价值提供了可行性。以下是对本章内置服务活动价值测算方法的简介。

有关垂直专业化和增加值贸易的测算方法主要来源于列昂惕夫逆矩阵思路。基于经典全球投入产出模型框架,[①] 不失一般性，本章以 2 国每国 2 部门的全球投入产出模型进行阐述：

$$\underbrace{\begin{bmatrix} x_1^C \\ x_2^C \\ x_1^U \\ x_2^U \end{bmatrix}}_{X} = \underbrace{\begin{bmatrix} a_{11}^{CC} & a_{12}^{CC} & a_{11}^{CU} & a_{12}^{CU} \\ a_{21}^{CC} & a_{22}^{CC} & a_{21}^{CU} & a_{22}^{CU} \\ a_{11}^{UC} & a_{12}^{UC} & a_{11}^{UU} & a_{12}^{UU} \\ a_{21}^{UC} & a_{22}^{UC} & a_{21}^{UU} & a_{22}^{UU} \end{bmatrix}}_{A} \underbrace{\begin{bmatrix} x_1^C \\ x_2^C \\ x_1^U \\ x_2^U \end{bmatrix}}_{X} + \underbrace{\begin{bmatrix} y_1^C \\ y_2^C \\ y_1^U \\ y_2^U \end{bmatrix}}_{Y} \tag{11-1}$$

表示为矩阵的形式：

$$X = AX + Y \tag{11-2}$$

其中，X 为总产出列向量；A 为直接消耗系数矩阵；Y 为最终需求列向量。[②] A 中的元素 a_{ij}^{gh}为直接消耗系数，表示生产 1 单元价值的 h 国 j 产品需要消耗 g 国 i 产品的中间投入量。进一步矩阵运算可以得到：

$$X = (I - A)^{-1}Y = BY \tag{11-3}$$

其中，$B \equiv (I - A)^{-1}$ 为 Leontief 逆矩阵，表示增加 1 单位价值最终需求带来其他部门总产出的变化。

$$v_i^g = \frac{va_i^g}{x_i^g} = 1 - \sum_{h,j} a_{ji}^{hg} \tag{11-4}$$

其中，v_i^g 为增加值率；va_i^g 为 g 国 i 部门的直接增加值。记 V 为增加值率系数列向量。进一步定义增加值贸易核算系数矩阵：

$$\hat{V}B = \begin{bmatrix} v_1^C b_{11}^{CC} & v_1^C b_{12}^{CC} & v_1^C b_{11}^{CU} & v_1^C b_{12}^{CU} \\ v_2^C b_{21}^{CC} & v_2^C b_{22}^{CC} & v_2^C b_{21}^{CU} & v_2^C b_{22}^{CU} \\ v_1^U b_{11}^{UC} & v_1^U b_{12}^{UC} & v_1^U b_{11}^{UU} & v_1^U b_{12}^{UU} \\ v_2^U b_{21}^{UC} & v_2^U b_{22}^{UC} & v_2^U b_{21}^{UU} & v_2^U b_{22}^{UU} \end{bmatrix} \tag{11-5}$$

① 可参见 Timmer 等（2015）、Koopman 等（2014）。

② 统一说明：变量的上标一般表示国家（地区），用 c，g，h，f 表示，$c, g, h, f \in \{C, U\}$，变量的下标表示产业部门，用 i，j，k，m，n 表示。$i, j, k, m, n \in \{1, 2\}$。上标 gh 表示 g 是来源地，h 是目的地。下标 ij 表示 i 是产品的来源产业部门，j 是产品的使用产业部门。

其中，增加值贸易核算系数矩阵（$\hat{V}B$）表示最终产品生产过程中，来源于各产业部门的直接和间接增加值的情况。元素 $v_i^g b_{ij}^{gh}$ 表示生产 h 国 i 部门 1 单位最终产品，来自于 g 国 i 部门的直接和间接增加值。$\hat{V}B$[①] 中，沿着行方向，表示其他部门生产 1 单位最终产品来自该行向对应的产业部门的增加值；沿着列方向，表示其他各产业部门对生产 1 单位列向对应产业部门最终产品的增加值贡献，且列向之和为 1。[②] 即：

$$v_1^C b_{1i}^{Cg} + v_2^C b_{2i}^{Cg} + v_1^U b_{1i}^{Ug} + v_2^U b_{2i}^{Ug} = 1 \tag{11-6}$$

进一步地，根据劳动力职业分类方法，可以得到服务活动职业的劳动力创造的增加值占部门增加值的比重为 rsv_i^g，乘以增加值贸易核算系数矩阵，就可以得到部门内置服务活动创造的价值矩阵。因此，可以测算出 C 国贸易增加值出口（U 国最终需求吸收的 C 国增加值）中来自 C 国制造业部门 2 的内置服务活动所创造的价值。

$$TSV_2^C = \begin{bmatrix} 0 \\ 1 \\ 0 \\ 0 \end{bmatrix}^T \begin{bmatrix} rsv_1^C v_1^C b_{11}^{CC} & rsv_1^C v_1^C b_{12}^{CC} & rsv_1^C v_1^C b_{11}^{CU} & rsv_1^C v_1^C b_{12}^{CU} \\ rsv_2^C v_2^C b_{21}^{CC} & rsv_2^C v_2^C b_{22}^{CC} & rsv_2^C v_2^C b_{21}^{CU} & rsv_2^C v_2^C b_{22}^{CU} \\ rsv_1^U v_1^U b_{11}^{UC} & rsv_1^U v_1^U b_{12}^{UC} & rsv_1^U v_1^U b_{11}^{UU} & rsv_1^U v_1^U b_{12}^{UU} \\ rsv_2^U v_2^U b_{21}^{UC} & rsv_2^U v_2^U b_{22}^{UC} & rsv_2^U v_2^U b_{21}^{UU} & rsv_2^U v_2^U b_{22}^{UU} \end{bmatrix} \begin{bmatrix} Y_1^{CU} \\ Y_2^{CU} \\ Y_1^{UU} \\ Y_2^{UU} \end{bmatrix}$$

$$= rsv_2^C v_2^C b_{21}^{CC} Y_1^{CH} + rsv_2^C v_2^C b_{22}^{CC} Y_2^{CU} + rsv_2^C v_2^C b_{21}^{CU} Y_1^{UU} + rsv_2^C v_2^C b_{22}^{CU} Y_2^{UU} \tag{11-7}$$

其中，假设 C 国 2 部门为制造业部门。TSV_2^C 表示 C 国的增加值出口中来自 C 国制造业 2 部门的内置服务活动的价值。显然，以上可以扩展到多国多部门模型。

为了测算中国出口中来自中国非服务业部门内置服务活动所创造的价值贡献，需要知道非服务业部门的 rsv_i^g。由于数据限制，本章根据王其文、李善同主编的《社会核算矩阵原理、方法和应用》一书，将劳动力按职业类型大致分为：农业劳动力、生产工人和技术人员。其中技术人员主要包括工程技术人员和管理人员。因此，本章把技术人员的劳动报酬作为产业部门内置服务业活动创造的价值。利用 2007 年社会核算矩阵中技术人员的劳动报酬占增加值的比重来近似估算 rsv_i^g，进而代入式（11-7），可以测算产品中内置服务活动创造的价值。

---

① ^ 表示对角化。

② 证明可参见 Koopman 等（2014）。

四、测算结果分析

(一) 中国服务业出口增加值分解

为了便于计算，本章把 WIOT 中 35 部门合并为 26 部门进行计算。限于篇幅，主要列出部分年份的计算结果。[①] 表 11-1 显示了 2011 年中国出口增加值分解情况，从前向联系分产业部门的 VAX_F 来看（所有出口产品中隐含的服务业部门的增加值），服务业及各细分行业 VAX_F/出口都大于 1，且大部分超过工业部门的相应比值，也就是说，相当一部分服务业增加值隐含在其他产业部门（工业）而间接出口，如租赁和商务服务业的 VAX_F/出口为 109%，比第二产业部门中 VAX_F/出口的平均水平（54.19%）多 54.81 个百分点。从三次产业来看，2011 年服务业的 VAX_F/服务业出口为 170%，比第二产业的相应比值（54%）多 116 个百分点。因此，传统总值贸易统计方法低估了服务业增加值出口的规模和比重，低估程度达 70%。这也正好说明，服务业更多作为制造业产品生产需要的中间投入而实现间接出口。

表 11-1　2011 年中国贸易出口增加值分解

单位：百万美元（现价）

部门	总出口	DVA	RDV	FVA	PDC	VAX_F
		与相应总值出口的比值（%）				
(1)	(2)	(3)	(4)	(5)	(6)	(7)
石化工业	202431.40	68.93	2.62	20.03	8.42	72
机械制造业	143629.80	75.57	1.34	19.41	3.68	46
电子和光学仪器制品业	721413.00	67.16	2.42	22.70	7.73	27
交通运输业	88759.70	84.66	2.69	8.89	3.77	107
邮政和通信业	11258.96	87.58	2.09	7.69	2.64	238
金融业	1964.88	92.10	2.54	3.76	1.60	3669

① 详细的测算数据可向笔者索取。

续表

部门	总出口	DVA	RDV	FVA	PDC	VAX_F
		与相应总值出口的比值（%）				
（1）	（2）	（3）	（4）	（5）	（6）	（7）
租赁和商务服务业	67078.62	83.34	1.46	11.86	3.33	109
第一产业	17751.77	91.71	0.65	6.77	0.86	654.16
第二产业	1778060.94	73.38	1.90	18.78	5.94	54.19
第三产业	290371.12	86.45	2.18	8.37	3.00	169.54
合计	2086183.84	75.35	1.93	17.23	5.49	75.35

资料来源：笔者根据 WIOT 计算。限于篇幅，我们只选取了部分行业。读者如需要，可向笔者索取。

从后向联系的 DVA/出口的比值来看，服务业的 DVA/出口的比值总体上高于第二产业，2011 年服务业 DVA/服务业出口为 86.45%，比第二产业（73.38%）高 12.07 个百分点。也就是说，出口 100 元的服务业产品中有 86.45 元的价值是由国内要素创造的，出口 100 元的第二产业产品中有 73.48 元的价值是由国内要素创造的。因此，一定程度上反映了经由服务业渠道出口国内增加值的能力强于第二产业。

表 11–2 显示了三次产业和部分细分行业的 DVA/出口和 VAX_F/出口的变化趋势。1997~2011 年，中国总出口及细分行业的 DVA/出口和 VAX_F/出口的比值呈先下降后上升的趋势，如服务业的 DVA/出口从 1997 年的 91.36%下降到 2007 年的 85.91%，后上升到 2011 年的 86.45%；服务业的 VAX_F/出口从 1997 年的 148.51%下降到 2002 年的 131.42%，后上升到 2011 年的 169.54%。这说明，1997~2002 年，中国迅速渗透到全球价值链分工体系中，出口的国内增加值减少，而 2007 年全球金融危机后，全球价值链分工体系发展曾一度中断，贸易保护主义抬头，世界各国的制造业回归趋势，使中国出口的国内增加值比重有所上升。

表 11–2　中国部分细分行业的 DAV/出口和 VAX_F/出口的变化

部门	DVA				VAX_F			
	1997 年	2002 年	2007 年	2011 年	1997 年	2002 年	2007 年	2011 年
石化工业	82.41	78.77	70.35	68.93	76.37	84.98	80.02	72.38
机械制造业	85.11	82.23	74.28	75.57	83.24	66.48	46.82	45.51
电子和光学仪器制品业	79.09	69.85	62.00	67.16	35.88	34.74	25.12	26.85

续表

部门	DVA				VAX_F			
	1997年	2002年	2007年	2011年	1997年	2002年	2007年	2011年
交通运输业	90.61	89.30	85.35	84.66	128.53	124.95	111.61	107.47
邮政和通信业	90.00	85.26	86.12	87.58	161.83	278.58	230.49	238.13
租赁和商务服务业	86.38	85.64	80.92	83.34	374.15	104.77	107.47	109.00
第一产业	93.91	93.32	91.50	91.71	371.66	373.02	704.55	654.16
第二产业	83.78	78.39	70.89	73.38	63.66	61.66	53.04	54.19
第三产业	91.36	88.98	85.91	86.45	148.51	131.42	162.06	169.54
合计	85.28	80.79	73.11	75.35	85.28	80.79	73.11	75.35

资料来源：笔者根据 WIOT 计算。

（二）服务业增加值出口行业结构

由于服务业的大部分增加值出口是隐含在其他产业部门的出口中而间接出口的，若以传统总值贸易统计数来衡量各国产业在出口的贡献，显然会低估服务业的贡献。表 11–3 显示了 2011 年中国的传统总值贸易出口、前向联系的国内增加值出口和后向联系的国内增加值出口的分行业比重情况。从传统总值贸易统计数据来看，2011 年中国总出口中第二产业比重占绝对优势，高达 85.23%，而服务业出口比重只有 13.92%。从 DVA 分产业的情况来，2011 年中国总出口中第二产业的比重为 83%，而服务业出口比重为 15.97%。从 DVA 角度来看，计算三大产业的出口结构与传统总值贸易统计结果相似。究其原因，是 DVA 的比重受两个因素的影响：一是按传统总值贸易统计方法得到三大产业的出口规模和比重；二是各产业的 DVA/产业总值出口的比值。三大产业的 DVA/传统总值出口的比值都小于 1，且相差程度不是特别大。从 DVA 角度来看，三大产业的出口结构经由各产业渠道出口的国内增加值与各产业的总值出口规模高度相关（某产业的 DVA = 某产业的 DVA/传统总值出口 × 产业传统总值出口）。

但是，从增加值出口（前向联系）来看，服务业增加值出口占国内增加值出口的比重达 31.32%，比传统总值贸易统计计算的服务业比重（13.92%）高 17.4 个百分点。与此同时，第二产业增加值出口占国内增加值出口的比重为 61.30%，比传统总值贸易统计计算的第二产业比重（85.23%）低 23.93 个百分点。总之，传统总值贸易统计方法可能低估了服务业的贡献。从细分行业来看，服务业细分

表 11-3 传统总值贸易统计和增加值贸易核算下中国出口的行业结构比较（2011 年）

单位：%

部门	总出口	DVA	VAX_F
（1）	（2）	（3）	（4）
石化工业	9.70	8.88	9.32
机械制造业	6.88	6.90	4.16
电子和光学仪器制品业	34.58	30.82	12.32
交通运输业	4.25	4.78	6.07
邮政和通信业	0.54	0.63	1.71
金融业	0.09	0.12	4.59
租赁和商务服务业	3.22	3.56	4.65
第一产业	0.85	1.04	7.39
第二产业	85.23	83.00	61.30
第三产业	13.92	15.97	31.32
合计	100	100	100

资料来源：笔者根据 WIOT 计算。

行业对出口的贡献都出现了不同程度的低估。按传统总值贸易统计，金融业出口占中国总出口的比重只有 0.09%，但按前向联系的国内增加值的行业结构来衡量，金融业的 VAX_F 占总出口的比重达 4.59%，传统总值贸易统计极大地低估了金融业在中国出口中的贡献。

表 11-4 显示了中国出口行业结构的变化情况。总体上，从传统总值贸易统计数据来看，我国制造业的出口大幅增加，第二产业的出口比重总体上呈上升趋势，而第三产业的出口比重呈下降趋势。第二产业出口占比从 1997 年的 81.03%上升到 2011 年的 85.23%，第三产业的出口比重从 1997 年的 16.49%下降到 2011 年的 13.92%。与此相反，从增加值出口方法计算的三大产业结构变化趋势来看，服务业增加值出口的比重（VAX_F/总国内增加值出口）呈上升趋势，从 1997 年的 28.72%上升到 2011 年的 31.32%，上升了 2.6 个百分点，而第二产业的增加值出口比重稳定在 60%左右。从细分行业来看，服务业细分行业增加值出口比重都高于相应传统总值贸易统计计算的比重，且比重增长速度明显快于制造业细分行业。如租赁和商务服务业的增加值出口比重从 1997 年的 1.55%上升到 2011 年的 4.65%，传统总值计算的比重从 1997 年的 0.35%上升到 2011 年的 3.5%。这个计算结果与中国经济服务化趋势是一致的：一是制造业服务化趋势明显，制造业

逐渐使用更多的中间服务投入；二是服务业自身对服务中间投入的需求也在逐步增加。

表 11-4　1997~2011 年中国出口行业结构变化

单位：%

部门	总值出口				VAX_F			
	1997 年	2002 年	2007 年	2011 年	1997 年	2002 年	2007 年	2011 年
石化工业	10.60	8.43	8.26	9.70	9.49	8.87	9.04	9.32
机械制造业	3.22	4.11	6.70	6.88	3.14	3.39	4.29	4.16
电子和光学仪器制品业	18.79	26.31	36.37	34.58	7.90	11.31	12.50	12.32
交通运输业	4.39	4.97	4.17	4.25	6.61	7.69	6.36	6.07
邮政和通信业	0.63	0.53	0.53	0.54	1.19	1.82	1.67	1.71
金融业	0.10	0.05	0.09	0.09	3.89	3.39	4.14	4.59
租赁和商务服务业	0.35	2.75	3.15	3.22	1.55	3.57	4.63	4.65
第一产业	2.48	1.56	0.80	0.85	10.79	7.20	7.70	7.39
第二产业	81.03	77.98	85.57	85.23	60.48	59.52	62.09	61.30
第三产业	16.49	20.46	13.63	13.92	28.72	33.29	30.21	31.32
合计	100.00	100	100	100	100	100	100	100

资料来源：笔者根据 WIOT 计算。

总之，传统总值贸易统计方法大大低估了服务业在出口中的比重，低估了服务业在国际贸易中的贡献。

（三）主要国家服务业增加值出口的比较分析

我们选取美国、日本、德国、巴西、韩国和印度等国家进行比较分析。表 11-5 显示了以上主要国家 2011 年部分细分行业的增加值出口比值情况（DAV/总值出口、VAX_F/总值出口）。这些国家的 VAX_F/总值出口都大于 1，最高的德国达 2.47。服务业细分行业的 VAX_F/总值出口的比值一般都大于 1，而制造业中细分行业的 VAX_F/总值出口的比值都小于 1。一定程度上说明大部分服务业增加值是隐含在其他产业部门中而实现间接出口的。

从各国服务业增加值出口比值的变化趋势来看（前向联系，见表 11-6），美国、日本、德国、印度和巴西的服务业 VAX_F/服务业总值出口的比值总体上都呈现下降趋势。其原因可能是服务业的直接贸易出口的相对增加。一定程度上反

表 11-5　2011 年世界主要国家的国内增加值比率情况

单位：百万美元（现价）

部门	DVA/总值出口（%）	VAX_F/总值出口（%）	部门	DVA/总值出口（%）	VAX_F/总值出口（%）
美国			韩国		
石化工业	62.98	45.65	石化工业	38.18	36.14
电子和光学仪器制品业	80.35	66.18	电子和光学仪器制品业	60.98	42.25
交通运输业	86.02	77.51	交通运输业	66.44	67.34
租赁和商务服务业	90.53	167.85	租赁和商务服务业	87.71	248.31
第一产业	83.96	72.96	第一产业	79.01	551.33
第二产业	72.58	54.03	第二产业	56.41	45.80
第三产业	89.68	124.35	第三产业	77.27	139.05
合计	78.81	78.81	合计	59.33	59.33
德国			印度		
石化工业	68.38	39.00	石化工业	72.10	38.44
电子和光学仪器制品业	67.58	47.34	电子和光学仪器制品业	80.07	34.65
交通运输业	80.88	102.47	交通运输业	83.50	242.48
租赁和商务服务业	92.48	291.19	租赁和商务服务业	92.97	85.66
第一产业	76.25	89.77	第一产业	96.56	159.78
第二产业	66.96	44.95	第二产业	71.87	44.72
第三产业	87.07	247.07	第三产业	91.48	162.57
合计	69.44	69.45	合计	77.64	77.64
日本			巴西		
石化工业	67.12	62.52	石化工业	80.91	63.97
电子和光学仪器制品业	81.55	47.21	电子和光学仪器制品业	77.40	52.11
交通运输业	89.61	87.95	交通运输业	91.95	160.11
租赁和商务服务业	93.60	395.70	租赁和商务服务业	93.11	179.57
第一产业	88.48	397.41	第一产业	91.05	114.67
第二产业	78.16	56.98	第二产业	85.79	57.00
第三产业	92.12	170.38	第三产业	93.50	215.80
合计	81.10	81.10	合计	87.55	87.55

资料来源：笔者根据 WIOT 计算。

表 11-6 主要国家服务业 VAX_F/总值出口变化

单位：%

年份	1997	2002	2007	2011
美国	140.51	131.19	124.31	124.35
德国	294.89	259.97	247.77	247.07
日本	182.34	200.50	172.25	170.38
韩国	142.20	152.97	142.45	139.05
印度	230.38	176.32	138.29	162.57
巴西	238.26	233.96	263.88	215.80

资料来源：笔者根据 WIOT 计算。

映了随着信息技术的发展，服务业变得越来越可贸易了。

从世界各国出口的三次产业结构来看，表 11-7 显示了 2011 年总值贸易和增加值出口贸易的三次产业结构。从传统总值贸易结构来看，中国服务贸易出口比重（13.92%）处于较低水平，甚至比印度（22.89%）和巴西（15.14%）还要低，美国的服务贸易出口比重相对较高，达 34.43%。从增加值出口结构（前向联系）来看，中国服务业增加值出口比重也处于最低水平（31.32%），比印度（47.93%）和巴西（37.32%）都低。显然，从全球价值链视角来看，用增加值出口衡量的服务业比重显著高于以总值贸易衡量的比重，低估了服务业、农业的贡献且高估了第二产业的贡献。印度、美国服务业增加值出口比重都高于第二产业的增加值出口比重，服务业贡献都超过了第二产业。此外，不管是总值还是增加值出口统计数据计算，中国的服务业出口比重都明显低于美日等发达国家，甚至比印度和巴西等国家都低，这说明中国服务业出口存在较大的潜力，还可以进一步扩大服务出口，提高服务业的出口比重。

表 11-7 2011 年主要国家出口的三次产业结构比较

单位：%

部门	总值出口	VAX_F	部门	总值出口	VAX_F
美国			韩国		
第一产业	3.01	2.79	第一产业	0.12	1.11
第二产业	62.56	42.89	第二产业	86.01	66.39
第三产业	34.43	54.32	第三产业	13.87	32.50
合计	100.00	100.00	合计	100.00	100.00

续表

部门	总值出口	VAX_F	部门	总值出口	VAX_F
	德国			印度	
第一产业	0.92	1.19	第一产业	5.17	10.64
第二产业	87.16	56.41	第二产业	71.94	41.43
第三产业	11.92	42.40	第三产业	22.89	47.93
合计	100.00	100.00	合计	100.00	100.00
	日本			巴西	
第一产业	0.09	0.46	第一产业	11.28	14.77
第二产业	78.92	55.45	第二产业	73.58	47.91
第三产业	20.99	44.09	第三产业	15.14	37.32
合计	100.00	100.00	合计	100.00	100.00

资料来源：笔者根据 WIOT 计算。

从世界主要国家出口的三次产业结构变化趋势（见表 11–8）来看，无论是按传统总值贸易还是增加值出口的方法计算，服务业出口的比重总体上都略呈上升趋势。美国、日本、韩国等发达国家服务业占总出口的比重相对较高且稳定，而印度和巴西的服务业出口占总出口的比重上升速度较快，如印度服务业总值出口占全国总值出口的比重从 1997 年的 13.33%上升到 2011 年的 22.89%，服务业增加值出口占国内增加值出口的比重从 1997 年的 34.02%上升到 2011 年的 47.93%。这也在一定程度上说明，全球经济的服务化趋势明显，国内经济的服务业增加值比重逐步增加，服务业作为中间投入的比重呈上升趋势，制造业服务化趋势明显。

表 11–8　世界主要国家服务业出口占总出口的比重变化

单位：%

国家	指标	1997 年	2002 年	2007 年	2011 年
美国	服务业总值出口/全国总值出口	32.12	35.18	36.35	34.43
	服务业 VAX_F/全国国内增加值出口	55.19	57.63	57.66	54.32
德国	服务业总值出口/全国总值出口	10.10	12.23	11.69	11.92
	服务业 VAX_F/全国国内增加值出口	38.15	42.03	41.64	42.40
日本	服务业总值出口/全国总值出口	20.55	18.52	20.74	20.99
	服务业 VAX_F/全国国内增加值出口	41.51	41.74	43.36	44.09

续表

国家	指标	1997年	2002年	2007年	2011年
韩国	服务业总值出口/全国总值出口	18.28	16.09	15.67	13.87
	服务业VAX_F/全国国内增加值出口	36.51	34.60	34.31	32.50
印度	服务业总值出口/全国总值出口	13.13	18.85	27.61	22.89
	服务业VAX_F/全国国内增加值出口	34.02	39.53	48.89	47.93
巴西	服务业总值出口/全国总值出口	13.22	12.45	11.92	15.14
	服务业VAX_F/全国国内增加值出口	34.56	33.58	35.85	37.32

资料来源：笔者根据WIOT计算。

总而言之，发达国家的服务业占出口的比重一般高于发展中国家，中国服务业出口占总出口的比重相对较低，甚至比印度的服务业出口的比重还要低。未来中国服务业出口的发展空间还很大。

（四）中国出口中制造业内置服务活动创造的价值

接下来，我们计算了中国非服务业出口中企业内置服务活动创造的完全价值及其占总出口中的比重。这是一种新的测算方法。表11-9显示中国非服务业部门企业内置服务活动创造的价值及其占出口的比重情况。①传统总值出口中直接（完全）非服务业部门企业内置的服务活动创造的价值占总值出口的比重相对较低，如2011年约为0.54%（1.70%）。究其原因可能是，中国非服务业部门（如制造业）企业中的劳动力报酬占增加值的比重相对低（30%左右，美国一般在60%以上）。此外，中国制造业主要为组装加工生产，技术含量低，公司内部的研发技术人员少，管理人员工资低，导致了提供服务活动的高级技术人员和管理人员占劳动力报酬的比重也相对较低（大致为20%）。这样，制造业企业内部中服务活动创造的价值占全部要素报酬的比重相当低，进而导致制造业企业内置服务活动创造的直接价值和完全价值相对较低。②从增加值贸易出口来看，中国增加值出口中非服务业部门企业内置服务活动创造的价值占比更低。2011年，非服务业部门企业内置服务活动创造的价值占增加值出口的比重仅为0.11%。但是，该比重却是逐年增加的，从1997年的0.02%上升到2011年的0.11%。该趋势在一定程度上反映了中国产品出口中企业内置服务活动比较大的行业比重上升。也就是说，制造业企业内置的服务活动（研发、管理等）创造的价值比重在增加，制造业服务化水平逐步提高。

表 11-9 中国非服务业部门内置服务活动价值及其占出口的比重

指标	1997 年	2002 年	2007 年	2011 年
传统总出口	207238.75	365404.38	1342004.11	2086189.16
出口中直接的非服务业企业中内置服务活动创造的价值	1635.21	2485.59	7420.46	11265.22
出口中直接的非服务业企业中内置服务活动创造的价值/总出口	0.0079	0.0068	0.0055	0.0054
出口中完全的非服务业企业中内置服务活动创造的价值	3966.73	6463.29	22394.18	35502.06
出口中完全的非服务业企业中内置服务活动创造的价值/总出口	0.0191	0.0177	0.0167	0.0170
贸易增加值出口	106171.13	178060.54	635986.10	947517.16
贸易增加值出口中非服务业内置服务价值	23.37	63.19	537.57	996.84
贸易增加值出口中非服务业内置服务价值/贸易增加值出口	0.0002	0.0004	0.0008	0.0011

总之，中国制造业部门企业内置的高端服务活动（研发、管理）的比重低，创造的价值也相对低，反映了中国制造业服务化水平低。

五、结论与启示

有关服务业在国际贸易中的贡献一直受到忽视，传统总值贸易统计方法无法体现服务业经由其他行业部门而实现间接出口，低估了服务业对外贸易中的贡献。本章从全球价值链的视角，利用最新的增加值出口核算和分解方法，测算了服务业的前向和后向联系的增加值出口，进一步与传统总值贸易统计数据进行比较，重新审视了服务业在国际贸易中的作用。考虑到制造业服务化的趋势明显，本章结合劳动力职业分类数据和投入产出表，首次提出了测度企业内部内置服务活动创造价值的新方法，测算了非服务业企业内部内置服务活动创造的价值。研究表明：①在全球价值链分工体系深入发展的背景下，大部分服务业增加值通过其他产业部门而实现增加值间接出口。服务业各行业 VAX_F/出口的比率几乎都大于 1，服务业的 VAX_F/出口的比率大于第二产业。②经由服务业渠道出口的国内增加值的能力强于第二产业。服务业DVA/出口的比值总体上高于第二产业。③相对于增加值出口核算方法，传统总值贸易统计方法低估了世界各国的服务业在总出口的比重，低估了服务业的贡献。④无论是传统总值贸易统计方法还是增加值核算方法，中国服务业出口占总出口的比重都相对较低，甚至比印度的服务业出口的比重还要低。未来中国服务业出口的发展空间还很大。⑤中国制造业部门内置的高端服务活动（研发、管理）的比重较低，中国制造业服务化水平相对较低。

基于以上结论，得到以下几点政策启示：①充分认识到服务业在全球价值链中的作用，服务业是全球价值链体系正常和有效运行的关键因素。服务业在国际贸易中的贡献日益突出，但是从国际比较来看，中国服务业出口占总出口的比重相对较低，甚至低于印度。因此，中国服务业贸易存在较大的发展空间，中国应该大力发展服务业，着力推进服务业供给侧结构性改革，优化服务业发展环境，释放服务业活力。②扩大服务业对外开放。进一步提高金融、商贸物流、专业服务业、文化体育、医疗服务等领域的开放力度，提升服务业国际化水平和国际竞争力。③鼓励制造型制造企业向服务型制造企业转型。鉴于制造业服务化水平低，传统制造业的转型升级需要增加更多服务要素投入，竭力挖掘服务环节附加值。引导企业在研发设计、生产控制、产品营销、企业管理等多个环节延伸服务链并拓展价值链，以服务化、信息化、智能化为抓手，形成一批具有充满活力和竞争力的服务型制造企业。

参考文献

[1] Francois J. and B. Hoekman, "Services trade and policy", *Journal of Economic Literature*, 2010, pp.642-692.

[2] Johnson Robert C. and Noguera Guillermo, "Accounting for Intermediates: Production Sharing and Trade in Value Added", *Journal of International Economics*, *Elsevier*, 2012, Vol.86, No.2, pp.224-236.

[3] Hummels David, Ishii Jun and Yi Kei-Mu, "The Nature and Growth of Vertical Specialization in World Trade," *Journal of International Economics*, *Elsevier*, 2001, Vol.54, No.1, pp.75-96.

[4] Daudin Guillaume, Christine Riffl Art and Daniele Schweisguth, "Who Produces for Whom in the World Economy?" *Canadian Journal of Economics*, 2011, Vol.44, No.4, pp.1403-1437.

[5] Yi Kei-Mu, "Can Vertical Specialization Explain the Growth of World Trade?", *Journal of Po-*

litical Economy, 2003, Vol.111, No.1, pp.52-102.

[6] R. Koopman, Z. Wang and S. J. Wei, "Tracing Value-Added and Double Counting in Gross Exports", *American Economic Review*, 2014, Vol.104, No.2, pp.459-494.

[7] Zhi Wang, Shang-Jin Wei, Kunfu Zhu, *Quantifying International Production Sharing at the Bilateral and Sector Levels*, Working Paper 19677, http: //www.nber.org/papers/w19677. november, 2013.

[8] OECD, *Interconnected Economies-Benefitting from Global Value Chains*, OECD Publishing, 2013.

[9] Kelle M., "Crossing Industry Borders: German Manufacturers as Services Exporters", *The World Economy*, 2013, Vol.36/12, pp.1494-1515.

[10] Cernat L. and Z. Kutlina-Dimitrova, "Thinking in a box: A mode 5 'approach' to service trade", DG Trade Chief Economist Notes, Issue 1, 2014.

[11] Miroudot S., D. Rouzet and F.Spinelli, "Trade Policy Implications of Global Value Chains: Case Studies", OECD Trade Policy Papers, 2013, No.161, OECD Publishing, Paris.

[12] Francois J. and J. Woerz, "Producer Services, Manufacturing Linkages, and Trade", *Journal of Industry*, Competition and Trade, 2008, Vol.8/3, pp.199-229.

[13] Nordas H., "The Impact of Services Trade Liberalisation on trade in Non-Agricultrual Products", OECD Trade Policy Papers, 2008, No.81, OECD Publishing.

[14] Lodefalk M., "The Role of Services for Manufacturing Firm Exports", *Review of World Economics*, 2014, Vol.150/1, pp.59-82.

[15] Demirkan H., J. Spohrer and V. Krishna, *The Science of Service Systems*, *Springer*, New York, 2011.

[16] Grassano N. and M.Savona, "Productivity in Services Twenty Years on. A Review of Conceptual and Measurement Issues and a Way Forward", Working Paper Series, SWPS 2014-01, University of Sussex, 2014.

[17] Timmer M., R. Stehrer and G. de Vries, "Occupations in Global Value Chains: Patterns of International Specialisation", TAD/TC/WP (2014) 18/FINAL, 2015.

[18] 程大中、程卓:《中国出口贸易中的服务含量分析》,《统计研究》2015 年第 3 期。

[19] 范子杰、张亚斌、彭学之:《基于上游延伸的中国制造业 GVCs 地域特征及变化机制》,《世界经济》2016 年第 8 期。

[20] Law rence J. Lau 等:《非竞争型投入占用产出模型及其应用——中美贸易顺差透视》,《中国社会科学》2007 年第 5 期。

[21] 李昕、徐滇庆:《中国外贸依存度和失衡度的重新估算——全球生产链中的增加值贸易》,《中国社会科学》2013 年第 1 期。

[22] 樊茂清、黄薇：《基于全球价值链分解的中国贸易产业结构演进研究》，《世界经济》2014年第2期。

[23] 倪红福：《中国出口技术含量动态变迁及国际比较》，《经济研究》2017年第1期。

[24] 倪红福、龚六堂、夏杰长：《生产分割的演进路径及其影响因素分析——基于生产阶段数考察》，《管理世界》2016年第4期。

[25] 夏杰长、倪红福：《中国经济增长的主导产业：服务业还是工业?》，《南京大学学报》2016年第3期。

[26] 王岚、李宏艳：《中国制造业融入全球价值链路径研究——嵌入位置和增值能力的视角》，《中国工业经济》2015年第2期。

[27] 王其文、李善同：《社会核算矩阵原理、方法和应用》，清华大学出版社2008年版。

[28] 袁志刚、饶璨：《全球化与中国生产服务业发展——基于全球投入产出模型的研究》，《管理世界》2014年第3期。

（夏杰长：中国社会科学院财经战略研究院；
倪红福：中国社会科学院经济研究所）

第十二章　中国对“一带一路”沿线国家OFDI的逆向技术溢出

摘　要：本章基于2003~2014年“一带一路”沿线跨国面板数据，运用随机前沿引力模型，研究了中国对外直接投资逆向技术溢出的影响因素。研究表明，签订双边自贸协定对中国对外直接投资逆向技术溢出存在显著的正向效用，“一带一路”沿线东道国的技术创新水平对中国对外直接投资逆向技术溢出具有显著的正面影响，而东道国与中国之间的文化差异和经济距离在一定程度上阻碍了中国对外直接投资的逆向技术溢出。对各年份各国的分析表明，中国通过“一带一路”沿线对外直接投资（OFDI）获得的国外研发溢出效率排名前5位的国家分别为新加坡、巴基斯坦、越南、匈牙利、斯里兰卡。技术欠效率函数估计结果发现，东道国法律与腐败监管的严厉程度、东道国经济自由度在减少中国对“一带一路”沿线国家OFDI逆向技术溢出无效程度中发挥着重要的作用。因此，“走出去”的中国企业必须高度重视东道国当地的文化环境，同时应加快向东南亚、南亚及中亚转移劳动密集型产业，最后应制定政策鼓励国内研发实力强的企业对科技资源密集型的发达国家和地区进行对外直接投资。

一、引言及文献综述

近年来，融资约束对企业对外直接投资的影响受到国内外学者的关注，由于面临进入新市场的固定成本，企业可能更加受融资能力的制约。Feenstra等（2014）的经验研究发现，即便需要筹集的资金相同，融资能力不同的企业在不完全金融市场筹集这部分资金时也将存在成本差异，Buch等（2014）认为，对外直接投资比出口涉及更高的固定成本投入。

同时，国内学者开始从东道国层面分析中国企业对外直接投资的影响因素。侯文平、岳咬兴（2016）从市场化进程和知识产权保护的制度视角分析中国对外直接投资（Outward Foreign Direct Investment，OFDI）的影响因素，发现市场化进程和知识产权保护对中国的对外直接投资有显著影响，金融发展对中国的 OF-DI 有显著影响。陈伟等（2016）使用中国 29 个省区市 2003~2011 年的面板数据，采用门槛回归方法构造非线性面板数据模型，进一步检验了影响对外直接投资规模的若干因素的门槛特征。朱春兰（2016）分析了母国制度、东道国政治风险、东道国经济风险、地理距离与文化距离等影响中国民营企业 OFDI 的主要因素，但该成果未进行实证研究。孟醒、董有德（2015）的研究结果发现，东道国与中国的双边贸易关系几乎对企业所有价值链环节的 OFDI 起促进作用，但东道国其他区位因素的影响则取决于该国所处的发展阶段。经济发展水平、通信能力、劳动力禀赋以及地理距离等是企业在发展中国家 OFDI 的关注重点，而营商便利性和赋税等是影响中国企业在发达国家 OFDI 的主要因素，该成果主要使用 OLS 方法进行总体回归和分东道国类型检验。

也有部分研究结果从母国层面分析中国企业 OFDI 的影响因素。曹欣童、张鑫（2016）从母国层面利用多元线性回归方法实证分析中国企业对外直接投资的影响因素。姜昊求（2016）研究韩国对华 OFDI 对母国劳动生产率的影响因素，认为韩国企业组织结构、韩国对华垂直型 OFDI 特征、在华韩国企业的集群效应等因素推动韩国劳动生产率的提升。包小妹（2015）分析了中国 OFDI 的母国影响因素，认为中国企业 OFDI 在亚洲地区的母国影响因素为中国的经济状况、中国的外汇储备因素、人民币汇率、国内企业平均利润率、国家政策。饶华、朱延福（2013）认为中国的 OFDI 具备明显的效率寻求特征，东道国低劳动力工资对中国 OFDI 具有显著的吸引力。

少部分研究结果从“一带一路”角度研究中国企业“走出去”的影响因素。姚战琪（2016）使用 OLS、固定效应、面板门槛模型、系统 GMM、普通标准误等方法，对 2003~2014 年我国对“一带一路”沿线国家直接投资效率和投资影响因素进行分析。研究结果表明，沿线东道国稳定的政治环境和较高的政府效率、沿线各国劳动力的丰裕程度与直接投资效率显著正相关，而“一带一路”沿线东道国的通信基础设施发达程度与我国对外直接投资效率显著负相关，但该成果未从发达国家和发展中国家角度研究我国对“一带一路”沿线国家直接投资效率的影响因素。田泽、许东梅（2016）使用 2008~2014 年我国对“一带一路”35 个重点国家直接投资的面板数据，运用超效率 DEA 和 Malmquist 指数法对投资效率及其变化进行评价。也有学者开始将随机前沿模型运用在我国对外直接投资的潜力分析中，比如李计广、李彦莉（2015）通过建立随机前沿模型，估算了中国对欧盟及其成员国的投资潜力及影响因素，但未使用随机前沿分析法测算中国对“一带一路”沿线国家 OFDI 的逆向技术溢出效应的影响因素。

以上学者在检验对外直接投资的逆向技术溢出效应存在性的模型中，都未考察中国对“一带一路”沿线国家 OFDI 的逆向技术溢出效应的影响因素，也都未使用随机前沿分析法在测算效率的基础上对影响中国对外投资效率的因素进行分析。同时，在已有使用引力模型的研究中，多数学者直接采用地理距离作为距离变量，使用贸易距离或相对距离变量的方法代替距离变量，本章则在距离变量上采用经济距离代替学术界多数研究人员采用的地理距离、贸易距离或 GDP 比值变量，利用双边协议修正权数和经济差异修正权数对地理距离做了一定修正，在距离变量中引入了经济差异因素和双边关系因素。本章使用 Frontier4.1 软件通过建立随机前沿模型，以中国对外直接投资溢出的国外研发资本存量为被解释变量，对影响中国对“一带一路”沿线国家 OFDI 逆向技术溢出的因素进行直接检验。使用 2003~2014 年“一带一路”跨国面板数据进行实证分析，有效地增加了样本容量，增强了估计结果的可靠性和稳健性。

二、研究假设

在模型的距离变量选择中，许和连等（2012）使用地理距离作为距离变量的代理变量，也有学者在涉及国际贸易和投资的实证研究中采用贸易距离或相对距离来替代地理距离，因此在地理距离变量中引入成本因素。本章在空间距离定量方法的基础上进一步修改，使用经济距离计算公式衡量中国与东道国之间的经济距离。使用随机前沿法能很好地解决引力模型无法在测算效率的基础上对影响效率的因素进行分析的问题，本章中的中国与东道国的经济距离变量综合引入了东道国与投资国的经济发展程度差距、两国首都地理直线距离、两国间签订的投资相关协议和加入的组织总数等因素。该变量越大，表明“一带一路”沿线各国与中国的双方经济发展程度差距越大，因此提出假设 1：

H1：中国与东道国之间的经济距离的增加不利于中国对外投资的增长，因此也将不利于中国对“一带一路”沿线国家 OFDI 逆向技术溢出效应的增长。

东道国的技术创新水平是影响中国 OFDI 逆向技术溢出的重要因素，东道国的创新水平将显著影响中国对外投资逆向技术溢出，Jaffe 等（1993）曾指出，由于技术、知识在地理区位上的积聚性，那些不具备特定竞争优势的公司可以通过对知识丰富国家直接投资，直接获取先进技术或间接获得技术溢出。因此，东道国创新水平是影响我国 OFDI 逆向技术溢出效应的重要因素，因此提出假设 2：

H2：东道国的技术创新水平与中国对“一带一路”沿线国家 OFDI 的逆向技术溢出正相关。

大量的研究结果发现，文化差异会影响绿地投资和跨国并购之后的新企业整合。投资国与东道国之间的文化差异越显著，整合的难度越大，甚至可能整合失败。同时，对外直接投资逆向技术溢出效应以海外子公司成功运营为前提，如果东道国和中国之间的文化差异导致中国企业海外子公司运营失败，逆向技术溢出效应将无法实现。因此，中国与东道国之间的文化差异将显著影响中国对外投资逆向技术溢出，由此提出假设 3：

H3：中国与“一带一路”沿线各国之间的文化差异将对中国 OFDI 逆向技术溢出效应产生较显著的抑制作用。

三、研究设计

（一）模型设定

我们利用 Battese 和 Coelli（1995）提出的随机边界模型，借鉴引力模型的变量选择，建立如下随机前沿引力模型来分析中国对“一带一路”沿线各国直接投资的效率差异：

$$\begin{aligned} lnOFDIR_{ijt} = \beta_0 + \eta T + \beta_1 lnGDPCH_{it} + \beta_2 lnGDPBR_{jt} + \beta_3 CUD_{ijt} + \beta_4 lnECD_{ijt} \\ + \beta_5 lnRDE_{jt} + \beta_6 OFDIP_{ijt} + v_{ijt} + u_{ijt} \end{aligned} \tag{12-1}$$

其中，i 代表中国，j 代表“一带一路”沿线国家，t 表示时间。依据中国社会科学院发布的《沿线国家名单》，基于数据可获得性，本章选取的“一带一路”

沿线国家是指阿尔巴尼亚、保加利亚、克罗地亚、捷克、埃及、爱沙尼亚、匈牙利、印度、印度尼西亚、伊朗、以色列、约旦、科威特、拉脱维亚、立陶宛、马来西亚、尼泊尔、巴基斯坦、菲律宾、波兰、罗马尼亚、俄罗斯、沙特阿拉伯、新加坡、斯洛伐克、斯洛文尼亚、斯里兰卡、泰国、土耳其、乌克兰、阿拉伯联合酋长国、越南共 32 个国家。$OFDIR_{ijt}$ 表示在 t 时期中国对"一带一路"j 国的直接投资溢出的东道国 R&D 资本存量，$GDPCH_{it}$ 为 t 时期中国的人均实际 GDP，$GDPBR_{jt}$ 为 t 时期 j 国的人均实际 GDP，ECD_{ijt} 为中国与 j 国的经济距离，CUD_{ijt} 为"一带一路"沿线东道国与中国之间的文化差异，RDE_{jt} 为 t 年"一带一路"沿线 j 国 R&D 经费支出，$OFDIP_{ijt}$ 为 t 年中国对"一带一路"沿线 j 国 OFDI 占该国 FDI 比重。

构建通过"一带一路"沿线 OFDI 获得的国外研发资本存量的非效率前沿模型为：

$$\mu_{ijt} = \delta_0 + \delta_1 t + \delta_2 FTA_{ijt} + w_{ijt} \tag{12-2}$$

其中，i、j 和 t 的含义同上，δ_0 为待定常数项，FTA_{ijt} 为"一带一路"沿线国家与中国是否签订双边自贸协定虚拟变量。δ_1 代表效率变化的时间趋势，符号为正代表效率是递减的，δ_2 表示签订双边自贸协定的效率值，δ_2 在理论上应为负值，因为与"一带一路"沿线国家签订双边自贸协定将带来更多的通过 OFDI 获得的国外研发溢出效率。

考虑到技术进步的过程中，硬性技术指标的提升更多地通过政治稳定与政府效率情况、东道国法律与腐败监管情况、东道国电子商务方面的保护情况、东道国经济自由度指数来实现，因此将这四类因素和"一带一路"沿线国家与中国是否签订双边自贸协定作为中国通过 OFDI 获得的研发溢出效率的影响因素来做分析是比较适合的。因此，可以根据式（12-2）得到以下模型：

$$\mu_{ijt} = \phi_0 + \phi_{1t} + \phi_2 FTA_{ijt} + \phi_3 POS_{jt} + \phi_4 LEC_{jt} + \phi_5 SEC_{jt} + \phi_6 ECF_{jt} + w_{ijt} \tag{12-3}$$

其中，i、j 和 t 的含义同上。ϕ_0 为待定常数项，ϕ_1 类似于 δ_1，ϕ_3、ϕ_4、ϕ_5、ϕ_6 分别表示 t 时期 j 国的政治稳定与政府效率情况（POS_{jt}）、t 时期 j 国法律与腐败监管情况（LEC_{jt}）、"一带一路"沿线东道国电子商务方面的保护情况（SEC_{jt}）、经济自由度指数（ECF_{jt}）等各类因素的对外投资无效程度影响系数，在理论上这四个估计系数均应为负数，意味着东道国政治稳定与政府效率情况、东道国法律与腐败监管情况、东道国电子商务方面的保护情况、东道国经济自由度指数使得中国通过"一带一路"沿线 OFDI 获得的国外研发溢出效率得到持续提升。

可通过 FRONTIER4.1 利用最大似然估计法得到由式（12-1）、式（12-2）、式（12-3）设定的模型系数，可通过式（12-4）γ 的大小，即随机扰动项中非效率项所占的比例判断模型是否合理。若 γ 趋近于 1，就表示方差的扰动更多地来自 U_{it}。

$$\gamma = \frac{\sigma_u^2}{\sigma_u^2 + \sigma_v^2}(0 < \gamma < 1) \tag{12-4}$$

那么中国对"一带一路"沿线国家 OFDI 逆向溢出的技术有效系数为：

$$TE_{i,t} = \exp(-U_{it}) \tag{12-5}$$

技术有效系数不能大于 1，即 $\exp(-U_{it})$ 不能小于 1，表示中国对"一带一路"沿线国家 OFDI 逆向技术溢出的技术无效性。

（二）变量说明

使用以下方法计算 t 时期中国对"一带一路"j 国的直接投资溢出的东道国 R&D 资本存量，即 $OFDIR_{ijt} = (YOFDI_{jt}/k_{jt})RDY_{jt}$，其中 j = 1，2，…，32 为本章选取的沿线国家样本，$YOFDI_{jt}$ 为 t 时期我国对"一带一路"沿线 j 国的 OFDI 存量，k_{jt} 为 t 时期 j 国的固定资本形成总额，RDY_{jt} 为 t 时期"一带一路"沿线 j 国研发资本存量，计算方法与国内研发资本存量相同。

霍夫斯泰德提出区分文化差异的五个维度：权利距离指数分数、个人主义指数、刚性气质指数、不确定性规避指数、长期导向指数，并根据其维度法，测算了每个国家各个维度上的得分。但由于许多国家的数据可获得性导致无法得到各国长期导向指数，因此，本章依据前四个维度的得分计算东道国与中国之间的文化距离指数，并且采用 Morosini 等（1998）的方法测算"一带一路"沿线各国与中国之间的文化距离指数：

$$CUD_{ij} = \sqrt{\sum_{i=1}^{4}(IN_{ij} - IN_{ic})^2} \tag{12-6}$$

其中，IN_{ij} 表示"一带一路"沿线 j 国在第 i 个维度上的得分，IN_{ic} 表示中国在第 i 个维度上的得分。文化距离指数越小表明中国与该东道国的文化差异越小。

本章在高汝喜（1998）提出的空间距离定量方法的基础上进一步修改并计算经济距离，由两国地理距离、经济发展差异修正和双边关系修正三部分计算得出两国经济距离，经济距离具体计算公式如下：

$$ECD_{ij} = 0.95^{x} \times \omega \times DIST \tag{12-7}$$

其中，i 为中国，j 为“一带一路”沿线各国，DIST 为“一带一路”沿线两国首都地理直线距离，χ 为两国间加入的组织和投资相关协议总数，本章中所涉及的协议和组织包括是否亚投行成员、双边投资保护协定、互免签证协议、双边自由贸易协定、是否为 WTO 成员五项。ω 为经济发展差异权数，体现了双方的经济发展程度差距，由“一带一路”沿线国与中国的人均 GDP 比值决定，取值范围如表 12-1 所示。

t 时期中国的人均实际 GDP($GDPCH_{it}$) 能够在反映经济规模的同时体现需求

表 12-1 经济发展差异权数

“一带一路”沿线国家人均 GDP/中国人均 GDP	<30%	30%≤比例≤80%	>80%
经济发展差异权数 ω	1.15	1	0.85

和要素变化，理论上投资国的经济规模越大，对国际资本的供给能力越强，同时东道国的经济规模越大，对国际资本的需求也越大。因此，$GDPCH_{it}$、$GDPBR_{jt}$ 和 $OFDIR_{ijt}$ 理论上都具有正向关系。

用消费者物价指数平减后的“一带一路”沿线东道国真实 R&D 经费支出（2003 年不变价）来衡量 t 时期“一带一路”沿线 j 国 R&D 经费支出（RDE_{jt}）。东道国 R&D 经费支出越大，中国获得的逆向技术溢出越多，因此，理论上“一带一路”沿线 j 国 R&D 经费支出与中国对外直接投资逆向技术溢出呈正向关系。

本章选择来自中国的 FDI 占“一带一路”沿线东道国 FDI 流入总量的比重（$OFDIP_{ijt}$）作为控制变量，中国对“一带一路”沿线 j 国 OFDI 与中国对外直接投资逆向技术溢出高度相关，因此，中国对“一带一路”沿线 j 国 OFDI 占该国 FDI 比重与中国对外直接投资逆向技术溢出也呈正向关系。

技术无效函数中，通过计算世界银行全球治理指数（WGI）六个子维度指标中的政府效率、政治稳定、公民话语权与问责三项得分的平均值得到 t 时期 j 国的政治稳定与政府效率情况（POS_{jt}）。POS_{jt} 的值为正，表示东道国的政治环境越稳定，政府效率越高，从而中国对外投资消耗的无效性逐渐上升。

通过计算 WGI 子维度指标中的腐败控制、监管质量、法律规则三项得分平均值，得到 t 时期 j 国法律与腐败监管情况（LEC_{jt}）。LEC_{jt} 的值为正，表示随着东道国法律与监管严厉程度的提高，中国对外投资的无效性逐渐上升。

使用世界银行世界发展指标数据库的网络安全服务指数的数据测量“一带一路”沿线东道国电子商务方面的保护情况，若 SEC_{jt} 为正，表明东道国对电子商务安全性的监管越严格，中国对外投资技术无效性越高，因此技术下降将推动中国通过“一带一路”沿线 OFDI 获得的国外研发溢出效率下降。

经济自由度指数（ECF_{jt}）反映了 j 国政府对经济的干预程度。经济自由度指数共包括商业、金融、贸易、政府支出等十个维度的环境指数，即产权保护度、财政自由度、政府支出、商业自由度、反腐败自由度、劳工自由度、货币自由度、贸易自由度、投资自由度、金融自由度，本章采用十个维度环境指数的均值作为经济自由度指数。该变量的引入有助于从“一带一路”沿线东道国贸易政策、税收政策、金融政策、跨国公司市场准入政策等方面研究“一带一路”沿线各国经济自由度指数对我国 OFDI 逆向技术溢出的影响。ECF_{jt} 的值为负，表示随着时间的推移，东道国的经济自由度的提升将带动通过“一带一路”沿线 OFDI 获得的国外研发溢出效率不断提升。

（三）数据来源

经济自由度数据来源于《华尔街日报》以及美国传统基金会发布的《经济自由度指数》年度报告。中国对外直接投资存量数据来源于《中国对外直接投资统计公报》，双边投资协定情况来源于中国商务部网站，互免签证协议情况来源于中国外交部网站，双边投资协定情况来源于中国商务部网站，其他数据来源于世界银行。中国与“一带一路”沿线各国（地区）在四种文化维度上的得分来自霍夫斯泰德中心（The Hofstede Centre，http：//geert-hofstede.com），本章选取 2003~2014 年为样本的时间序列。

四、样本说明及相关性检验

（一）样本说明

表 12-2 为各变量描述性统计分解。中国通过东北亚 OFDI 获得的国外 R&D 资本存量溢出额、中国通过东南亚 OFDI 获得的国外 R&D 资本存量溢出额明显大于中国通过中东欧、南亚及中亚、西亚及北非 OFDI 获得的国外 R&D 资本存量溢出额，但中国通过中东欧 OFDI 获得的国外 R&D 资本存量溢出额最小。同

表 12-2　描述性统计分解

		OFDIR	GDPCH	GDPBR	CUD	ECD	RDE	OFDIP	POS	LEC	SEC	ECF
中东欧	mean	3.03E+06	3954.08	11485.99	70.61	5590.09	5.04E+09	0.10	0.56	0.41	140.67	63.93
	max	4.99E+07	7587.29	27501.82	90.19	6580.23	2.71E+10	1.66	1.11	1.44	926.56	77.95
	min	0.01	1280.60	1048.52	43.54	4976.14	7.96E+07	0.00	–0.80	–0.85	0.33	45.80
	Sd	8.28E+06	2132.44	6017.71	12.46	372.24	5.62E+09	0.16	0.45	0.53	172.05	6.98
西亚及北非	mean	8.09E+06	3954.08	18302.97	57.04	5075.90	1.32E+10	0.87	–0.35	0.14	70.22	60.84
	max	9.69E+07	7587.29	54484.30	92.77	6141.30	9.30E+10	9.72	0.41	1.05	470.14	73.37
	min	803.55	1280.60	1071.32	43.20	4312.54	1.81E+08	–5.88	–1.23	–1.22	0.01	40.27
	Sd	1.58E+07	2136.76	15874.30	14.98	610.95	2.11E+10	1.79	0.48	0.60	100.21	7.89
南亚及中亚	mean	1.30E+07	3954.08	1220.44	43.69	3434.68	1.36E+10	8.60	–0.80	–0.48	2.16	55.06
	max	1.28E+08	7587.29	3852.88	59.88	4206.15	7.70E+10	53.51	–0.20	0.03	11.36	62.51
	min	3.05E+03	1280.60	254.55	31.51	2974.08	1.07E+07	0.03	–1.50	–0.92	0.08	50.10
	Sd	2.58E+07	2148.09	863.78	11.99	488.61	2.37E+10	12.31	0.43	0.30	2.36	3.12
东南亚	mean	1.47E+08	3954.08	9908.76	31.20	2758.40	7.32E+09	2.13	–0.08	0.13	84.37	62.90
	max	2.83E+09	7587.29	56007.29	49.36	4038.48	4.20E+10	9.38	1.19	2.08	822.35	89.41
	min	81601.86	1280.60	530.86	23.24	1800.46	3.77E+08	–9.05	–0.98	–0.88	0.04	46.09
	Sd	4.70E+08	2140.52	15149.29	8.45	719.18	1.03E+10	1.95	0.61	0.89	180.97	12.43
东北亚	mean	1.21E+08	3954.08	9842.33	75.20	4240.54	6.01E+10	1.11	–0.73	–0.70	21.09	51.20
	max	3.96E+08	7587.29	15543.70	75.20	4240.54	9.25E+10	1.79	–0.65	–0.57	84.42	52.81
	min	3.97E+06	1280.60	2975.13	75.20	4240.54	2.77E+10	0.54	–0.81	–0.79	1.61	49.76
	Sd	1.22E+08	2220.12	4384.48	0.00	0.00	2.21E+10	0.35	0.05	0.06	25.70	0.95
总体	mean	3.62E+07	3954.08	11559.94	56.61	4619.00	1.03E+10	1.77	0.00	0.14	91.45	61.46
	max	2.83E+09	7587.29	56007.29	92.77	6580.23	9.30E+10	53.51	1.19	2.08	926.56	89.41
	min	0.01	1280.60	254.55	23.24	1800.46	1.07E+07	–9.05	–1.50	–1.22	0.01	40.27
	Sd	2.12E+08	2128.37	12072.72	19.55	1241.50	1.79E+10	5.23	0.69	0.68	151.08	8.74

时，中国对南亚及中亚 OFDI 占沿线各国 FDI 的比重、中国对东南亚 OFDI 占沿线各国 FDI 的比重大于其他地区，而中国对中东欧 OFDI 占沿线各国 FDI 的比重最低。另外，中国与中东欧各国的经济距离明显大于中国与西亚及北非、南亚及中亚、东南亚、东北亚的经济距离，而中国与东南亚的经济距离最小。也可看到，中国与东南亚之间的文化差异最小。东北亚研发资本存量明显大于其他地区，而中东欧研发资本存量最小。

中国通过东南亚、中东欧、南亚及中亚、西亚及北非 OFDI 获得的国外 R&D 资本存量差异巨大。那么，差异巨大的通过“一带一路”沿线不同地区 OFDI 获得的国外 R&D 资本存量与中国对该地区 OFDI 占沿线各国 FDI 的比重有何关联？中国与“一带一路”沿线各国差异明显的经济距离是否导致中国通过该地区 OFDI 获得国外研发资本存量溢出额显著不同？“一带一路”沿线国家与中国显著不同的经济距离和其他变量对中国获得的国外 R&D 资本存量溢出额的影响有何不同？本章试图回答这些问题。

（二）相关性检验

表 12-3 报告了模型中各变量之间的相关系数。中国人均 GDP（GDPCH）、“一带一路”沿线东道国人均 GDP（GDPBR）和 OFDIR 的相关系数显著正相关，并且“一带一路”沿线东道国人均 GDP 和 OFDIR 的相关系数大于中国人均 GDP 和 OFDIR 的相关系数，表明总体经济规模越大的东道国对中国 OFDI 逆向技术溢出的促进作用越显著。但“一带一路”沿线东道国与中国之间的文化差异（CUD）、中国与“一带一路”沿线各国的经济距离（ECD）与 OFDIR 的相关系数显著为负，表明“一带一路”沿线东道国与中国之间的文化差异和经济距离越大，则中国通过 OFDI 获得的国外 R&D 资本存量溢出额越小。“一带一路”沿线东道国研发资本存量（RDE）、“一带一路”沿线各国政府效率（POS）、“一带一路”沿线各国法律与腐败监管（LEC）、“一带一路”沿线各国网络安全服务指数（SEC）、政府对经济的干涉程度（ECF）与 OFDIR 的相关系数显著正相关，因此东道国的创新水平、“一带一路”沿线各国政府效率、“一带一路”沿线各国法律与腐败监管、“一带一路”沿线各国网络安全服务指数、政府对经济的干涉程度显著影响中国 OFDI 逆向技术溢出效应。进一步检查是否存在多重共线性问题，最终检验结果发现模型 1 和模型 2 的 VIF 检验值分别为 1.43、3.96，因此不存在多重共线性问题。

表 12-3　相关性检验

	OFDIR	GDPCH	GDPBR	CUD	ECD	RDE	OFDIP	POS	LEC	SEC	ECF
OFDIR	1.0000	0.1726*	0.4078*	-0.1655*	-0.1674*	0.2621*	0.0463	0.1684*	0.2987*	0.4329*	0.3429*
GDPCH	0.1726*	1.0000	0.1873*	0.0000	0.0330	0.1907*	0.0612	0.0057	-0.0069	0.4029*	0.1104*
GDPBR	0.4078*	0.1873*	1.0000	0.1767*	0.1614*	0.2359*	-0.1748*	0.5001*	0.6831*	0.6060*	0.6004*
CUD	-0.1655*	0.0000	0.1767*	1.0000	0.6648*	0.1735*	-0.2957*	0.4169*	0.3283*	0.2642*	0.1657*
ECD	-0.1674*	0.0330	0.1614*	0.6648*	1.0000	-0.0459	-0.3571*	0.4157*	0.2945*	0.2008*	0.1954*
RDE	0.2621*	0.1907*	0.2359*	0.1735*	-0.0459	1.0000	-0.0976	0.0128	0.0959	0.2325*	-0.0024
OFDIP	0.0463	0.0612	-0.1748*	-0.2957*	-0.3571*	-0.0976	1.0000	-0.3652*	-0.2934*	-0.1281*	-0.2273*
POS	0.1684*	0.0057	0.5001*	0.4169*	0.4157*	0.0128	-0.3652*	1.0000	0.8687*	0.5994*	0.6985*
LEC	0.2987*	-0.0069	0.6831*	0.3283*	0.2945*	0.0959	-0.2934*	0.8687*	1.0000	0.6693*	0.8737*
SEC	0.4329*	0.4029*	0.6060*	0.2642*	0.2008*	0.2325*	-0.1281*	0.5994*	0.6693*	1.0000	0.6102*
ECF	0.3429*	0.1104*	0.6004*	0.1657*	0.1954*	-0.0024	-0.2273*	0.6985*	0.8737*	0.6102*	1.0000

注：* 表示相关系数的 t 值至少通过 10%的显著性检验。

五、实证结果

（一）模型估计

表 12–4 给出了利用式（12–1）、式（12–2）和式（12–3）分析得到的结果。模型 1 中，$\gamma = 0.962$，并且在 1%的水平上显著，表明前沿成本函数的误差中几乎 100%的成分来源于区位因素的影响，模型设定相当可靠。结果中除前沿成本函数的时间趋势、中国人均 GDP 和"一带一路"沿线东道国人均 GDP 未达到显著性以外，其他的变量均达到了 1%的显著性水平。东道国与中国之间的文化距离指数系数为–0.024，表明在其他变量不变的情况下，东道国与中国之间的文化距离指数每提升 1%，中国对"一带一路"沿线国家 OFDI 逆向技术溢出就降低 0.02%。这个结果表明，中国与东道国之间文化距离的增加不利于中国对"一带一路"沿线国家 OFDI 逆向技术溢出效应的增长，假设 3 得到验证。技术无效函数中的时间趋势为–1.533，这个结果很好地反映出随着时间的推移，技术无效性在逐渐下降，每年的下降达到了 1.533%。对中国是否签订双边自贸协定变量的分析表明，中国与"一带一路"沿线各国签订双边自贸协定比不签订双边自贸协定的技术无效性降低了 16.17 倍。东道国与中国之间的经济距离系数为–0.920，表明在其他变量不变的情况下，东道国与中国之间的经济距离每提升 1%，中国对"一带一路"沿线国家 OFDI 逆向技术溢出就降低 0.92%，假设 1 得到验证，即中国与东道国之间经济距离的增加不利于中国对"一带一路"沿线国家 OFDI 逆向技术溢出效应的增长。"一带一路"沿线东道国研发经费支出系数为 1.232，表明在其他变量不变的情况下，"一带一路"沿线东道国研发经费支出每提升 1%，中国对"一带一路"沿线国家 OFDI 逆向技术溢出就上升 1.23%，假设 2 得到验证，即东道国的技术创新水平与中国对"一带一路"沿线国家 OFDI 的逆向技术溢出正相关。中国 OFDI 占东道国 FDI 的比重系数为 0.109，表明在其他变量不变的情况下，中国 OFDI 占东道国 FDI 的比重每提升 1%，中国对"一带一路"沿线国家 OFDI 逆向技术溢出就上升 0.11%。

表 12–4　式（12–2）和式（12–3）模型参数的最大似然估计结果

	根据式（12–2）估计的结果 模型 1		根据式（12–3）估计的结果 模型 2	
前沿成本函数	系数	T 检验值	系数	T 检验值
截距	–6.239***	–5.794	–2.992	–0.708
时间趋势	0.082	1.460	0.127	1.236
中国人均 GDP	0.332	0.969	0.069	0.111
“一带一路”沿线东道国人均 GDP	0.048	0.680	0.081	1.179
东道国与中国之间的文化距离指数	–0.024***	–4.644	–0.017***	–3.412
经济距离	–0.920***	–3.943	–1.142***	–5.155
“一带一路”沿线东道国研发经费支出	1.232***	23.317	1.229***	26.329
中国 OFDI 占东道国 FDI 的比重	0.109***	4.369	0.077***	3.313
截距	4.963***	6.795	13.286***	3.147
时间趋势	–1.533***	–6.207	–1.511***	–7.545
中国是否签订双边自贸协定	–16.173***	–4.8084	–10.922***	–9.390
政治稳定与效率情况			6.021***	6.444
法律与腐败监管			–3.164***	–2.716
网络安全服务指数			0.013***	3.858
经济自由度指数			–0.148***	–2.010
方差参数				
δ^2	13.478***	7.400	13.058***	6.157
γ	0.962***	112.904	0.969***	127.652
诊断及其他信息				
log 函数值	–679.826		–659.709	
LR 统计值	281.519		321.754	
样本数	384		384	
年数	12		12	
横截面数量	32		32	

注：*** 表示在 1%水平上显著，** 表示在 5%水平上显著，* 表示在 10%水平上显著。

模型 2 的分析给出了影响技术效率改变的因素分析结果，$\gamma = 0.969$，表明前沿成本函数误差中 97%的成分来源于设定的各项因素。在假设中我们考虑了政治稳定与效率情况、法律与腐败监管、网络安全服务指数、经济自由度等指标，并且认为这四项因素能带来通过“一带一路”沿线 OFDI 获得的国外研发溢出效率的提升。结果表明，政治稳定与效率情况、法律与腐败监管、网络安全服务指数、经济自由度的系数在模型回归中的统计上均显著，因此以上变量对通过“一带一路”沿线 OFDI 获得的国外研发溢出效率存在显著影响。经济自由度的系数在模型中估计均为负值，且均在 1%的水平统计显著，完全符合理论预期，即经济自由度的提升对于提升中国对“一带一路”沿线国家 OFDI 逆向技术溢出具有积极影响。法律与腐败监管的严厉程度在模型中的估计值也为负值，也通过了 1%的显著性检验，表明提升法律与腐败监管的严厉程度促进中国对“一带一路”沿线国家 OFDI 逆向技术溢出增长。网络安全服务指数的系数为 0.013，在 1%的水平上通过了显著性检验，即东道国的电子商务安全性管制对于中国外向型直接投资的逆向技术溢出效应具有负面影响，这意味着从电商安全监管政策的角度讲，东道国的电子商务安全性管制不利于通过“一带一路”沿线 OFDI 获得的国外研发溢出效率。政治稳定的系数为 6.021，在 1%的水平上通过了显著性检验，东道国的政治稳定对于中国直接投资的逆向技术溢出效应具有负面影响，这意味着东道国的政治稳定和政府效率不利于中国通过“一带一路”沿线 OFDI 获得国外研发溢出效率。

表 12–5　分模型 1、模型 2 的 LR 检验结果

模型 1	假设	log 对数值 –679.826	LR 检验值	5%临界值	1%临界值	结果
1	$\gamma=\delta_0=\delta_1=\delta_2=0$	–724.273	192.624*	10.392	14.335	拒绝
2	$\eta=0$	–679.771	281.638**	2.806	5.413	接受
3	$\delta_1=0$	–706.782	227.608**	2.806	5.413	拒绝
4	$\delta_1=\delta_2=0$	–690.123	260.926**	5.139	8.276	拒绝
模型 2		–659.709				
1	$\gamma=\phi_0=\phi_1=\phi_2=\phi_3=\phi_4=\phi_5=\phi_6=0$	–755.329	130.513*	11.922	16.075	拒绝
2	$\eta=0$	–681.671	277.839**	2.716	5.413	拒绝
3	$\phi_1=0$	–685.491	270.189**	2.716	5.413	拒绝
4	$\phi_2=\phi_3=\phi_4=\phi_5=\phi_6=0$	–691.001	259.168**	7.056	10.506	拒绝

注：*** 表示在 1%水平上显著，** 表示在 5%水平上显著，* 表示在 10%水平上显著。

表 12–5 给出了变量设计合理性的 LR 检验结果，LR 检验分别分析了地区虚拟变量对技术效率没有影响；样本期内中国对“一带一路”沿线投资存在技术进

步；技术无效函数中不存在时间趋势；技术无效函数中只有时间趋势，其他变量反映中国是否签订双边自贸协定对技术效率无影响。同时，模型 2 采用类似的假设，结果均在不同程度上拒绝了原假设，因此变量的设计是合理的。

（二）各年份各国技术效率

表 12-6 列出了通过“一带一路”沿线 OFDI 获得的国外研发资本存量的技术效率值。2014 年，中国通过“一带一路”沿线 OFDI 获得的国外研发溢出效率排名前 10 位的国家分别为新加坡、巴基斯坦、越南、匈牙利、斯里兰卡、保加利亚、印度尼西亚、泰国、埃及、沙特阿拉伯，最低为拉脱维亚。通过“一带一路”沿线 OFDI 获得的国外研发溢出效率大于 0.1 的国家有 29 个，大于 0.5 的国家有 19 个。根据 Frontier 4.1 的计算结果，2003~2014 年中国通过“一带一路”沿线 OFDI 获得的国外研发溢出效率平均值为 0.512，这意味着中国通过“一带一路”沿线 OFDI 获得的国外研发溢出效率仍处于较低状态，与生产前沿面距离较远，中国对外投资效率仍有较大的提升空间，投资潜力较大。

根据前文提到的中东欧、西亚及北非、南亚及中亚、东南亚、东北亚五个子板块划分，本章整理了通过五个板块 OFDI 获得的国外研发溢出效率平均值，具体如表 12-7 所示；各子板块效率变化情况如图 12-1、图 12-2 所示。

从表 12-7 可以看到，2008 年国际金融危机对各板块通过“一带一路”沿线 OFDI 获得的国外研发溢出效率具有不同程度的影响，除了对中国通过南亚及中亚 OFDI 获得的国外研发溢出效率没有显著影响以外，中国通过东南亚、东北亚、西亚及北非、中东欧的 OFDI 获得的国外研发溢出效率在该年都明显下降，虽然中国通过南亚及中亚 OFDI 获得的国外研发溢出效率较低，但一直保持增长趋势，而金融危机后中国通过东南亚、东北亚、西亚及北非、中东欧 OFDI 获得的国外研发溢出效率快速增长。虽然通过东北亚、东南亚、南亚及中亚、西亚及北非、中东欧 OFDI 获得的国外研发溢出效率均呈上升趋势，但通过中东欧、西亚及北非、南亚及中亚、东北亚的 OFDI 获得的国外研发溢出效率波动幅度较大，其中东北亚波动幅度最大，其次为中东欧、西亚及北非、南亚及中亚。东北亚的俄罗斯和蒙古是我国天然气和石油等战略资源的主要来源国，国际油价的剧烈波动是否导致通过东北亚 OFDI 获得的国外研发溢出效率大幅波动值得进一步研究。综上所述，通过“一带一路”沿线国家中独联体和东南亚 OFDI 获得的国外研发出效率最高，而中国对南亚及中亚、中东欧对外直接投资逆向技术溢出效

表 12-6 各年份各国技术效率

国家 \ 年份	2003	2004	2005	2006	2007	2008	2009	2010	2011	2012	2013	2014	均值
阿尔巴尼亚	0.00	0.00	0.22	0.18	0.13	0.09	0.53	0.52	0.49	0.48	0.58	0.55	0.31
保加利亚	0.10	0.18	0.27	0.31	0.20	0.14	0.07	0.42	0.67	0.75	0.76	0.77	0.39
克罗地亚	0.00	0.00	0.03	0.02	0.15	0.10	0.12	0.11	0.09	0.10	0.09	0.13	0.08
捷克	0.01	0.02	0.02	0.12	0.10	0.11	0.18	0.16	0.15	0.39	0.37	0.40	0.17
埃及	0.33	0.45	0.65	0.75	0.73	0.67	0.75	0.73	0.73	0.71	0.71	0.72	0.66
爱沙尼亚	0.00	0.00	0.26	0.18	0.11	0.08	0.45	0.40	0.29	0.13	0.11	0.09	0.18
匈牙利	0.18	0.13	0.06	0.59	0.59	0.55	0.61	0.81	0.79	0.80	0.79	0.79	0.56
印度	0.00	0.00	0.01	0.01	0.03	0.05	0.04	0.06	0.07	0.12	0.21	0.25	0.07
印度尼西亚	0.60	0.39	0.54	0.55	0.68	0.58	0.62	0.59	0.60	0.68	0.72	0.76	0.61
伊朗	0.15	0.23	0.22	0.30	0.22	0.13	0.26	0.46	0.49	0.56	0.63	0.70	0.36
以色列	0.01	0.00	0.07	0.08	0.07	0.04	0.05	0.07	0.06	0.09	0.07	0.16	0.06
约旦	0.33	0.70	0.80	0.72	0.68	0.55	0.51	0.50	0.48	0.59	0.56	0.60	0.58
科威特	0.01	0.16	0.03	0.09	0.01	0.02	0.06	0.35	0.39	0.31	0.31	0.61	0.20
拉脱维亚	0.57	0.50	0.41	0.39	0.06	0.04	0.05	0.05	0.04	0.03	0.03	0.03	0.18
立陶宛	0.00	0.00	0.38	0.31	0.19	0.13	0.16	0.14	0.10	0.17	0.25	0.24	0.17
马来西亚	0.49	0.51	0.54	0.51	0.50	0.47	0.56	0.55	0.50	0.53	0.61	0.60	0.53
尼泊尔	0.37	0.23	0.25	0.06	0.02	0.02	0.18	0.38	0.41	0.48	0.48	0.32	0.27
巴基斯坦	0.42	0.48	0.73	0.67	0.82	0.81	0.83	0.83	0.81	0.80	0.80	0.80	0.73
菲律宾	0.09	0.09	0.14	0.12	0.16	0.22	0.32	0.47	0.45	0.46	0.46	0.47	0.29

续表

国家 \ 年份	2003	2004	2005	2006	2007	2008	2009	2010	2011	2012	2013	2014	均值
波兰	0.03	0.02	0.07	0.32	0.24	0.17	0.22	0.20	0.21	0.21	0.23	0.26	0.18
罗马尼亚	0.65	0.60	0.57	0.61	0.50	0.43	0.50	0.55	0.48	0.55	0.48	0.53	0.54
俄罗斯	0.19	0.24	0.47	0.54	0.52	0.47	0.59	0.56	0.52	0.54	0.62	0.65	0.49
沙特阿拉伯	0.00	0.02	0.33	0.65	0.67	0.67	0.72	0.68	0.63	0.65	0.69	0.70	0.53
新加坡	0.60	0.61	0.63	0.64	0.75	0.80	0.82	0.81	0.82	0.82	0.83	0.84	0.75
斯洛伐克	0.01	0.00	0.00	0.00	0.09	0.06	0.12	0.11	0.21	0.50	0.45	0.54	0.17
斯洛文尼亚	0.00	0.00	0.01	0.07	0.04	0.03	0.11	0.10	0.08	0.08	0.07	0.06	0.05
斯里兰卡	0.63	0.62	0.71	0.55	0.45	0.54	0.50	0.70	0.75	0.76	0.78	0.78	0.65
泰国	0.57	0.59	0.60	0.56	0.58	0.55	0.55	0.66	0.64	0.69	0.70	0.74	0.62
土耳其	0.01	0.01	0.01	0.02	0.02	0.02	0.39	0.32	0.27	0.30	0.35	0.43	0.18
乌克兰	0.00	0.05	0.07	0.11	0.14	0.11	0.23	0.19	0.18	0.18	0.26	0.41	0.16
阿联酋	0.25	0.28	0.49	0.39	0.43	0.45	0.54	0.61	0.61	0.61	0.62	0.67	0.50
越南	0.46	0.72	0.73	0.72	0.75	0.73	0.75	0.77	0.77	0.77	0.78	0.79	0.73

表 12-7 通过“一带一路”沿线不同区域 OFDI 获得的国外研发溢出效率各年份的平均比例

地区＼年份	2003	2004	2005	2006	2007	2008	2009	2010	2011	2012	2013	2014	均值
中东欧	0.119	0.116	0.182	0.247	0.196	0.158	0.257	0.288	0.291	0.336	0.344	0.368	0.242
西亚及北非	0.136	0.232	0.326	0.376	0.353	0.320	0.411	0.464	0.456	0.477	0.492	0.574	0.385
南亚及中亚	0.356	0.336	0.424	0.325	0.331	0.357	0.388	0.491	0.510	0.538	0.567	0.539	0.430
东南亚	0.470	0.484	0.531	0.518	0.569	0.556	0.605	0.644	0.631	0.657	0.682	0.699	0.587
东北亚	0.186	0.241	0.470	0.540	0.524	0.466	0.593	0.561	0.519	0.544	0.617	0.655	0.493

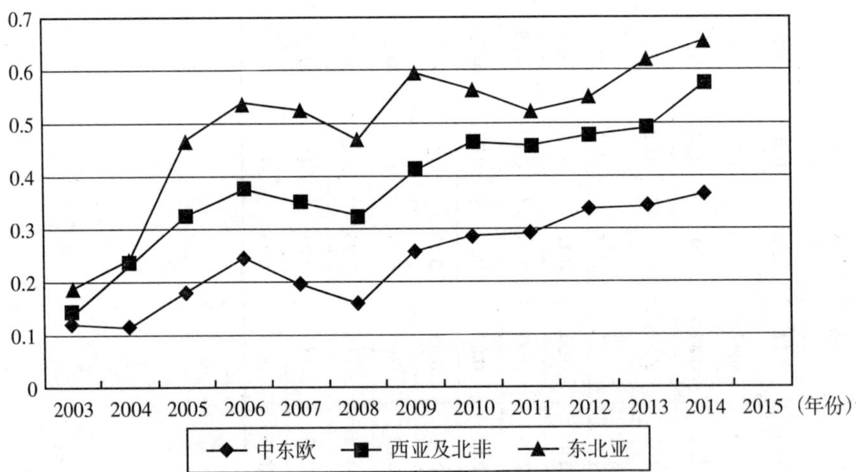

图 12-1 通过不同地区 OFDI 获得的国外研发溢出效率均值变化

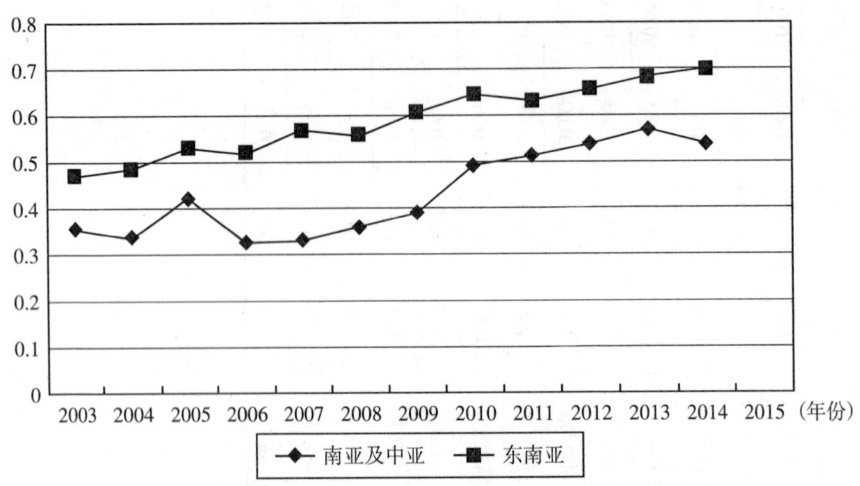

图 12-2 通过其他地区 OFDI 获得的国外研发溢出效率均值变化

率有巨大潜力。

（三）各年回归结果的展现

为了分析中国是否签订双边自贸协定、政治稳定与效率情况、法律与腐败监管、网络安全服务指数、经济自由度指数对技术效率的作用随年份的变化情况，对每年的中国人均 GDP、“一带一路”沿线东道国人均 GDP、东道国与中国之间的文化距离指数、经济距离、“一带一路”沿线东道国研发经费支出、中国 OFDI 占东道国 FDI 的比重和中国是否签订双边自贸协定、政治稳定与效率情况、法律与腐败监管、网络安全服务指数、经济自由度指数数据进行随机前沿分析，回归结果如表 12-8 所示。由于重点是中国是否签订双边自贸协定、政治稳定与效率、法律与腐败监管、网络安全服务指数、经济自由度指数对技术无效程度作用的年份变化，笔者在表 12-8 中只列出了各年份的技术欠效率函数估计值。从表 12-8 可以看出，除了 2011 年、2012 年和 2010 年的其他年份的 γ 都大于 0.98 且都极为显著，意味着非效率效应与通过“一带一路”沿线 OFDI 获得的国外研发溢出效率高度相关，采用随机前沿模型是得当的。

表 12-8　技术无效函数各年回归结果

年份	政治稳定与效率	法律与腐败监管	网络安全服务指数	经济自由度	是否签订双边自贸协定	时间趋势	δ^2	γ
2004	10.1532*** (1.3645)	0.5045 (0.9504)	0.0045 (0.0346)	−0.0363 (0.0401)	−7.3323*** (2.1957)	−0.7487 (0.9981)	35.0102*** (0.9980)	0.9999*** (0.0000)
2005	19.2724*** (5.2167)	−18.2313*** (7.0688)	0.0957*** (0.0501)	−0.1002*** (0.0430)	−32.0066*** (10.5706)	−3.2084 (2.4843)	29.8293*** (2.4950)	0.9886*** (0.0034)
2006	2.1220*** (0.7648)	0.8102 (0.9033)	−0.0222*** (0.0067)	0.0013 (0.0213)	−0.0323 (1.1316)	0.4062 (0.7210)	5.9211*** (0.0004)	0.9886*** (0.1945)
2007	2.6446*** (1.0005)	−3.8324*** (0.1906)	0.0128*** (0.0082)	−0.0020 (0.0259)	−1.8127** (0.9327)	−0.6084 (0.9415)	4.2955*** (1.2827)	0.9999*** (0.0000)
2008	1.4561** (0.8245)	−1.9224 (1.2873)	0.0084** (0.0054)	−0.0808 (0.0703)	−2.3430* (1.3069)	0.2730 (0.5867)	2.5813*** (0.6622)	0.9999*** (0.0000)
2009	2.0032*** (0.78281)	−2.4869*** (0.9682)	0.0066 (0.0075)	0.0226 (0.0253)	−3.2877*** (1.1621)	−0.1923*** (0.7869)	2.1464*** (0.3706)	0.9999*** (0.1373)
2010	1.1554*** (0.3151)	−0.5721 (0.7909)	0.0028*** (0.0009)	−0.0434 (0.0389)	−2.0214*** (0.2221)	−0.4899* (0.2672)	0.9216*** (0.1578)	0.0218 (0.1178)
2011	0.6846* (0.5375)	0.6688 (1.0071)	0.0050*** (0.0022)	−0.1310*** (0.0455)	−6.7171* (4.7127)	−0.3834 (0.3560)	1.0339*** (0.2310)	0.6757*** (0.1461)

续表

年份	政治稳定与效率	法律与腐败监管	网络安全服务指数	经济自由度	是否签订双边自贸协定	时间趋势	δ^2	γ
2012	0.0710 (0.5445)	2.5478*** (1.0210)	0.0028** (0.0017)	−0.2165*** (0.0492)	−5.9580 (6.0481)	−0.2847 (0.3254)	0.9550*** (0.2220)	0.6411*** (0.1458)
2013	0.7954 (0.8358)	4.6504*** (1.2608)	−0.0015 (0.0019)	−0.3231*** (0.0719)	−2.0813*** (0.5913)	0.1916 (0.6099)	2.0229*** (0.3299)	0.9999*** (0.0000)
2014	1.1445** (0.5954)	3.2690*** (0.9381)	−0.0014 (0.0013)	−0.2354*** (0.0609)	−2.1164*** (0.7259)	−0.052* (0.3839)	1.4931*** (0.3402)	0.9999*** (0.0000)

注：括号中数字为标准误。*、**、*** 分别表示在 10%、5%、1%的水平下显著。

从技术欠效率函数估计值可以看出：①东道国的政府效率和政治稳定系数均值大于法律与腐败监管的严厉程度、东道国的电子商务安全性管制、经济自由度、是否有双边协定变量，这表明东道国的政府效率和政治稳定在减少中国对外投资无效程度中发挥着很小的作用。②法律与腐败监管的严厉程度系数均值（-1.3267）小于政治稳定系数均值（3.7730），这表明“一带一路”沿线国家法律与腐败监管的严厉程度在减少中国对“一带一路”沿线国家 OFDI 逆向技术溢出无效程度中发挥着越来越重要的作用，但法律与腐败监管严厉程度的技术欠效率系数随着年份的增加而逐渐增加，这表明近年来东道国的法律与腐败监管的严厉程度在减少无效程度中的作用上逐渐缩小。③东道国的电子商务安全性管制系数在多数年份为正，在 2005 年达到最大值，随后逐渐下将，2014 年减少到-0.0014，因此东道国的电子商务安全性管制在减少中国对“一带一路”沿线国家 OFDI 逆向技术溢出无效程度中发挥着很小的作用，但近年来东道国的电子商务安全性管制开始发挥着减少中国对外投资逆向技术无效的积极作用。④经济自由度系数随着年份的增加而越来越小，这意味着经济自由度在减少中国对外投资逆向技术无效中发挥着越来越重要的作用。⑤是否有双边协定变量系数显著小于其他变量，这表明中国与“一带一路”各国是否签订双边协定在减少中国对外投资逆向技术无效中发挥着重要的作用。

（四）内生性检验

为了检验内生性对方程可靠性的影响程度，我们使用滞后变量回归法，即使用中国对“一带一路”沿线国家 OFDI 逆向技术溢出效应和其他变量的滞后一期作为随机变量代入方程（使用 2003~2013 年的中国对“一带一路”沿线国家 OF-

DI 逆向技术溢出效应分别对应 2004~2014 年的中国人均 GDP、“一带一路”沿线东道国人均 GDP、东道国与中国之间的文化距离指数、经济距离、“一带一路”沿线东道国研发经费支出、中国 OFDI 占东道国 FDI 的比重、与中国是否签订双边自贸协定变量、政治稳定与效率情况、法律与腐败监管、网络安全服务指数、经济自由度指数和其他变量）。从表 12–9 和表 12–10 可看出，滞后变量回归法与方程（12–1）的统计结果相差不大，表明内生性问题不严重，不影响回归方程的可靠性。

表 12–9　式（12–2）的内生性检验

前沿成本函数	系数	标准误	T 检验值
截距	–21.560***	1.695	–12.721
时间趋势	–0.316***	0.074	–4.303
中国人均 GDP	2.525***	0.445	5.679
“一带一路”沿线东道国人均 GDP	0.007	0.086	0.084
东道国与中国之间的文化距离指数	–0.027***	0.006	–4.211
经济距离	–0.957***	0.294	–3.259
“一带一路”沿线东道国研发经费支出	1.223***	0.062	19.728
中国 OFDI 占东道国 FDI 的比重	0.073***	0.029	2.525
截距	4.449***	0.948	4.694
时间趋势	–1.849***	0.342	–5.413
与中国是否签订双边自贸协定	–15.099***	4.262	–3.543
方差参数			
δ^2	11.751***	2.035	5.775
γ	0.937***	0.019	50.547
诊断及其他信息			
log 函数值	–505.677		
LR 统计值	161.882		
样本数	352		
年数	11		
横截面数量	32		

注：此表为滞后一期的各因素对中国对“一带一路”沿线国家 OFDI 逆向技术溢出效应的影响，*、**、*** 分别表示在 10%、5%、1%的水平下显著。

表 12–10 式（12–3）的内生性检验

前沿成本函数	系数	标准误	T 检验值
截距	–3.756	5.421	–0.693
时间趋势	0.106	0.109	0.974
中国人均 GDP	0.268	0.661	0.406
"一带一路"沿线东道国人均 GDP	0.026	0.084	0.321
东道国与中国之间的文化距离指数	–0.021***	0.006	–3.506
经济距离	–1.199***	0.265	–4.534
"一带一路"沿线东道国研发经费支出	1.238***	0.053	23.379
中国 OFDI 占东道国 FDI 的比重	0.044**	0.023	1.910
截距	14.761***	3.381	4.366
时间趋势	–1.826***	0.272	–6.722
与中国是否签订双边自贸协定	–9.456***	2.120	–4.461
政治稳定与效率情况	7.250***	1.408	5.150
法律与腐败监管	–3.790***	1.308	–2.897
网络安全服务指数	0.011***	0.004	2.744
经济自由度指数	–0.172***	0.062	–2.761
方差参数			
δ^2	14.609***	2.339	6.246
γ	0.965***	0.007	132.563
诊断及其他信息			
log 函数值	–615.716		
LR 统计值	284.715		
样本数	352		
年数	11		
横截面数量	32		

注：此表为滞后一期的各因素对中国对"一带一路"沿线国家 OFDI 逆向技术溢出效应的影响，*、**、*** 分别表示在 10%、5%、1%的水平下显著。

六、结论及政策建议

（一）结论

本章使用随机前沿分析法分析中国对“一带一路”沿线国家 OFDI 的逆向技术溢出效应的影响因素发现：第一，东道国与中国之间的文化距离指数对中国对“一带一路”沿线国家 OFDI 逆向技术溢出具有显著的阻碍作用，中国与东道国之间的文化距离阻碍了中国对“一带一路”沿线国家 OFDI 的逆向技术溢出。第二，东道国与中国之间的经济距离在一定程度上阻碍了中国对“一带一路”沿线国家 OFDI 逆向技术溢出，中国与东道国之间经济距离的增加对中国对“一带一路”沿线国家 OFDI 逆向技术溢出具有抑制作用。第三，以“一带一路”沿线东道国研发经费支出为表征的东道国创新水平对中国对“一带一路”沿线国家直接投资逆向技术溢出具有显著的促进作用，东道国创新水平越高，中国通过对外直接投资获得的逆向技术溢出就越多。第四，中国 OFDI 占东道国 FDI 的比重对中国对“一带一路”沿线国家直接投资逆向技术溢出具有显著的促进作用，中国 OFDI 占东道国 FDI 的比重越高，中国通过对“一带一路”沿线 OFDI 获得的国外 R&D 资本溢出额就越多。第五，经济自由度的提升对中国对“一带一路”沿线国家直接投资逆向技术溢出具有积极影响，东道国经济自由度越高，中国对外直接投资溢出的东道国 R&D 资本就越多。第六，“一带一路”沿线东道国法律与腐败监管的严厉程度也对中国对“一带一路”沿线国家直接投资逆向技术溢出具有积极影响，东道国法律与腐败监管的严厉程度越高，中国对外直接投资溢出的东道国 R&D 资本也越多。第七，中国签订双边自贸协定对中国对“一带一路”沿线国家直接投资逆向技术溢出也具有积极影响，中国与沿线各国签订双边自贸协定显著促进中国通过对“一带一路”沿线 OFDI 获得的国外 R&D 资本溢出额。

（二）政策建议

第一，要认识到中国与东道国之间的文化差异对中国对“一带一路”沿线国家 OFDI 逆向技术溢出效应的不利影响，“走出去”的中国企业必须在充分了解东道国文化的基础上，提高文化智慧和跨文化管理能力。必须认识到东道国的文化特征与冲突对中国企业OFDI投资决策的影响，“走出去”的中国企业必须高度重视东道国当地的文化环境，我国企业在进入东道国之前，必须正确评估企业自身的能力和资金情况，考虑是否能够承担由文化差异带来的隐形成本，同时必须调查和评估东道国与母国的文化差异，并且政府相关部门应在企业海外投资活动中发挥辅助与指导作用。

第二，为了充分获取中国对“一带一路”沿线OFDI的逆向技术溢出效应，应制定政策鼓励国内研发实力强的企业在科技资源密集型的发达国家和地区投资设立高科技企业和研发机构，开发生产具有自主知识产权的新产品和新技术，积极嵌入发达国家的创新体系。在做好产能转移类和资源开发类“一带一路”沿线对外投资的同时，大力做好技术学习型的对外直接投资，鼓励国内具有较强竞争力的产业在发达国家进行逆向投资，收购当地科技型企业或设立研发中心，提高我国企业的核心竞争力。

第三，深化双边经贸合作，加快将劳动密集型产业向东南亚、南亚及中亚转移，转移过剩产能产业和转移丧失比较优势的劳动密集型产业。“走出去”的中国企业必须协调好与政府和议会的关系、妥善处理与工会的关系、密切与当地居民的关系，全面嵌入全球产业价值链，推动制造业功能和链条升级，促进劳动密集型产业转移和服务出口。可采取以下三种方式向其他发展中国家转移劳动密集型产业：首先，现阶段应以“边际生产成本”为指导思想，转移那些处于边际生产成本恶化的劳动密集型产业和加工贸易行业。其次，与国际上有市场需求的国家产业合作，转移过剩产能。最后，将出口依赖度较高的产业向那些拥有出口免税区的国家转移。

参考文献

[1] Chaney T.，“Liquidity Constrained Exporters”，*Journal of Economic Dynamics and Control*，2016，No.72，pp.141-154.

[2] Feenstra R. C.，Li Z.，Yu M.，“Exports and Credit Constraints under Incomplete Information：Theory and Evidence from China”，*Review of Economics and Statistics*，2014，Vol.96，No.4，pp.729-744.

[3] Buch C. M.，Kesternich I.，Lipponer A.，et al. Financial Constraints and Foreign Direct Investment：Firm-level Evidence [J]. *Review of World Economics*，2014，Vol.150，No.2，pp.393-420.

[4] 侯文平、岳咬兴：《中国对外直接投资的影响因素分析——基于制度的视角》，《投资研

究》2016 年第 4 期。

［5］陈伟、马大来、徐新鹏：《中国 OFDI 的宏观经济影响因素及其门槛特征》，《重庆大学学报》（社会科学版）2016 年第 1 期。

［6］朱春兰：《民营企业 OFDI 现状及影响因素分析》，《中国商论》2016 年第 5 期。

［7］孟醒、董有德：《中国企业 OFDI 的价值链分布及其影响因素》，《国际经贸探索》2015 年第 4 期。

［8］曹欣童、张鑫：《中国企业 OFDI 影响因素分析——基于母国层面的实证分析》，《对外经贸》2016 年第 6 期。

［9］姜昊求：《韩国对华 OFDI 对母国劳动生产率的影响因素分析》，《现代管理科学》2016 年第 10 期。

［10］包小妹：《中国企业 OFDI 特征及其母国影响因素分析》，《商业经济研究》2015 年第 9 期。

［11］饶华、朱延福：《效率寻求视角下中国对东盟国家直接投资研究——基于引力模型的实证分析》，《亚太经济》2013 年第 11 期。

［12］姚战琪：《“一带一路”战略下我国对外直接投资效率的影响因素及区位选择》，《经济纵横》2016 年第 12 期。

［13］田泽、许东梅：《我国对“一带一路”重点国家 OFDI 效率综合评价——基于超效率 DEA 和 Malmquist 指数》，《经济问题探索》2016 年第 6 期。

［14］李计广、李彦莉：《中国对欧盟直接投资潜力及其影响因素——基于随机前沿模型的估计》，《国际商务——对外经济贸易大学学报》2015 年第 5 期。

［15］许和连、张萌、吴钢：《文化差异、地理距离与主要投资国在我国的FDI 空间分布格局》，《经济地理》2012 年第 8 期。

［16］陈琳、罗长远：《FDI 的前后向关联和中国制造业企业生产率的提升——基于地理距离的研究》，《世界经济研究》2011 年第 2 期。

［17］Jaffe A. B., Trajtenberg M., Henderson R., “Geographic Localization of Knowledge Spillovers as Evidenced by Patent Citations”, *The Quarterly journal of Economics*, 1993, Vol.108, No.3, pp.577–598.

［18］Morosini P., Shane S., Singh H., “National Cultural Distance and Cross-border Acquisition Performance”, *Journal of International Business Studies*, 1998, Vol.29, No.1, pp.137–158.

［19］Battese G. E., Coelli T. J., “A Model for Technical Inefficiency Effects in a Stochastic Frontier Production Function for Panel Data”, *Empirical Economics*, 1995, Vol.20, No.2, pp.325–332.

［20］李凝、胡日东：《文化差异对中国企业 OFDI 区位选择的影响：东道国华人网络的调节效应》，《华侨大学学报》（哲学社会科学版）2014 年第 9 期。

［21］高汝熹、罗明义：《城市圈域经济论》，云南大学出版社 1998 年版。

（姚战琪：中国社会科学院财经战略研究院）

第十三章　区域市场开放与地区服务业增长

摘　要：本章采用主成分分析法测算了 20 世纪 90 年代以来中国区域市场开放度指数，发现我国区域间开放程度极不平衡，中西部地区开放度明显偏低。在此基础上，利用 1993~2015 年的省级面板数据，采用工具变量两阶段最小二乘法（2SLS）和系统动态面板（GMM）实证考察了省际开放程度对地区服务业增长的影响机制和影响效果。研究结果发现：区域开放与服务业增长之间存在 U 形曲线关系，即短期内区域开放程度的提高对服务业增长没有起到积极作用，但随着区域开放程度的不断提高，它对服务业增长的作用将由负转为正；对外开放与区域开放之间存在显著的互补关系，即对外开放水平的提高有助于促进区域间的开放，从而推动地区服务业增长；中国加入 WTO 尤其是履行对 WTO 的各项承诺，不仅对区域层面的对外开放产生了积极效应，而且对区域之间的开放起到了一定的推动作用。

一、区域市场开放的内涵和度量

（一）区域市场开放的界定

在一般市场经济体中，一个国家或地区的区域市场整合可被视为其对内经济开放程度，即区域开放水平。区域开放水平越高，意味着地方保护主义和市场分割越弱，生产要素和商品的跨区流动和配置就将越充分，从而提高一个地区的经济发展水平和生产效率。

对区域间市场开放程度的衡量与测算，学术界主要有两种方法：一种是直接法，即直接测度区域间的经济开放程度，如赵伟、徐朝辉（2005）利用综合区域贸易、区域分工和劳动力空间流动三个方面的变量，提出了一个测度区域市场开放的指标体系。叶昌友、王遐见（2013）以省际货物运输状况衡量区域开放程度。张应武（2011）依据某一地区与其他地区经济融合的程度（或比重）衡量区域开放度，即“与 i 省区市场整合的省区国内生产总值之和占除 i 以外的所有省区国内生产总值之和的比重”。孙中叶（2012）根据区域经济开放的二重性特点，构建了区域开放与国际开放的评价指标体系，其中，区域开放度取决于“区域分工度、区域市场活跃度、区域劳动力流动度、区内旅游依存度、区域货运活跃度、信息开放度和观念开放度”一系列指标的加权值。另一种是间接法，即通过测算市场分割指数间接衡量中国区域市场一体化程度。考虑到间接法的数据获取与计算方法较为繁杂，计算结果的准确性难以保证，本章将遵循赵伟（2011）的研究思路，采用直接法，综合区域间商品流动、货物运输、劳动力流动、资本流动和分工程度五个方面来测度中国区域市场的开放程度。

（二）区域开放度的测度

为了测度区域经济开放度，我们根据直接法的基本原理，在确定相关影响因素计算公式的基础上，运用主成分分析法构建区域经济开放度指标的测度公式。

1. 区域商品市场依存（活跃）度

区域贸易是区域经济联系的重要表现形式。区域贸易不仅指最终消费品的贸易，而且应包括中间产品贸易和服务贸易。从准确性上来说，反映区域之间商品和服务的贸易状况应利用区域之间商品和服务流入流出量来衡量，采用五年更新一次的区域经济投入产出调查数据能够较准确、全面地反映各地区之间的贸易状况。然而，由于投入产出数据周期长，存在较长的滞后期，且属于非公开发表数据，获取难度较大，而且中国已进行的投入产出调查次数很少，因此，实际测算时我们往往用反映消费品市场交易活跃性的指标作为替代，即“商品市场依存（活跃）度”，具体计算公式为：商品市场依存（活跃）度=地区社会消费品零售总额/地区 GDP，其数值越大说明区域之间贸易活动越活跃。

2. 货运活跃度

一般而言，一个地区的区域开放程度越高，货物运输就越繁忙，因此可以从货运角度衡量商品流动的活跃程度。该项指标的计算公式为：货运活跃度 = 地区货运周转量/全国货运周转量，其数值越大，证明地区之间的联系越紧密。

3. 劳动力流动

劳动力是经济活动中最活跃的因素之一，在市场经济条件下，劳动力总是从边际劳动生产率低的地区流向高的地区，从劳动报酬低的地区流向劳动报酬高的地区。因此，劳动力的流动程度应作为测度区域开放程度的重要指标。由于我国现有统计中找不到省域之间劳动力流动的数据，目前研究中多用“人口迁移率”来间接表示劳动力流动状况。本章中采用的是地区客运量与全国客运量的比值来近似反映区域之间劳动力的流动状况，其原因在于，文中使用的是省际面板数据，而相关省际人口的统计年鉴中存在着明显的统计口径差异，有的省份统计的是户籍人口数，有的省份统计的是常住人口数，由于没有口径一致的统计人口数，因此只能用“客运量”来近似替代。

4. 资本流动

资本在区域间的配置和流动，不仅影响区域经济增长，也是区域开放程度的标志之一。本章采用资本净流入比作为衡量资本流动程度的指标。为得到流动资本总量，本章借鉴了王小鲁、樊纲（2004）提出的计算国内跨地区资本流动总量的方法。根据宏观经济学理论，按照支出法核算 GDP，各省的 GDP 可分解为最终消费 C、资本形成 I、货物与服务净出口 X 三项（这里的“净出口”相当于“净出省”）。假定初始阶段某省的跨省贸易是平衡的，那么 X = 0，C + I = GDP。当发生资本净流入而其他条件不变时，C + I > GDP，X < 0。此时，资本形成中包含省外资本的流入，其值与 X 相等，符号相反。用 X 扣除对国外净出口后的负值可近似表示各省国内资本流入（或流出）的近似值。各省合计数不为 0 的部分为误差部分，进行分配和剔除后可近似得到各省国内资本流动净值。计算结果显示，资本净流入比的数值有正有负，这说明有些省份的某些年份资本存在净流入，有些是净流出的。

5. 区域专业化分工

区域分工是区域间经济联系的一种表现，参与全国分工程度越高表示与其他地区的经济联系越紧密。本章采用区位商（Location Quotient）指标作为区域分工的测算指标。区位商原本用于衡量特定经济活动在一个地区经济中的相对重要性，后被拓展用于测算区域集聚程度。我们引入区位商衡量区域开放度需做如下界定：非农业部门区位商 =（地区第二和第三产业增加值/全国第二和第三产业增加值）/（地区 GDP/全国 GDP）。区位商越大，表明该地区在区域分工中的优势越大，区域开放程度也就越高。

在上述主要影响因素的基础上，本章主要采用主成分分析法构建区域市场开放程度指标。主成分分析法最大的特点和优势在于客观性，能够避免人为设定模型而带来的主观性。我们注意到，上述五个指标量纲量级不同，如果直接利用原始数据进行计算将导致主成分分析对具有较大数量级或方差的指标赋予过高的权重，会使测算结果出现偏差，因此，我们以某个地区的最初年份作为基数，对其他地区、其他年份的数据进行指数化处理。在采用主成分分析法时，现有研究一般根据主成分对应的特征值大于 1 且主成分累计贡献率大于 85%来确定主成分的个数。但是单个主成分综合原始数据信息的能力是以其贡献率来衡量的，反映的仅仅是前面几个主成分单独综合原始数据信息能力的总和，其综合原始数据信息的能力不可能超过第一主成分综合原始数据信息的能力，因此，本章借鉴毛其淋（2012）的做法，采用第一主成分来确定各具体指标的权重。相关数据主要来源于《中国统计年鉴》（1996~2017）、《新中国 60 年统计资料汇编》（1949~2008）和《中国固定资产投资统计年鉴》（1995~2016）。运用 STATA12.0，应用主成分分析法，得到第一主成分并将其作为测度区域经济开放度指数的计算公式：

$$OPEN = w_1Y_1 + w_2Y_2 + w_3Y_3 + w_4Y_4 + w_5Y_5 \tag{13-1}$$

其中，w_i，i = 1，2，3，4，5 为上述五个基础指标的系数，Y_i 为经过无量纲化处理后的基础指标，OPEN 为区域经济开放度指数。

（三）中国省际市场开放度

上述主成分分析法的估计结果显示，第一主成分的特征值为 3.62，主成分贡献率为 69.8%。由第一主成分确定的五个指标系数分别为：0.5527、0.3841、0.4802、0.1061 和 0.5460。

从省域角度看，江苏、浙江和广东的开放度都超过了 100%，明显高于其他省份。但北京和上海两个大都市是个例外，这主要是由于北京、上海作为国家金融中心是净资本流出的，从而导致资本流动一项得分偏低。海南、西藏、青海和宁夏的开放度低于 10%。为了能够从动态上更好地观察这些省份开放度的变化情况，我们将整个观察期分解为四个阶段，即 1993~1998 年、1999~2004 年、2005~2010 年和 2011~2016 年。整体来看，几乎所有省份的区域开放度都在不断提升（见表 13-1）。从区域角度看，1993 年以来，我国东、中、西三大区域的区域开放度一直不断提升，且三大区域开放度差距较大，东部地区的开放程度明显高于中部和西部地区（见图 13-1）。

表 13-1　1993~2016 年全国 31 个省份经济开放度

单位：%

省份	1993~1998 年	1999~2004 年	2005~2010 年	2011~2016 年	1993~2016 年	省份	1993~1998 年	1999~2004 年	2005~2010 年	2011~2016 年	1993~2016 年
北京	5.27	10.41	15.27	25.16	14.03	河南	12.50	26.16	101.91	170.92	77.87
天津	5.97	16.20	35.18	65.51	30.72	湖北	10.00	20.25	54.82	94.88	44.99
河北	11.38	22.14	56.00	103.87	48.35	湖南	12.09	21.13	57.72	106.87	49.45
上海	15.88	15.22	55.88	106.03	48.25	江西	6.43	12.33	31.81	55.43	26.50
江苏	18.00	35.27	134.07	259.98	111.83	重庆	6.38	13.00	35.00	61.18	28.89
浙江	16.16	48.12	150.95	277.62	123.21	四川	15.05	22.09	61.99	110.88	52.50
辽宁	12.00	20.06	65.02	131.93	57.25	贵州	4.83	10.87	25.71	56.16	24.39
山东	18.99	41.24	103.00	192.51	88.94	广西	7.97	13.96	49.15	87.15	39.56
海南	1.37	2.13	2.11	6.89	3.13	云南	5.40	13.22	43.82	80.59	35.76
福建	10.56	25.82	61.13	108.82	51.58	西藏	0.03	1.08	4.15	9.15	3.60
广东	39.20	65.73	169.92	321.23	149.02	陕西	7.64	13.52	42.65	73.80	34.40
吉林	5.94	9.61	38.83	68.83	30.80	甘肃	4.11	6.11	19.07	32.07	15.34
黑龙江	9.72	11.54	35.09	55.25	27.90	青海	1.16	3.06	8.22	14.89	6.83
内蒙古	4.44	12.08	49.87	83.32	37.43	宁夏	1.37	4.10	11.86	21.05	9.60
山西	6.62	13.85	38.77	65.76	31.25	新疆	5.96	10.21	28.29	48.45	23.23
安徽	9.61	17.06	46.06	76.24	37.24						

注：表中数值表示的是均值。

资料来源：《中国统计年鉴》(1996~2017)、《新中国 60 年统计资料汇编（1949~2008)》和《中国固定资产投资统计年鉴》(1995~2016)。

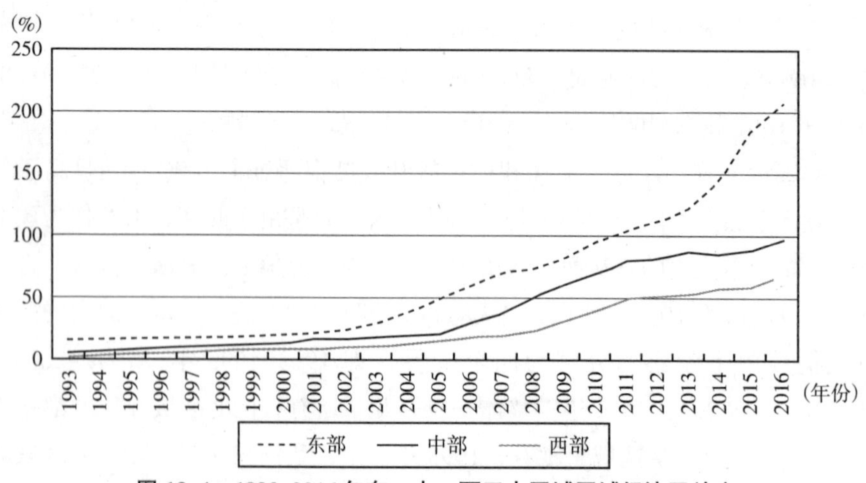

图 13-1　1993~2016 年东、中、西三大区域区域经济开放度

资料来源：《中国统计年鉴》(1996~2017)、《新中国 60 年统计资料汇编》(1949~2008) 和《中国固定资产投资统计年鉴》(1995~2016)。

二、区域市场开放促进服务业发展的机理

区域市场开放对于服务业发展的促进作用主要体现在两个层面：一是制度层面，即通过服务业市场化制度的建立与完善释放制度红利，促进服务业增长；二是实践层面，即通过生产要素的自由流动实现规模经济效应和产业集聚效应，促进区域服务业增长。

（一）区域市场开放促进了区域制度变迁，改善了服务业发展的制度环境

区域市场开放，一方面使制度学习成本降低，使制度学习、迁移成为可能；另一方面也促使区域竞争加剧，使市场竞争“倒逼”制度变迁成为可能。制度变革为服务业创造了最为关键的发展环境，其核心在于强化契约与产权制度、市场准入制度和民营化。在服务业制度不断变革、不断深化、不断完善的过程中，“制度红利”也将不断释放并推动服务业持续增长。

1. 强化契约与产权制度，确立服务业发展的制度基础

现代服务业是一种契约密集型产业，消费者购买的是一种无形的“服务产品”，大多数服务产品具有泰勒尔定义的“信任品”特征，即消费者在购买消费商品短期内无法辨识商品质量的好坏。陈志武（2004）认为，因为提供的是无形产品，服务的交易过程更需要一个可执行合同的制度环境。Acemoglu（2005）分析认为，契约对不同产业的影响是“不对称”的，当契约制度较弱时，以有形物为交易对象的制造业容易找到替代机制来促进发展，而以无形物为交易对象的服务业则难以发展出替代机制，可见服务业相比于制造业更依赖契约制度。因此，有关服务业契约与产权制度的强化，不仅有利于建立私人产权，促进经营主体的多元化，而且有利于建立服务业的交易规范、降低交易成本，为现代服务业发展创造一个良好的环境。例如，知识产权体系的建立推动了咨询业、广告业等产业的发展；房屋产权制度的建立有力地推动了房地产行业成为国民经济支柱产业，2016 年，中国房地产增加值占 GDP 的比例为 6.5%。

2. 放松市场准入与管制政策，提高服务业发展效率

相对于制造业而言，服务业在市场准入方面受到更多限制。例如，在市场准入方面，虽然服务业中的餐饮业、零售业的进入门槛较低，但金融业、电信服务业、传媒业、城市供水供电产业、医疗服务业、教育产业等，因存在严重的信息不对称而实行市场准入与微观管制，这些产业的政策门槛极高。市场准入与管制政策的存在，对服务业发展的负面影响是极其严重的。根据夏杰长等（2010）的研究，2005 年，我国事业单位的总投入在 22000 亿元，但其生产增加值仅有 12000 亿元，投入产出效率十分低下。相反，在放松市场准入与管制政策的服务业领域，服务业发展效率提高很快。例如，在电信改革以前，1978 年，中国电话的普及率仅为 0.2%，尚不足世界平均水平的 1/10，但在电信改革以后，电信服务业获得高速增长，2004 年固定电话超过全球平均水平，2005 年移动电话达到全球平均水平，2007 年移动电话与固定电话普及率达到中等发达国家水平。

3. 服务业的民营化，释放服务业发展的活力

服务业的制度变革带来了服务业的民营化，从而加快了服务业从制造业（或服务业本身）分离的过程，推动了各类社会资本进入服务业，充分释放服务业的发展活力。在原有的计划体制下，由于国有企业偏好经营规模，分离服务部门的动力不足，而民营化的发展恰恰给经济发展带来了更大的动力，带来了产业分工的纵深发展机会。服务业民营化以后，越来越多的服务部门从工业企业或服务业本身分离出来，从企业“内部供给”转向“外部供给”，推动服务业的独立发展与市场范围的拓宽。同时，服务业的民营化，使得民营资本、外商投资等社会资本均有机会进入服务业。大量民营资本的进入以及服务行业国有企业的民营化，提高了市场竞争的激烈程度，消除了国有服务业企业的 X 无效率，促进了服务业的快速发展。自 1978 年改革开放以来，国有工业企业产业比重下降到 20%，给生产性服务业的发展带来的发展机遇无疑是极其巨大的。

（二）区域市场开放加速要素流动，促进区域服务业增长

区域市场开放加速了劳动力、资本等要素流动，这对促进经济增长尤其是服务业增长尤为明显。以克拉克的研究为代表的产业结构理论认为，随着经济发展水平的提高，一个国家或地区的产业结构无论是就业比重还是 GDP 比重，均有从第一产业向第二产业，进而向第三产业转移的趋势。产业结构向服务业的升级，客观上增强了服务业对劳动力、资本等要素的吸纳能力。例如，根据第六次

全国人口普查数据，考虑到外出农民工因素，我国第三产业就业比重在 2006 年为 37.7%，到 2010 年为 42.1%，已经形成了“三二一”三大产业就业比例的格局。劳动力与资本要素在区域之间的流动，不仅实现了服务企业层面的规模经济，也促进了服务企业在地理空间上的集聚，实现了区域层面整体服务业的快速增长。

1. 提升企业竞争能力，实现区域服务企业的规模经济

区域市场开放促进了生产要素的流动，不仅使服务企业能够在更大的区域范围内配置资金、劳动力等资源，降低企业的生产成本，也给服务企业提供了更为广阔的区域市场空间，从供给和需求两个方面都刺激了服务企业扩张生产规模的能力。在区域市场开放的情形下，服务企业在获得更大的市场空间的同时，也面临更大范围内的竞争，促使现代服务企业加大 R&D 投入，加速技术创新。另外，区域开放促进了不同地区服务企业之间的交流与合作，促进了知识和技术的扩散和传播，实现知识和技术“外溢效应”。无论是内部技术创新还是接受技术外溢，都提高了服务企业的全要素生产率（FTP），提升了服务企业的生产效率。

因此，在服务企业的市场规模扩张动力与生产效率提高的共同作用下，服务企业吸纳资源的能力进一步增强，服务企业的规模经济效应进一步发挥，从而促进了服务企业市场竞争能力的提升，加快了服务企业的成长发展速度。以具有代表性的物流服务业为例，自 2001 年底加入 WTO 至 2005 年底，物流市场实现了内外市场的全面开放，国内物流企业进入加速发展阶段。国家统计局数字显示，2015 年全国物流业总收入达 7.6 万亿元，前 50 家物流企业总收入共达 8414 亿元，占全国物流总收入的 11.1%。入围前 50 强的门槛由 2008 年的主营业务收入 7.62 亿元提升至 22.5 亿元，从中可以看出，我国物流企业规模开始扩大，行业集中度在不断提升。这说明区域开放提高了物流企业的规模经济，加速了服务业的整体发展。

2. 促进产业聚集发展，推动区域服务经济快速成长

区域市场开放不仅使服务企业实现了规模化发展，也使服务业集聚成为产业发展的必然趋势，这主要表现在两个方面：一是成本节约效应促进产业集聚。从供给方面看，当某一行业的企业在地理上聚集后，便会形成一个具有同样技术背景的人才或劳动力市场，有助于降低服务生产过程的不确定性；从需求方面看，服务企业集聚会降低消费者的搜寻成本，节约消费者的消费支出，从而进一步提升市场规模和产业集聚。二是知识外溢与集体学习促进产业集聚。由于服务企业

对知识和信息的依赖程度比制造企业更高，知识的外溢和信息的共享成为推动服务业集群形成的又一大因素。知识的外溢效应和集体学习的互动过程，使每个服务业企业获得知识更加容易，尤其是获得关键性隐性知识的渠道更为畅通。

从某种程度上说，服务业集聚在很大程度上整合了区域间的劳动力、资本、技术、知识等生产性资源，不仅形成了区域经济的“增长极”，而且通过“增长极”的辐射和扩散作用，有效地带动了区域服务业的增长，提高了区域服务业的成长速度。如美国纽约麦迪森大道的广告业、华尔街的金融业、硅谷的 IT 服务业、拉斯维加斯的娱乐业，无不通过产业集聚对当地服务业增长发挥至关重要的引领作用。伴随着产业升级与经济结构优化，中国各地的服务业集聚区也在快速成长。以金融业服务业为例，截至目前，北京金融街地区共有各类金融机构 1700 余家，这些金融机构资产规模达 81.4 万亿元，占全国金融机构资产规模的比重超过 40%，对北京市服务业增长起到了举足轻重的作用。

三、计量模型与数据说明

（一）计量模型

为考察省域（含省、自治区、直辖市）的区域市场开放程度对该地区服务业增长的影响机制，本章设定计量模型如式（13-2）所示：

$$Service_{it} = c + \beta_1 Inneropenning_{it} + \beta_2 Inneropenning^2_{it} + \gamma X_{it} + \alpha_i + \mu_{it} \tag{13-2}$$

其中，下标 i 表示地区，下标 t 表示年份，$Service_{it}$ 表示服务业增加值占 GDP 的比重。考虑到区域市场开放与服务业增长之间的关系不能确定（线性或非线性），我们把区域市场开放度的一次项和平方项同时作为解释变量。如果 β_1 和 β_2 方向一致（同时为正或同时为负），说明区域市场开放与服务业增长之间长期存在线性关系，若方向不一致（一个为正、一个为负），说明区域市场开放与服务业增长之间长期存在非线性关系。Inneropenning、$Inneropenning^2$ 分别为区域开放度及其平方项，X 为其他控制变量，包括服务业投资（Invest）、服务业从业人员（Labor）、地区经济发展水平［PERGDP（人均 GDP）］、政府规模（Govs）以及城市化水平（Urban）。α_i 表示非观测的地区个体效应，μ_{it} 表示随机误差项。

（二）指标测度和数据说明

本章的核心解释变量为区域开放度 Inneropenning 及其平方项 $Inneropenning^2$，采用前文介绍的主成分分析法测算得到，这里不再赘述。下面主要对被解释变量和控制变量进行说明：

1. 被解释变量

本章以"区域服务业增加值占区域 GDP 的比重"表示区域服务业的发展水平。

2. 控制变量

（1）服务业投资（Invest）。从增长动力来看，服务业的增长具有明显的投资驱动特征。李勇坚、夏杰长（2011）认为，服务业整体上具有非常高的投资需求，是一个资本高消耗的行业。本章采用"第三产业固定资产投资占全社会固定资产投资比重"表示服务业领域的资本投资。

（2）服务业劳动力投入（Labor）。本章采用"第三产业从业人员占全部从业员人员的比重"表示服务业劳动力投入。

（3）地区经济发展水平［PERGDP（人均 GDP）］。一个国家（地区）的经济发展水平（收入水平）是影响其服务业增长的重要因素。黄少军（2000）对 1995 年 114 个国家人均 GNP 和服务业增加值之间的关系进行了研究，发现两者之间的关系具有阶段性，即在 210~1000 美元阶段，两者显著正相关，而在 1000~3500 美元阶段则不存在正相关关系，在 3500~10000 美元，这种正相关重新出现。江小涓、李辉（2004）根据世界银行提供的数据，考察各个国家人均 GNI 与服务业增加值比重的关系时，也进一步证实两者之间的相关性和阶段性，即当一个国家人均 GNI 增长幅度较小时，收入增长与服务业发展的对应关系不明显；但是如果一个国家经历了长期的经济增长，人均 GNI 从一个收入组别迈入另一个收入组别，则服务业的发展会实现一个台阶式的跨越，占经济总体的比重会显著上升。这里我们借鉴他们的研究方法，将人均 GDP① 放入控制变量，考察各省经济发展水平对其服务业增长的影响。

（4）政府规模（Govs）。对于政府规模的扩张是阻碍了经济增长还是推动了经济增长这一问题，目前仍然充满争议。国外学者 Landau（1983）、Ram（1986）、Barro（1991）运用跨国面板数据进行经验研究发现，政府规模与经济增

① 国民收入（GNI）和 GDP 只相差国外要素净收入，绝大多数国家（地区）两者相差很小。

长之间存在负向关系。Evan（1997）认为，政府规模与经济增长之间不存在显著的相关关系。国内学者郭庆旺、吕冰洋和张德勇（2003），陈健和胡家勇（2003）发现，政府消费有损于经济增长。而另一些学者的研究结论截然相反，如马拴友（2001）的研究表明，我国政府规模对经济增长有积极影响。在政府规模与服务业增长问题上，国内学者汪德华等（2007）的跨国经验研究表明，政府规模对服务业的影响是负面的。国内外学者的研究之所以产生如此大的分歧，部分原因在于其对政府规模的界定和统计口径的差异。我们认为，在中国式分权的背景下，地方政府有动力扶持本地服务业的发展（舒锐，2013）。如果用地方政府财政一般预算支出占 GDP的比重表示政府规模，那么，该比重越高，政府越有能力支持当地服务业发展。

（5）城市化水平（Urban）。从经济发展来看，城市化是促成一个国家由农业型经济向服务型经济转变的重要因素。衡量城市化水平的常用指标有“城镇人口占总人口的比重”和“非农业人口在总人口中的比重”，考虑到中国的城镇人口统计建立在城镇户籍制度之上，城镇居民中有一部分没有城镇户籍，若采用城镇人口比重会低估城市化水平，因此，本章采用“非农业人口比重”来表示地区城市化水平。

本章的样本为 1993~2015 年 31 个省市的面板数据。其中，有关第三产业增加值、投资、就业和地方政府财政支出的数据来自《中国统计年鉴》（1996~2016）和《中国固定资产投资统计年鉴》（1995~2016）的相关变量。表 13-2 为主要变量的统计特征描述。

表 13-2　主要变量的统计特征描述

变量	样本数	均值	标准差	最小值	最大值
Inneropenning	713	0.44	0.25	−0.01	3.87
Invest	713	0.71	0.17	0	1
Labor	713	0.29	0.09	0.11	0.74
PerGDP	713	0.45	0.14	0.31	3.81
Govs	713	0.16	0.12	0.05	1.16
Urban	713	0.32	0.17	0.13	0.89

（三）计量方法

服务业增长是一个长期动态的过程，这就意味着采用普通的面板数据方法得到的结果可能是有偏的，为此，我们拟采用动态面板方法来克服该问题。目前，动态面板数据模型主要有两种估计方法：差分广义矩估计（Generalized Method of Moments，GMM）和系统 GMM。差分广义矩估计仅对差分方程进行估计，因此可能会损失一部分信息。系统 GMM 则同时对水平方程和差分方程进行估计，并以差分变量的滞后项作为水平方程的工具变量，以水平变量的滞后项作为差分方程的工具变量。该方法由于利用了更多的样本信息，在一般情况下比差分广义矩估计更有效，因此，我们采用系统 GMM 方法进行估计。系统 GMM 估计的有效性依赖于模型中工具变量选取的有效性及残差的差分项不存在高阶序列相关的假定，为此，我们进行了 Sargan 过度识别检验和残差序列相关检验。

四、计量结果与分析

在前文理论分析和数据描述的基础上，本部分对设定模型进行计量检验，深入分析省域的区域市场开放度对服务业增长的影响效应。我们首先采用静态面板方法进行估计，在此基础上汇报了系统 GMM 估计结果，以考察结论的稳健性。

（一）静态面板混合估计结果

表 13-3 报告了静态面板数据混合模型的估计结果。我们首先对模型进行 Hausman 检验，Hausman 检验的原假设为：在随机效应与解释变量不相关的假定下，固定效应和随机效应模型是一致的，但随机效应模型更为有效。模型选择结果均列在表 13-3 下方。

表 13-3　静态面板混合估计结果

	服务业比重（Service）		
	（1）	（2）	（3）
Inneropen	–0.01*** (–1.89)	–0.04*** (–4.11)	–0.06** (–3.41)
$Inneropen^2$	0.05*** (3.45)	0.08*** (3.52)	0.07* (2.81)
Invest		0.07*** (5.12)	0.05** (9.14)

续表

	服务业比重（Service）		
	（1）	（2）	（3）
Labor		0.25*** (8.72)	0.34** (8.18)
PerGDP		0.14** (5.01)	0.23*** (9.17)
Govs		0.06* (1.75)	0.02 (1.67)
Urban		0.15** (2.32)	0.10 (2.19)
常数项 C	0.39** (11.52)	0.331*** (21.15)	0.19*** (15.15)
R^2（within）	0.2165	0.6741	0.9542
Hausman 检验	19.83 [0.01]	45.25 [0.02]	2.92 [0.28]
模型选择	FE	FE	RE

注：( ) 内数值为估计量的 t 统计值，[ ] 内数值为 Hausman 检验的 p 值；***、** 和 * 分别表示在1%、5%和 10%的显著性水平下显著。

模型 1 仅考虑核心解释变量区域开放及其平方项与服务业增长之间关系，回归结果如列（1）所示，估计结果表明区域开放及其平方项对服务业增长均有显著影响，但前者系数为负，后者系数为正。这说明，在区域开放初期，提高开放程度没有对服务业增长起到积极的促进作用，但随着区域间开放程度的不断提高直至超过某一个临界点，它对服务业的作用将由负转为正。由此可见，区域开放与服务业增长之间的关系呈现 U 形曲线。通过计算得到，U 形曲线的拐点为 0.31，意味着当核心解释变量区域开放的数值小于 0.31 时，区域开放程度对于服务业增长的作用是负向的，即区域开放程度的提高抑制服务业增长；而当区域开放的数值超过 0.31 时，区域开放程度对服务业增长的作用转为正向，即区域开放程度的提高促进服务业增长。

模型 2 在模型 1 的基础上加入了相关控制变量，回归结果如列（2）所示，我们发现核心解释变量的估计系数变化不大，仍然显著。在控制变量中，资本和劳动力投入显著提高了服务业增长，特别是劳动力投入系数为 0.25，说明服务业总体上是劳动密集型行业，受劳动力供给的影响较大。地区经济发展水平对服务业增长有积极的促进作用，其相关系数为 0.14。政府规模对服务业增长的影响显著为正，说明提高政府支出规模，有利于服务业的增长和产业结构的优化。城市化水平对服务业增长的回归系数为 0.15，与江小涓、李辉（2004）的回归系数 0.19 相比差别不大，也就是说，服务业占 GDP 的比重与城市化率之间高度相关，城市化率每提高 1 个百分点，可使服务业在 GDP 的比重提高 0.15 个百分点。

模型 3 加入了工具变量（Instrument Variable，IV）以解决可能存在的解释变量的内生性问题，因为内生性会影响计量结果的稳健性。根据计量经济学理论，选择 IV 的前提条件是其应该是外生的，在理论上对被解释变量没有直接影响，而且通过影响被工具的变量简介影响被解释变量。我们参照相关文献，采用解释变量 Inneropenning 的滞后一阶 L.Inneropenning 作为工具变量并进行 2SLS 估计，[①] 其结果显示加入工具变量后，核心解释变量依旧显著，这初步证实了区域开放程度对区域服务业增长的影响是稳健的。

关于区域开放度的临界点，模型 2、模型 3 对应的临界点分别为 0.37、0.51，这两个数值非常接近，区域开放与地区服务业增长之间的 U 形关系依然存在。

（二）动态面板估计结果

如前文所述，服务业增长是一个长期持续的动态过程，因此有必要在回归方程中引入一阶滞后项，但是在引入该项后，采用面板数据方法进行估计时会产生内生性问题，而系统 GMM 方法则可以有效解决这一问题，尤其是在计量模型中含有被解释变量的滞后项时，系统 GMM 方法具有突出优势。鉴于此，表 13-4 进一步报告了两步系统 GMM 方法的估计结果，比较各栏估计结果，我们得到如下结论：

表 13-4　动态面板估计结果

	服务业比重（Service）			
	（1）	（2）	（3）	（4）
Inneropen	-0.03*** (-6.09)	-0.05** (-6.81)	-0.04*** (-8.15)	-0.02 (-1.16)
$Inneropen^2$	0.02*** (8.54)	0.05*** (5.07)	0.01** (3.20)	0.01** (4.18)

① 将 L. Interopenning 放入方程发现其不显著，说明其不直接影响被解释变量，而 L. Interopenning 和 Interopenning 的相关系数为 0.9213，所以可以用作工具变量。

续表

	服务业比重 (Service)			
	(1)	(2)	(3)	(4)
Invest	0.05*** (19.62)	0.04** (19.19)	0.04** (17.45)	0.03** (14.51)
Labor	0.41*** (21.91)	0.40* (13.15)	0.38*** (12.56)	0.37*** (15.17)
PerGDP	0.35*** (8.56)	0.32** (8.19)	0.30*** (6.31)	0.29** (5.51)
Govs	0.07*** (6.21)	0.05* (2.91)	0.06** (8.41)	0.06*** (6.18)
Urban	0.09** (2.71)	0.10*** (7.37)	0.09*** (6.19)	0.09** (2.53)
Inneropen×Open		0.07** (8.52)		
$Inneropen^2$×Open			0.03*** (5.65)	
WTO				0.01** (6.10)
L.Inneropen	0.30*** (25.79)	0.31*** (27.78)	0.35*** (30.17)	0.40*** (22.18)
常数项 C	0.16*** (16.95)	0.13*** (19.11)	0.10*** (18.11)	0.11*** (15.82)
Wald 检验	9190.61 (0.0000)	5891.10 (0.0000)	6718.19 (0.0000)	4232.61 (0.0000)
Sargan 检验	67.4376 (1.0000)	35.1465 (1.0000)	65.1254 (1.0000)	29.4212 (1.0000)

注：( ) 内数值为估计量的 t 统计值，***、** 和 * 分别表示在 1%、5%和 10%的显著性水平下显著。

第（1）列表明，采用系统 GMM 估计，核心解释变量 Inneropenning 和 $Inneropenning^2$ 方向不变，且在 1%的显著性水平下显著，这一结果充分支持了我们前文的分析，且 U 形关系的临界点为 0.45。

在控制变量中，资本、劳动力、经济发展水平和政府规模均在 1%的水平上显著为正，城市化率在 5%的显著性水平上显著为正。和静态面板回归分析中的系数比较，系数值变化不大，且劳动力投入系数为 0.41，地区经济增长系数为 0.35，明显高于其他几个控制变量的回归系数，进一步说明了服务业增长受劳动力投入的影响较大。

为进一步检验结果的稳健性，我们还采取了如下措施进行稳健性检验：首先，我们引入区域开放与对外开放的交叉项和区域开放的平方与对外开放的交叉项。这里用一个地区进出口总额占地区 GDP 的比重来代表对外开放水平。如果交叉项的估计系数大于 0，表明在影响地区服务业增长方面，对外开放和对内开放之间是互补的，即对外开放会强化对内开放对服务业增长的作用；反之则是替代关系。从估计结果看，Inneropen × Open 的系数为 0.07，在 5%的水平上显著为正；$Inneropen^2$ × Open 的系数为 0.03，在 1%的水平上显著为正。这说明对外开放水平的提高有助于促进区域间的开放，从而推动地区服务业增长。其次，为进一步验证这一结论，我们继续尝试引入虚拟变量 WTO。加入 WTO 尤其是履行对 WTO 的各项承诺，不仅对区域层面的经济国际化或对外开放起了无与伦比的“大推进”效应，而且也对区域之间的开放起了积极的推动作用。从某种意义上讲，履行对 WTO 的某些承诺，对于国内地区之间开放所起的作用还明显大于对国际开放的作用。这方面最显著的例子就是给予内外资企业一视同仁“国民待遇”承诺的兑现。由于兑现这一承诺，限制国内区域投资流动的制度障碍不复存在，促成了区域间投资流动高潮的到来。另外，区域开放度的增加，使产品和要素的流动更加活跃，从而强化了产品市场的竞争和要素的退出机制。市场竞争的加剧增加了制度创新的压力和动力，形成了一种“开放倒逼改革”的局面，即通过打破地区分割，引入竞争有利于加速市场化转型，打破体制惰性，促进市场化转型慢的地区加速制度转型，从而释放促进服务业发展制度红利。表 13-4 第（4）列显示虚拟变量 WTO 的估计系数在 5%的显著性水平上显著为正，从而充分证实了中国加入 WTO 在推动对外开放水平的同时，也积极促进了区域间开放程度的提高。

五、结论和政策含义

改革开放以来，我国服务业增长较快，2016 年服务业占 GDP 比重已经上升为 51.6%。尽管区域开放与服务业增长的关系越来越受到人们的普遍关注，但目前对经济开放与服务业增长关系的研究主要侧重于对外开放领域，缺乏区域开放视角的深入研究，我们的研究弥补了这一空白。本章综合区域间商品流动、货物运输、劳动力流动、资本流动和分工程度五个维度，界定了中国区域市场开放度的内涵，并采用主成分分析法对区域开放度指数进行测算。研究发现，我国区域市场整体开放程度不高，东、中、西三大区域开放程度存在明显差距，区域间开放程度极不平衡，中西部地区开放度偏低，区域开放进展缓慢，中西部地区所拥有的区域分工和贸易优势远未得到利用。在此基础上，本章利用 1993~2015 年的省级面板数据，并采用工具变量两阶段最小二乘法（2SLS）和系统动态面板（GMM）实证考察了省际开放程度对地区服务业增长的影响机制和影响效果。研究结果发现，短期内，区域开放程度的提高对服务业增长没有起到积极作用，但在长期内，随着区域开放程度的不断提高，它对服务业增长的作用将由负转为正，即区域开放与服务业增长之间存在 U 形曲线关系。此外，在影响服务业增长上，对外开放与区域开放之间存在显著的互补关系，即对外开放水平的提高有助于促进区域间的开放，从而推动地区服务业增长。中国加入 WTO 尤其是履行对 WTO 的各项承诺，不仅对区域层面的对外开放具有积极效应，而且也对区域之间的开放起到了一定的推动作用。

本章的研究也具有较强的政策含义。首先，中西部服务业非发达地区，地方政府在实施区域开放政策初期，由于市场竞争力弱、生产要素外流等因素，区域开放对当地服务业的发展可能显现“负作用”。因此，落后地区在发展服务业时一定不能局限于短期利益，而应立足长远，正确制定较长时期内的服务业发展战略。其次，要充分利用对内开放（区域开放）、对外开放（国际开放）的相互推动作用，在服务业开放初期，要以对外开放带动、促进对内开放，最终形成两者正向互动、共同推动服务业发展的良性格局。最后，在区域开放的背景下，还应充分考虑其他多种因素对服务业增长的影响，根据当地的经济整体发展水平、城市化水平，投入适度的人力与资本资源，增加政府产业引导投入，为服务业发展创造良好的发展环境，从而实现经济结构优化与产业升级。

参考文献

[1] 赵伟、徐朝辉：《测度中国省域经济“二重开放”》，《中国软科学》2005 年第 8 期。

[2] 叶昌友、王遐见：《交通运输基础设施、交通运输业与区域经济增长》，《产业经济研究》2013 年第 2 期。

[3] 张应武：《中国省区市场开放：测度、特征及其政策含义》，《首都经贸大学学报》2011 年第 5 期。

［4］孙中叶：《河南省二重开放的测度与比较》，《地域研究与开发》2012 年第 8 期。

［5］赵伟等：《中国区域经济开放：制度转型与经济增长效应》，经济科学出版社 2011 年版。

［6］王小鲁、樊纲：《中国地区差距的变动趋势和影响因素》，《经济研究》2004 年第 1 期。

［7］毛其淋：《二重经济开放与中国经济增长质量的演进》，《经济科学》2012 年第 2 期。

［8］陈志武：《民营化使中国越来越“以人为本”》，《国际融资》2004 年第 12 期。

［9］Acemoglu Daron，Simon Johnson and James A. Robinson，“The Rise of Europe：Atlantic Trade：Institutional Change and Economic Growth”，*American Economic Review*，2005，Vol.95，No.3.

［10］夏杰长、李勇坚：《服务业体制改革的动力与路径》，《改革》2010年第 5 期。

［11］李勇坚、夏杰长：《服务业是节约投资的产业吗？—基于总量与 ICOR的研究》，《中国社会科学院研究生院学报》2011 年第 5 期。

［12］黄少军：《商品消费、服务消费和经济结构变化—— 一个微观经济学的分析》，《华南师范大学学报》（社会科学版）2000 年第 4 期。

［13］江小涓、李辉：《服务业与中国经济：相关性和加快增长的潜力》，《经济研究》2004 年第 1 期。

［14］Landau Daniel，“Government Expenditure and Economic Growth：A Cross-Country Study”，*Southern Economic Journal*，1983，No.49，January，pp.783-792.

［15］Ram Rati，“Government Size and Economic Growth：A New Framework and Some Evidence from Cross-Section and Time-Series Data”，*American Economic Review*，1986，Vol. 76，March，pp. 191-203.

［16］Barro Robert J.，“Economic Growth in a Cross Section of Countries”，*Quarterly Journal of Economics*，1991，No.106，pp.407- 444.

［17］Evans Paul，“Government Consumption and Growth”，*Economic Inquiry*，1997，No.35，pp.209-217.

［18］郭庆旺、吕冰洋、张德勇：《财政支出结构与经济增长》，《经济理论与经济管理》2003 年第 11 期。

［19］陈健、胡家勇：《政府规模与经济发展》，《财经问题研究》2003 年第 8 期。

［20］马栓友：《1983~1999：我国的财政政策效应测算》，《中国经济问题》2001 年第 6 期。

［21］汪德华等：《政府规模、法治水平与服务业发展》，《经济研究》2007年第 6 期。

［22］舒锐：《产业政策一定有效吗?》，《产业经济研究》2013 年第 3 期。

（张颖熙、夏杰长：中国社会科学院财经战略研究院）